INNOVATIONSKULTUR DER ZUKUNFT

Florian Rustler

Innovationskultur der Zukunft

Wie agile, selbstorganisierte Unternehmen
die Digitalisierung meistern

Midas Management Verlag
St. Gallen · Zürich

Innovationskultur der Zukunft

1. Auflage
© 2017 Midas Management Verlag AG

Bibliografische Information der Deutschen Nationalbibliothek

Die Deutsche Nationalbibliothek verzeichnet diese Publikation in der Deutschen Nationalbibliografie; detaillierte bibliografische Daten sind im Internet abrufbar über http://dnb.d-nb.de

Rustler, Florian:
Innovationskultur der Zukunft, St. Gallen/Zürich: Midas Management Verlag 2017.

ISBN 978-3-03876-503-5

Lektorat: Kathrin Lichtenberg
Layout: Ulrich Borstelmann
Grafiken: Katharina Wildemann
Druck: CPI Books

Copyright © 2017 Midas Management Verlag AG
Dunantstrasse 3, CH-8044 Zürich
Mail: kontakt@midas.ch, Social Media: midasverlag

Alle Rechte vorbehalten. Die Verwendung der Texte und Bilder, auch auszugsweise, ist ohne schriftliche Zustimmung des Verlages urheberrechtswidrig und strafbar. Dies gilt insbesondere für die Vervielfältigung, Übersetzung oder die Verwendung in Kursunterlagen und elektronischen Systemen.

In diesem Buch werden eingetragene Warenzeichen, Handelsnamen und Gebrauchsnamen verwendet. Auch wenn diese nicht als solche ausgezeichnet sind, gelten jeweils die entsprechenden Schutzbestimmungen.

Inhaltsverzeichnis

Einleitung 13
    Meine eigene Reise 16
    Andere ähnliche Bücher. 17
    Die Struktur dieses Buches. 18

1 Die Entwicklung menschlicher Organisationsformen. 21
    Wie verändert sich ein Bewusstseinslevel? 24
        Stufenmodell des Bewusstseins 26
    Rot – impulsiv 27
    Gelb – konformistisch – »Think inside the Box« 28
        Bis heute verbreitet. 31
    Orange – Betonung der Leistung 31
        Leistung lohnt sich 33
    Grün – pluralistisch 35
        Ermächtigung 35
        Multi-Stakeholder-Perspektive 38
        Unzureichende Alternativen. 40
    Teal – Aquamarinblau/Türkis 41
        Selbstorganisation. 44
        Ganzheit. 45
        Evolutionärer Zweck 45

2 Selbstorganisation 47
    Eine grundlegende Unterscheidung 47
    Definitionen von Selbstorganisation 50
    Selbstorganisation ist nicht Teal 51
    Kernprinzipien selbstorganisierter Unternehmen. 52
        Dezentrale Führung. 55
        Nicht-pyramidale Struktur 55
        Neue Arten der Entscheidungsfindung 56
        Stärkung des Einzelnen 56
        Transparenz 57
        Daten als Grundlage für Entscheidungen 57
        Revidierbarkeit von Entscheidungen. 57

Mythen der Selbstorganisation............................. 58
    Mythos 1: Es gibt keine Hierarchien................... 58
    Mythos 2: Es gibt keine Führung...................... 58
    Mythos 3: Es braucht ganz bestimmte Menschen
    für Selbstorganisation............................... 59
    Mythos 4: Das funktioniert nicht in großen Unternehmen... 59
    Mythos 5: Jeder kann machen, was er will.............. 60
    Mythos 6: Am Ende muss ja doch eine Person
    rechtlich verantwortlich sein......................... 60
Was gibt den Anstoß zu Selbstorganisation?................. 60
Die Vorteile von Selbstorganisation........................ 63
    Steigende Motivation der Mitarbeiter.................. 63
    Höhere Wahrscheinlichkeit der Innovation.............. 65
    Größere Agilität des Unternehmens..................... 65
    Potenzial zur Antifragilität.......................... 66
Strukturelemente der Selbstorganisation.................... 66
    Kreisorganisation.................................... 67
    Mitgliedschaft in mehreren Kreisen.................... 68
    Spezielle Rollen in jedem Kreis....................... 68
    Macht in mehrere Richtungen.......................... 68
Skalierbarkeit von Selbstorganisation?..................... 68
Kodifizierte Modelle der Selbstorganisation................ 69
    Sociocracy.. 70
    Holacracy... 72
    Sociocracy 3.0...................................... 77
    Das kollegial geführte Unternehmen................... 80
Geografische Verteilung selbstorganisierter Unternehmen..... 82

3 Innovation 83
Definition der Innovation................................. 83
    Produkt/Dienstleistung............................... 84
    Prozess.. 84
    Geschäftsmodell...................................... 84
    Fokus auf den Nutzen................................. 85
    Arten der Innovation................................. 86

Vier Aspekte, Innovation zu beeinflussen 87
    Person 87
    Prozess 88
    Struktur 88
    Kultur 88
Zwölf strategische Handlungsfelder der Innovation
in Unternehmen 89
    Training von Fertigkeiten 90
    Verantwortlichkeit & Anerkennung 90
    Messbarkeitskriterien 91
    IT-Unterstützung der Innovation 91
    Umfeld 92
    Experimente 92
    Fokus 92
    Strategie 93
    Innovationssteuerung 93
    Führung 94
    Exploration 94
    Facilitation 94
Denkgerüst zur Beurteilung von Unternehmen 95

4 Fallstudien 97
1. Fallstudie ARCA 98
    Die Struktur von ARCA 99
    Die Rolle der Innovation 100
    Selbstorganisation auf beiden Ebenen 101
    Der Innovationsprozess 102
    Wie neue Ideen entstehen 104
2. Fallstudie Financefox 105
    Innovation bei Financefox 105
    OKRs als Mittel des strategischen Abgleichs
    und der Fokussierung 106
    Der Umgang mit neuen Ideen 107
3. Fallstudie Gore 110
    Vier Kernwerte der Zusammenarbeit 110
    Veränderung hin zu mehr Strukturen 113
    Innovation bei Gore – Haltung wichtiger als Methodik ... 114

Front-End-Innovation als Stärke von Gore 115
Ausprobieren als Prinzip 117
Gefahr durch zu viel Wachstum 118
Lean Startup als Lachnummer 118
Innovationsworkshops waren die Regel 119
4. Fallstudie Lunar Logic. 120
Wie trifft Lunar Logic Entscheidungen? 121
Autonomie führt zu Motivation 122
Selbstorganisation im gesamten Unternehmen. 123
Wie betreibt Lunar Logic Innovation?. 123
Ist Lunar Logic ein Modell für andere? 124
5. Fallstudie Matt Black Systems. 126
Historie: Bewusste Anomalien 127
Radikale Experimente 130
Das richtige Umfeld schaffen. 131
Kreisverkehr versus Ampelsystem. 133
Eine Organisation als Ökosystem für Treuhänder
von Kapital 135
Die Details des MBS-Systems. 139
Die sich wandelnde Rolle des Chefs. 145
Innovation bei MBS. 145
6. Fallstudie Mayflower 150
Prinzip Eigenmotivation. 150
Innovation bei Mayflower: Do-cracy. 151
Organisches Vorgehen. 153
Was bringt das? 154
7. Fallstudie Partake. 155
Alles außer Hierarchie 155
Der Innovationsprozess 156
Die Entstehung des Systems 158
8. Fallstudie Spindle. 160
Innovation bei Spindle. 162
Entscheidungsfindung. 164
Der Zweck der Organisation als Leitstern 165
9. Fallstudie Springest 166
Innovation bei Springest 166
Wie werden neue Entwicklungen angestoßen? 167

    Rollen mit Innovationsbezug 169
    Werkzeuge zur Ideenentwicklung 169
10. Fallstudie Swisscom 170
    Wie Neues geschaffen wird 172
    Einbettung in die Konzernstrukturen 173
11. Fallbeispiel: TELE Haase 176
    Gremien und Arbeitsgruppen 176
    Jeder kann sich beteiligen 177
    Seit vier Jahren auf der Reise 178
    Agilität = Schnelligkeit? 178
    Voraussetzungen auf Seiten der Mitarbeiter 179
    Produktinnovation – extern getriggert 181
    Der Produktentwicklungsprozess –
    Simultaneous Engineering 182
    Verschiedene Impulse möglich 183
12. Fallstudie: Voice Systems Engineering (VSE) 184
    Separates und freiwilliges Innovationsprogramm 184
    Keine Weisungsbefugnis 184
    Weitere Ressourcen zur Verfügung stellen 185
    Kulturellen Wandel ermöglichen 187
    Selbstorganisation ist keine Voraussetzung 188
    Die ersten Schritte 189
    Liste der Auszeichnungen 190

5 Erkenntnisse aus den Fallstudien 191
    Freiwilligkeit als Dreh- und Angelpunkt 192
    Kurzfristigere Änderungen statt langfristiger Strategie 195
    Innovation darf jeder 197
    Innovationsförderliche Strukturen schaffen 198
    Selbstorganisation macht's möglich 202
    Haltung ist wichtiger als Methoden 204
    Innovationsmethoden sind hilfreich 206
    Auswirkungen auf die zwölf Handlungsfelder der Innovation ... 207
    Was können traditionelle Unternehmen übernehmen? 210
    Sind selbstorganisierte Unternehmen innovativer
    als klassische? 212

6 Transformation hin zu Selbstorganisation 213
Betrachtungsbereiche 214
Analysekriterien. 215
    Kriterium 1: Fokus und Bereitschaft 216
    Kriterium 2: Verständnis für Selbstorganisation. 218
    Kriterium 3: Fertigkeiten zur Selbstorganisation 218
    Kriterium 4: Eignung der Personen für die Selbstorganisation 221
    Kriterium 5: Transparenz 223
    Kriterium 6: Unterstützende Entscheidungsverfahren 225
    Kriterium 7: Unterstützende Strukturen 226
    Kriterium 8: Vorhandener Unternehmenszweck 227
Die Transformation initiieren. 228
    Von unten. 228
    Von oben 229
    Schritte des Wandels 229
Organisations-Canvas 232
    Die Bausteine im Detail. 234

7 Werkzeuge selbstorganisierter Unternehmen 253
OKR-Prozess 254
    OKRs – was wird definiert? 255
    Das wöchentliche Ritual 256
    OKRs festlegen – Das Vorgehen. 258
Ideensupermarkt 260
    Ideenportfolio visualisieren 261
    Das Vorgehen 263
Vorschläge erarbeiten und entscheiden 266
    Der Prozess. 267
Rollendefinition 275
    Elemente einer Rolle 275
    Warum Rollen? 277
    Der Prozess der Rollendefinition 277

Über den Autor 282
Vortragsmöglichkeiten 282
Literaturverzeichnis 283
Anmerkungen 285

Danksagung

Dieses Buch wäre ohne oft unerwartete Hilfe nicht zustande gekommen. Besonders bedanke ich mich bei den 13 Interviewpartnern für die zwölf Fallstudien in diesem Buch: Dennis Ross und Kevin Joyce von ARCA, Frederik Fleischmann von Financefox, Birgit Schaldecker von W.L. Gore & Associates, Pawel Brodzinski von Lunar Logic, Julian Wilson von Matt Black Systems, Albrecht Günther von Mayflower, Jürgen Erbeldinger von Partake, Joris Engbers von Spindle, Ruben Timmerman von Springest, Daniel Sigrist von der Swisscom, Markus Stelzmann von TELE Haase und Scott Kushner von Voice Systems Engineering.

Ebenfalls interviewt habe ich Vincent Stanley von Patagonia, bei dem ich mich herzlich bedanken möchte, auch wenn ich am Ende keine Fallstudie des Unternehmens erstellt habe, weil Patagonia nicht selbstorganisiert ist, so wie ich es für dieses Buch definiere.

Danke an Frederic Laloux, Autor des Buches *Reinventing Organisations*, dessen Buch ich meine Beschäftigung mit selbstorganisierten Unternehmen zu verdanken habe und der mich zu diesem Buch ermutigt hat und mir Kontakte zu einigen seiner Fallstudien-Unternehmen vermittelte. Danke an Gabriela Krupa und Joost Schouten von energized.org, die mich mit weiteren Firmen in Kontakt gebracht haben.

Mariola Wittek Mourão und Daniel Barth danke ich für ihr Feedback zu einigen Buchkapiteln. Ihre Rückmeldung und Anregungen haben die Inhalte deutlich verbessert. Isabela Plambeck danke ich für die Inspiration, einen Organisations-Canvas zu entwickeln, Katharina Wildemann für die schönen Visualisierungen, die die Inhalte hoffentlich zugänglicher machen. Gregory Zäch vom Midas Verlag danke ich für seine Offenheit, Flexibilität und Unterstützung, die mir als Autor im Entstehungsprozess des Buches begegnet ist.

Schließlich danke ich meiner Familie für ihre Geduld und Unterstützung während des Schreibprozesses.

Zu guter Letzt möchte ich mich bei den vielen Diskutanten in diversen Online-Foren bedanken, die mir auf meine Fragen im Verlauf des Schreibprozesses immer wieder weiterführende Links, Tipps und Anregungen gegeben haben.

Einleitung

Angenommen, ein Mensch aus der Römerzeit aus dem Jahr 400 vor Christus würde 2000 Jahre durch die Zeit ins Jahr 1600 reisen. Er würde sich recht schnell in der Welt, der Gesellschaft und der »technischen Infrastruktur« zurechtfinden. Er wäre in der Lage, sich anzupassen und bald ein »normales« Leben zu führen. Sowohl technisch als auch gesellschaftlich käme ihm vieles bekannt vor – mit leichten Variationen. Sklaven gibt es zumindest in Europa nicht mehr und man würde die Objekte, die früher als Sklaven gehalten wurden, als Menschen bezeichnen. Frauen hätten jedoch nach wie vor nichts zu sagen. Im Hinblick auf die Verwaltung des Gemeinwesens würde ein Römer vielleicht erstaunt feststellen, dass die Wahl von Politikern gerade nicht in Mode ist und wir uns stattdessen in einem Zeitalter der Monarchien befinden.

Nun nehmen wir an, wir würden einen Menschen aus dem Jahr 1816 in das Jahr 2016 katapultieren. Obwohl der Zeitraum deutlich kürzer ist, würde sich ein solcher Mensch alleine aufgrund der vielen technischen Veränderungen erst einmal kaum zurechtfinden. Er würde Leute sehen, die sich mit wahnsinniger Geschwindigkeit fortbewegen. Eine Reise, die im Jahr 1816 mehrere Monate in Anspruch nahm, ist heute eine Sache von Stunden. Im heutigen Europa würde er vermutlich schnell eine deutliche größere Vielfalt an Menschen unterschiedlichen Aussehens bemerken und die veränderte Rolle der Frau wahrnehmen. Vor allem würde der Besucher vermutlich verstört Menschen beobachten, die ständig in ein kleines Kästchen in der Hand blicken und darauf mit dem Finger herumtippen und -wischen. Das Zurechtkommen im Alltag wäre für den Gast aus dem Jahr 1816 eine viel größere Herausforderung als für den Römer im Jahr 1600.

Wenn nun unser Reisender von 1816 in ein Unternehmen gebracht würde (auch das gab es 1816 schon), dann würde er die technische Infrastruktur und die Arbeitsmittel erst einmal nicht verstehen. In 98% der Unternehmen in Europa und weltweit würde er jedoch in einer Hinsicht so gut wie keine Veränderung feststellen: Die Struktur des Unternehmens und die Art, wer wie Entscheidungen trifft, ist so gut wie unverändert. Grundlegende Rechte, die Menschen in demokratischen Gesellschaften heute haben, wie die Freiheit selbstständig ihr Leben zu organisieren und Entscheidungen zu treffen, geben die meisten Menschen auch im Jahr 2016 noch an der Eingangstüre ihrer Unternehmen ab. Nach wie vor sind Unternehmen in überwiegender Zahl pyramidal-hierarchisch strukturiert. An der Spitze steht eine kleine Gruppe von Menschen mit Macht und Entscheidungsbefugnissen, die dem Großteil der Mitarbeiter im Unternehmen vorenthalten bleiben. So wie auch schon im Jahr 1816 begeben sich die meisten Menschen im Berufsleben wieder zurück in eine Art Eltern-Kind-Verhältnis. Anstelle der Eltern bei unmündigen Kindern gibt es nun Vorgesetzte (im wahrsten Sinne des Wortes), die wissen, was gut für einen ist. Es deutet sogar vieles darauf hin, dass diese »Unmündigkeit« im digitalen Kapitalismus wieder zunimmt, einfach deshalb, weil die technischen Möglichkeiten es erlauben. Beispiel ist hier der Vorreiter Amazon: »... *die Arbeitswelten von Entwicklern, Beschäftigten der Vertriebsabteilungen oder Analysten [sind] beim Internetriesen keineswegs frei von rigiden technisch vermittelten Herrschaftsmethoden. In den akademischen Tätigkeitsgebieten des Versandhändlers hält mit Big Data und kontrollrelevanten Softwareanwendungen individualisierte Evaluathorik neuer Qualität ebenso Einzug wie im Falle der Einfacharbeitsplätze. Kleinere Verfehlungen werden über die systematische Vernetzung aller Betriebseinheiten und intelligente Bewertungsalgorithmen immer leichter auffindbar.*«[1]

Erstaunlich? Die meisten Menschen werden vermutlich mit den Schultern zucken. Vielleicht haben Sie darüber auch noch nie in dieser Form nachgedacht und vielleicht auch deshalb nicht, weil die Mehrheit von uns es einfach nicht anders kennt: »Das haben wir schon immer so gemacht«. Die nach wie vor dominante pyramidal-hierarchische Form, eine Organisation zu strukturieren, war einmal sehr sinnvoll und ist auch heute in bestimmten Situationen immer noch sinnvoll. Gleichzeitig verdeutlicht die oben beschriebene Zeitreise, wie dramatisch sich die Welt in gesellschaftlicher, wirtschaftlicher und technischer Hinsicht in den letzten 200 Jahren verändert hat. Besonders tiefgreifend waren dabei die Veränderungen der wirtschaftlichen und technischen Aspekte vor allem in den letzten 20 Jahren. Während ich dieses Buch schreibe, erreicht mich ein Neujahrsgruß[2] von Matthias Horx vom Zukunftsinstitut, in dem er sich mit dem Meinungschaos über die Zukunft beschäftigt:

»*Lauscht man in das unendliche Stakkato der Meinungen, Meldungen und Weltbeschreibungen – in den Medien, im Netz, in der Nachbarschaft, selbst in der Familie –, kann man meinen, sie [die Zukunft] habe sich endgültig aus unserem Leben verabschiedet*«

Weiter analysiert er: »*Wir befinden uns tatsächlich in einem Paradigmen-Bruch, in dem sich wichtige Systeme – etwa das tradierte politische Wahlsystem, das System der Globalisierung, aber auch das mediale System – tiefgreifend verändern.*« Er bezieht sich dabei auf die Umbrüche, die sich alleine in den letzten 80 Jahren ereignet haben. Im späteren Teil des Artikels zitiert Horx aus einem Gespräch mit dem Europa-Chef von TED: »,*Ich glaube, die Menschen sind einfach nur erschöpft. Sie sind erschöpft von einem viel zu schnellen, unstrukturierten, unverstandenen Wandel, der eher über sie hereinbricht, als dass sie ihn gestalten können.*'«

Vor diesem Hintergrund und besonders mit Blick auf den technischen Wandel und die Geschwindigkeit des Wandels stellt sich berechtigterweise die Frage, ob die Art und Weise, wie wir seit über 200 Jahren Unternehmen strukturieren und führen, heute nach wie vor die beste ist. Schließlich spielt Innovation für Unternehmen besonders seit etwa 20 Jahren eine immer essenziellere Rolle. Unternehmen stehen vor der Herausforderung, in einer globalisierten Welt, in vielen Branchen mit Mitspielern aus der ganzen Welt, in immer kürzerer Zeit neue und andere Antworten auf sich verändernde Märkte und Marktteilnehmer zu finden.

Eine momentan noch elitäre Gruppe von Menschen und Unternehmen glaubt, dass es Zeit für einen Wandel ist. Dabei spielen – wie wir noch sehen werden – neben der mangelnden Innovationsfähigkeit auch weitere Gründe (Stichworte: Wertewandel, Mitarbeitermotivation, Sinnhaftigkeit) eine Rolle. Es zeigt sich zunehmend, dass etablierte und traditionell organisierte Unternehmen dies verstanden haben und nun handeln. Daher werden allerorts unter dem Schlagwort »agil« neue Methoden und Arbeitsweisen wie »Scrum« und »Design Thinking« eingeführt. Diese sollen den Unternehmen dabei helfen, schneller Lösungen für sich verändernde Umstände zu entwickeln.

Diese kleine, aber kontinuierlich größer werdende Gruppe von Unternehmen, um die es mir in diesem Buch geht, setzt auf Selbstorganisation oder Selbstmanagement als komplettes Organisationsprinzip. Das heißt, es werden nicht bei ansonsten unveränderten Strukturen isoliert einzelne Methoden in einzelne Teams gebracht. Stattdessen werden die Strukturen und Entscheidungsprozesse der Unternehmen grundlegend verändert.

Unter Selbstorganisation und Selbstmanagement verstehe ich dabei: *»an organizational model wherein the traditional functions of a manager (planning, coordinating, controlling, staffing and directing) are pushed out to all participants in the organization instead of just to a select few.«*[3]

Es geht also um deutlich mehr als die Einführung einzelner Methoden, wobei diese dabei durchaus hilfreich sein können.

Meine eigene Reise

Das Unternehmen creaffective, für das ich arbeite, beschäftigt sich seit 2004 mit Kreativität und Innovation mit dem Zweck »Kreativität und Innovation in Organisationen, in Teams und in Individuen zu ermöglichen und zu erhalten«[4]. Wenn man sich mit Strukturen der Innovation und des Innovationsmanagements auseinandersetzt, dann fällt auch hier auf, dass die »State-of-the-Art«-Herangehensweisen und »Best Practices« ebenfalls von einer pyramidal-hierarchischen Organisation ausgehen. Deutlich wird dies zum Beispiel am bekannten Stage-Gate-Prozess mit seinen Entscheidergremien an jedem Gate.

Inspiriert zu diesem Buch haben mich meine eigene »Reise« und die Veränderung des von mir gegründeten Unternehmens creaffective durch die Einführung eines Systems der Selbstorganisation. Alles begann im Jahr 2015 mit der Lektüre des Buches *Reinventing Organizations* von Frederic Laloux. Nicht ohne Grund löste dieses Buch eine wahre Bewegung aus und ließ eine weltweite Fangemeinde entstehen. Laloux analysiert und porträtiert darin mehr als 10 Unternehmen, die sich unter anderem durch das Merkmal der Selbstorganisation auszeichnen. Fasziniert und inspiriert von Lalouxs Erkenntnissen und Gedanken, beschlossen wir bei creaffective im Jahr 2016, ebenfalls mit einer

Form der Selbstorganisation zu experimentieren. Anfang 2016 führten wir Holacracy (auf deutsch Holakratie) als Organisationsform ein (auch dazu später mehr). Das bedeutet, dass mich viele der hier im Buch behandelten Fragestellungen auch ganz praktisch persönlich betreffen. Laloux beschreibt in seinem Buch relativ detailliert einige Prozesse und Entscheidungsmechanismen der vorgestellten Unternehmen. Aus meiner Sichtweise als Innovationscoach war es jedoch auffällig, dass er nicht auf die Innovationspraktiken der Unternehmen einging. Er erklärte auf meine Nachfrage hin, dass er die Innovation nicht bewusst ausgelassen hatte, sondern sie einfach nicht im Fokus seiner Betrachtungen stand. Dennoch interessiere es ihn durchaus, wie Innovationspraktiken in diesem neuen Unternehmenstypus aussehen.

Da ich auch sonst kaum Informationen dazu finden konnte, war die Idee für dieses Buch geboren. Ich möchte den Fragen nachgehen,

- wie selbstorganisierte Unternehmen konkret funktionieren,
- wie Innovationspraktiken in selbstorganisierten Unternehmen aussehen,
- ob Selbstorganisation für diese Praktiken zwingend Voraussetzung ist,
- was traditionell strukturierte Unternehmen daraus lernen und übernehmen können.

Diesen Fragestellungen nähere ich mich mittels 12 Fallstudien, die ich für dieses Buch erstellt habe. Es geht also sowohl um Selbstorganisation als auch um Innovation.

Andere ähnliche Bücher

Wie angedeutet, stehe ich auf »den Schultern von Giganten« und baue auf bestehenden Arbeiten auf. Ohne die Vorarbeiten anderer, für mich sehr inspirierender Autoren wäre dieses Buch nicht möglich. Ich jedoch lege mit dem vorliegenden Buch den Fokus auf Innovationspraktiken im Kontext der Selbstorganisation. Mir geht es also nicht nur darum, ganz allgemein Selbstorganisation und selbstorganisierte Unternehmen zu verstehen und zu beschreiben. Ich möchte besser verstehen, wie

Innovation dort betrieben wird, sowie ob und inwiefern sich diese Praktiken von traditionell hierarchisch strukturierten Firmen unterscheiden. Außerdem interessiert mich dabei, ob und falls ja, welche Praktiken trotzdem in einem pyramidal-hierarchischen Setting zum Einsatz kommen können. Mir ist bewusst, dass die überwiegende Mehrheit der Unternehmen auf diesem Planeten pyramidal-hierarchisch organisiert ist und sich an dieser Tatsache so schnell nichts ändern wird.

Ich werde einige der Grundlagen anderer Bücher hier mit einführen, da ich nicht voraussetze, dass alle Leser mit den Details von Selbstorganisation und Innovation vertraut sind. Wer sich allgemeiner für Selbstorganisation interessiert, dem empfehle ich unter anderem *Reinventing Organizations* von Frederic Laloux, *Das kollegial geführte Unternehmen* von Bernd Oestereich und Claudia Schröder, *Alle Macht für Niemand* von Andreas Zeuch, *The Open Organization*« von Jim Whitehurst, *…Und mittags geh ich heim* von Detlef Lohmann, *Maverick* von Ricardo Semler und *Holacracy* von Brian J. Robertson.

Die Struktur dieses Buches

Ich habe mich bemüht, das Buch in einer sinnvoll aufeinander aufbauenden Reihenfolge zu gliedern. Dennoch müssen Sie es nicht zwangsläufig in dieser Abfolge lesen. Vielleicht haben Sie zu einigen der Einleitungskapitel mehr Hintergrundwissen und möchten diese daher überspringen.

Ich beginne mit menschlichen Organisationsformen (Kapitel 1) und deren allgemeiner Entwicklung. Leser von Lalouxs Buch wird dieser Teil bekannt vorkommen. Kapitel 2 beschäftigt sich mit dem Konzept und verschiedenen Modellen der Selbstorganisation. Kapitel 3 betrachtet Innovation und Modelle, wie man Organisationskultur und Praktiken in Unternehmen beschreiben kann. Dies dient mir als Analyseraster für die Fallstudien und meine Erkenntnisse und Ableitungen daraus.

Kapitel 4 enthält zwölf Fallstudien von selbstorganisierten Unternehmen aus aller Welt und deren Innovationspraktiken. Dafür habe ich mit 13 Unternehmensvertretern (meist Geschäftsführer oder einem Äquivalent dazu) Interviews geführt und Recherchen angestellt. Jedes der von mir betrachteten Unternehmen wird in einer separaten Fallstudie vorgestellt. Mir war es dabei wichtig, die Fallstudien nicht über das Buch zu verteilen, sondern es Ihnen zu ermöglichen, sich ein eigenes Bild zu machen. Die Fallstudien beschäftigen sich mit den Strukturen und Praktiken des jeweiligen Unternehmens im Allgemeinen und den Innovationspraktiken im Speziellen.

Kapitel 5 beschäftigt sich mit meinen Erkenntnissen und Einsichten aus den Fallstudien. Kapitel 6 geht der Frage nach, wie konkrete Schritte von Unternehmen aussehen könnten, die sich auf den Weg zu einer agilen Aufbauorganisation machen möchten. Hier stelle ich auch einen Organisations-Canvas vor, ein visuelles Werkzeug ähnlich dem bekannten Business Model Canvas, zum Nachdenken über ein System der Selbstorganisation im Unternehmen.

Kapitel 7 beschreibt, wie einige der in den Fallstudien erwähnten Vorgehensweisen und Werkzeuge in selbstorganisierten Unternehmen zum Einsatz kommen. Diese sind teils direkt, teils in abgewandelter Form für alle Organisationen anwendbar.

Ich hoffe, dass dieses Buch für Sie einige anregende Denkanstöße und Praxisbeispiele bietet, die für Ihre Organisation einen Mehrwert bieten. Ich freue mich sehr über Meinungen, Anregungen und weitere Beispiele. Weitere Informationen und Kommentarmöglichkeiten finden Sie auf der creaffective-Website: *http://www.creaffective.de/de/veroeffentlichungen/*. Meine Kontaktdaten und Informationen zu Vortragsmöglichkeiten finden Sie in diesem Buch im Abschnitt *Über den Autor*.

Mit besten Grüßen

Florian Rustler
München, August 2017

1 Die Entwicklung menschlicher Organisationsformen

Um besser zu verstehen, wie wir in Unternehmen zur heutigen pyramidal-hierarchischen Form gekommen sind, hilft ein Blick zurück in die Geschichte menschlicher Organisationen und menschlicher Bewusstseinsentwicklung. In seinem Buch *Reinventing Organizations* beschäftigt sich Frederic Laloux sehr ausführlich mit diesem Thema. Ich versuche, eine für unser Thema ausreichende Kurzform zu liefern.

Laloux bezieht sich auf Theorien der menschlichen Bewusstseinsentwicklung wie die integrale Theorie von Ken Wilber[5] und die Theorie der Spiral Dynamics von Don Beck und Clare Graves (2006) sowie einige wissenschaftliche Meta-Analysen zu verschiedenen Bewusstseinstheorien.

»*In ihren Untersuchungen haben sie immer wieder zeigen können, dass sich die Menschheit in Stufen entwickelt. Wir sind nicht wie Bäume, die kontinuierlich wachsen. Wir entwickeln uns durch plötzliche Transformationen, wie eine Raupe, die zum Schmetterling wird, oder eine Kaulquappe, die sich zum Frosch entwickelt. Heute ist unser Wissen über die menschliche Entwicklung sehr stichhaltig. Insbesondere zwei Denker – Ken Wilber und Jenny Wade – haben außergewöhnliche Arbeit geleistet, weil sie alle wichtigen Stufenmodelle miteinander verglichen und einander gegenübergestellt haben und dabei starke Übereinstimmungen feststellen konnten.*« (Laloux, 2015, Pos. 46.1/1122)

Wie immer gilt für alle Theorien, dass es sich um Modelle handelt, um eine Abstraktion der Realität. Wie einer meiner Professoren in den USA einmal so schön sagte: »Alle Modelle sind falsch, aber manche sind hilfreich«. Die von Laloux verwendeten Modelle sind nicht unumstritten, besonders Wilber wird oft als unwissenschaftlich kritisiert. Auch Julian Wilson von der Firma Matt Black Systems (Sie finden die entsprechende Fallstudie ebenfalls in diesem Buch) stört sich an der Mystifizierung von Selbstorganisation in Unternehmen, die durch Theorien wie Spiral Dynamics verursacht werde. Dennoch finde ich das Modell für die Erklärung der Entwicklung hin zur Selbstorganisation in Unternehmen hilfreich, wohl wissend, dass es sich um eine Vereinfachung handelt. Das Modell bietet jedoch eine klare Begriffswelt für die Entwicklung menschlicher Organisationen, die sehr hilfreich ist. Trotzdem beschreibt es die Wahrheit nicht in absoluten Kategorien.

Laloux formuliert es folgendermaßen: »*Die Diskussion über Stufen ist nur eine Abstraktion der Realität; so wie eine geografische Landkarte nur eine vereinfachte Beschreibung einer Landschaft ist. Wir erhalten dadurch Unterscheidungen, die das Verstehen einer komplexen, darunterliegenden Wirklichkeit ermöglichen, aber wir bekommen keine genaue Abbildung der Wirklichkeit.*« (Laloux, 2015, Pos. 125.7/1122)

Laloux selbst warnt davor, das Modell zu holzschnittartig zu verwenden:

»*Wenn Menschen das erste Mal von aufeinanderfolgenden Stufen der menschlichen Evolution hören, dann sind sie manchmal so fasziniert von dieser Einsicht, dass sie dieses neue Wissen wahllos anwenden und damit die Wirklichkeit zu sehr vereinfachen, damit sie mit dem Modell übereinstimmt.* « (Laloux, 2015, Pos. 123.0/1122)

und weiter

»*Wir schaffen Probleme, wenn wir glauben, dass die späteren Stufen »besser« sind als die früheren. Eine angemessenere Interpretation wäre, dass sie »komplexer« in ihrem Umgang mit der Welt sind. Ein Mensch, der beispielsweise aus dem postmodernen Paradigma handelt, kann die gegensätzlichen Perspektiven anderer Menschen in einer Weise integrieren, wie es einem Menschen, der aus einem tribalen Paradigma handelt, nicht möglich sein wird.* « (Laloux, 2015, Pos. 124.3/1122)

Auf den ersten Blick klingt der Begriff der menschlichen Bewusstseinslevel vielleicht abstrakt. Möglicherweise ist für Sie der Zusammenhang zwischen einer Bewusstseinsstufe und der Art, wie Unternehmen strukturiert sind, nicht sofort offensichtlich. Für mich zumindest war es anfangs so. Daher noch etwas mehr Details von Laloux:

»Jede Bewegung in eine neue Bewusstseinsstufe hat eine völlig neue Ära der Menschheitsgeschichte eingeläutet. An jedem Wendepunkt veränderte sich alles: die Gesellschaft (entwickelte sich von Familiengruppen zu Stämmen zu Imperien zu Nationalstaaten); die Ökonomie (von Jägern und Sammlern zu Gartenbau, Landwirtschaft und Industrialisierung); die Machtstrukturen; die Rolle der Religion. Aber ein Aspekt hat bisher noch nicht viel Aufmerksamkeit auf sich gezogen: Mit jeder neuen Stufe des menschlichen Bewusstseins ging auch ein Durchbruch in unserer Fähigkeit zur Zusammenarbeit einher, was zu einem neuen Organisationsmodell führte. Die Organisationen, die wir heute kennen, sind der Ausdruck unserer gegenwärtigen Weltsicht, unserer momentanen Entwicklungsstufe. Es gab zuvor andere Modelle und alles deutet darauf hin, dass es weitere geben wird.« (Laloux, 2015, Pos. 47.4/1122)

Nach diesem Verständnis können Menschen von einem bestimmten Bewusstseinslevel aus denken und handeln. Ein Bewusstseinslevel lässt manche Gedanken überhaupt erst zu. Daraufhin kann ein Mensch auf eine bestimmte Art handeln. Auf Unternehmensebene bedeutet dies, dass bestimmte Handlungsoptionen überhaupt erst denkbar werden: *»Consciousness automatically chooses what it deems best from instant to instant because that is ultimately the only function of which it is really capable. The relative weight and merit given to certain data are determined by a predominant attractor pattern operating in the individual or in a collective group of minds.«* (Hawkins, 2012, Pos. 70.9/562)

Gleichzeitig »ist« ein Mensch nicht auf einem bestimmten Level, in dem Sinne, dass er über anderen stünde und besser oder schlechter wäre als ein anderer. Ein Mensch denkt auch nicht kontinuierlich in einem Paradigma. In unterschiedlichen Kontexten kann der gleiche Mensch aus einem anderen Bewusstsein denken und handeln. Auf Unternehmen übertragen, bedeutet dies, dass in unterschiedlichen Teilen eines Unternehmens unterschiedliche Paradigmen dominant sein können. Zum Beispiel tickt die Produktion oft anders als die Entwicklungsabteilung. Vor kurzem führte ich mit einem Kunden ein Gespräch darüber, wie unterschiedliche Branchen ticken und welches Menschenbild vorherrscht. Wir bei creaffective arbeiten gerade an einem provokanten Vortragstitel, der momentan lautet: *Ihre Mitarbeiter sind dumm, faul und wollen Sie beklauen?!* Wir wollen damit scherzhaft und in übertriebener Weise darauf anspielen, welche Annahmen und welches Menschenbild hinter manchem Führungshandeln stecken. Unser Kunde wies mich jedoch darauf hin, dass die Ironie unseres Vortragstitels im Groß- und Einzelhandel womöglich nicht verstanden würde und hier in der Tat oft unser Vortragstitel Programm sei.

Jedes Bewusstseinslevel und die damit verbundenen Arten des Denkens und Handelns führen auch zu neuen Organisationsformen und prägen die Kultur einer Organisation.

Deutlich wird dies zum Beispiel daran, wie Gehälter in Organisationen festgelegt werden. Stellen Sie sich vier Optionen vor:

- Option 1: Der Chef entscheidet persönlich nach Lust und Laune über Ihr Gehalt.
- Option 2: Das Gehalt ist an eine bestimmte Gehaltsstufe gekoppelt, die vom Hierarchielevel und z.B. dem Ausbildungshintergrund einer Person abhängt.
- Option 3: Das Gehalt wird stark davon beeinflusst, ob Menschen individuell festgelegte Ziele erreichen.
- Option 4: Statt individueller Ziele gibt es einen Teambonus (wie kürzlich bei der Deutschen Bahn eingeführt)

Man kann sagen, dass jede dieser Optionen von anderen Grundannahmen und einer anderen Weltsicht ausgeht. Laloux verwendet hier den Begriff der Bewusstseinsstufen. Wenn Sie mit diesem Kapitel fertig sind, werden Sie diese zuordnen können. Werden nun in einer Organisation die Gehälter nach Option 3 festgelegt, findet man sehr wahrscheinlich auch andere Details in der Kultur und Struktur, die mit dieser Weltsicht konsistent sind.

Wie verändert sich ein Bewusstseinslevel?

Meist führt eine auf den ersten Blick unüberwindbare Herausforderung zu der Möglichkeit, eine neue Sicht auf die Dinge einzunehmen und damit auf ein anderes Bewusstseinslevel zu gelangen. Und zwar geschieht dies, weil die momentane Weltsicht eine Lösung nicht zulässt. Das Problem wirkt unüberwindbar. Einstein wird das Bonmot zugeschrieben, dass ein Problem nicht mit demselben Bewusstsein gelöst werden kann, mit dem es erschaffen wurde. Man kann nun entweder versuchen, das Problem zu ignorieren und an der bisherigen Weltsicht festzuhalten, oder man kann seine Sichtweise verändern.

Die Veränderung der eigenen Grundannahmen ist dabei anfangs eine große Herausforderung für Menschen: »*Der Wechsel auf eine neue Stufe ist in kognitiver, psychologischer und moralischer Hinsicht ein großes Unterfangen. Es erfordert den Mut, alte Gewissheiten loszulassen und mit einer neuen Weltsicht zu experimentieren.*« (Laloux, 2015, Pos. 131.0/1122).

Ich kann hier aus meiner eigenen Erfahrung berichten: Die von mir initiierte Einführung von Holacracy (dazu später mehr) bei creaffective war bei mir persönlich mit vielen Ängsten verbunden und stellte einige meiner bisherigen Glaubenssätze in Frage: Werden die Kollegen verantwortlich mit den finanziellen Mitteln des Unternehmens (sprich: meines Unternehmens) umgehen, wenn Ausgaben nicht mehr genehmigt werden müssen? Bin ich bereit, Entscheidungen auszuhalten, die ich anders treffen würde? Werden wir uns weiterhin in eine Richtung entwickeln, die ich für richtig halte?

Anlass für die Einführung des Experiments Holacracy war für mich in der Tat eine Herausforderung, die ich nicht überwinden konnte. Als ehemaliger Selbstständiger war ich es gewohnt, selbst und ständig zu arbeiten. Das hieß in unserem kleinen Unternehmen, dass der Großteil aller Entscheidungen am Ende bei mir landete, dem Geschäftsführer. Dadurch bekam ich das Gefühl, der Flaschenhals zu sein, der das Unternehmen bremste. Gleichzeitig belastete mich die Situation, da ich mich mit vielen Themen herumschlagen musste. Um die Situation zu verändern, musste ich mich als ehemaliger Selbstständiger nun mit dem Gedanken anfreunden, dass ich nicht mehr alle Entscheidungen treffen würde, ich diese auch nicht unbedingt am besten treffe und dass die Kollegen mich gar nicht erst um Erlaubnis fragen müssen.

Man kann Menschen nicht bewusst in ein anderes Denkmuster bringen oder gar zwingen. Man kann als Gemeinschaft oder Organisation lediglich Bedingungen schaffen, die eine andere Denkweise erleichtern: »*Das*

Wachsen in eine neue Form des Bewusstseins ist immer ein sehr persönlicher, einzigartiger und ziemlich geheimnisvoller Prozess. Man kann ihn niemandem aufzwingen. Man kann niemanden dazu bringen, sein Bewusstsein zu entwickeln, selbst wenn man dabei die besten Absichten verfolgt – eine unbequeme Wahrheit für Coaches und Berater, die sich wünschen, sie könnten Führungskräfte in Organisationen dabei helfen, durch die Kraft der Überzeugung eine komplexere Weltsicht anzunehmen. Wir können aber Umgebungen schaffen, die das Wachstum zu späteren Stufen fördern.«
(Laloux, 2015, Pos. 132.3/1122)

Die genannten Ausführungen weisen auch auf die Tatsache hin, dass die Kultur eines Unternehmens und die Weltsicht der Organisation nach innen und außen in besonderem Maße von der Führung oder den Führungskräften eines Unternehmens bestimmt werden. Dies gilt insbesondere für die Innovationskultur einer Organisation[6]. Die Führung eines Unternehmens kann die Organisation damit zu einer höheren Stufe des Bewusstseins ziehen oder die Organisation auch zurückhalten.

Stufenmodell des Bewusstseins

Das von Laloux vorgestellte Modell geht von einigen aufeinander aufbauenden Stufen aus. Diese Stufen orientieren sich an der Spiral-Dynamics-Theorie. Für jede Stufe nutzt Laloux eine Farbe (die Farbgebung bei Laloux entspricht nicht der in der Theorie des Spiral Dynamics) und beschreibt die wichtigsten organisatorischen »Durchbrüche«, die dadurch möglich werden. Ich werde mich hier an die Farbgebung von Laloux halten, da viele Menschen sein Buch gelesen haben und vertrauter damit sind als mit Spiral Dynamics.

Dabei lässt sich zwischen Bewusstseinsstufen erster und zweiter Ordnung unterscheiden. Bewusstseinslevel erster Ordnung schließen einander aus. Es handelt sich um ein *entweder – oder*. Level zweiter Ordnung können verschiedene Stufen der ersten Ordnung integrieren. Das bedeutet *sowohl als auch*.

Für unseren Zweck hier lasse ich die allerersten Bewusstseinsstufen (Ahnenkult und instinktives Handeln) aus und beziehe mich auf die für uns relevanten.

Die Bewusstseinsstufen im Überblick:

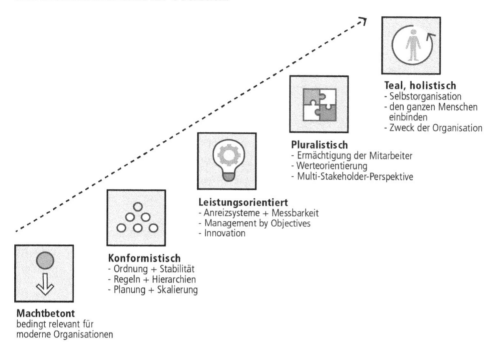

Rot – impulsiv/machtbetont

Dieses Paradigma ist vor ca. 10.000 Jahren entstanden. Es brachte die ersten pyramidal-hierarchischen Organisationen hervor. Als Beispiele dienen Strukturen wie die Mafia, Straßengangs und womöglich die US-Regierung unter Donald Trump.

Der Mensch versteht in diesem Paradigma, dass er von anderen getrennt und ein kleiner Teil von größeren Verbünden ist:

»*Wenn ich nur ein kleiner Teil bin, der getrennt vom Ganzen ist, dann könnte ich leiden und sterben. Auf dieser Stufe wird die Welt als ein gefährlicher Ort gesehen, wo die Befriedigung der eigenen Bedürfnisse davon abhängt, dass man stark und widerstandsfähig ist. Die Währung in dieser Welt ist Macht. Wenn ich mächtiger bin als du, dann kann ich einfordern, dass meine Bedürfnisse erfüllt werden; wenn du mächtiger bist als ich, dann ordne ich mich unter und hoffe, dass du für mich sorgst.«* (Laloux Pos. 54.2/1122)

Das Mittel, das menschliche Gruppen in diesem Paradigma zusammenhält und stabilisiert, ist die kontinuierliche Zurschaustellung von Macht und Kraft. Es gibt wie in einem Wolfsrudel einen Alpha-Wolf, der die Gruppe aufgrund seiner Überlegenheit anführt. Auf Menschen übertragen bedeutet dies: »*In dem Moment, wo seine Macht in Zweifel gezogen wird, könnte jemand anders versuchen, ihn zu stürzen. Um eine gewisse Stabilität zu schaffen, umgeben sich diese Anführer mit Familienmitgliedern (die meist loyaler eingestellt sind) und erkaufen sich ihre Treue, indem sie die Beute teilen. Im Gegenzug achtet jedes Mitglied ihrer engeren Gefolgschaft auf die eigenen Angehörigen und ihre Treue gegenüber dem Anführer.*« (Laloux, 2015, Pos. 56.9/1122)

Dieses Paradigma war besonders für feindliche Umgebungen geeignet. Es ist für moderne Organisationen nur eingeschränkt relevant. »Organisationen«, die nach diesem Paradigma funktionieren, operieren normalerweise mit einem sehr kurzfristigen Zeithorizont.

Gelb – konformistisch – »Think inside the Box«

Dieses Paradigma betont Stabilität, Ordnung und Vorhersagbarkeit. Das Denken in Ursache und Wirkung spielt eine zentrale Rolle. Dieses Denken wiederum begünstigt Zukunftsplanung und Planung allgemein. Darüber hinaus wird in diesem Paradigma ermöglicht, dass ich mich in die Sichtweise anderer und deren Gedanken und Gefühle hineinversetzen kann. Dies führt dazu, dass die Sichtweise anderer auf mich eine wichtige Rolle spielt. Ein Teil meines Selbstwertes ergibt sich durch die Beurteilung anderer. Daher wird dieses Level als konformistisch bezeichnet: »*Das dualistische Denken der tribalen Stufe ist immer noch gegenwärtig, aber das individuelle Motto »Mein Weg oder dein Weg« wird durch das kollektive Motto »Wir oder die anderen« ersetzt*«. (Pos. 62.3/1122) Dies führt zu einer relativ statischen Weltsicht: Es gibt richtig und falsch. Für richtige Verhaltensweisen werde ich belohnt, für falsche bestraft.

Die Organisationsform, die aus diesem Bewusstseinslevel hervorgeht, betont nun Ordnung und Stabilität. Dies geschieht vor allem in Form von Regeln und Hierarchien sowie durch die Einführung dezidierter Rollen/Positionen in Organisationen, ähnlich dem indischen Kastensystem. Die persönliche Verbindung zwischen Menschen ist hier weniger relevant. Wichtiger ist die formale Verbindung von Positionen. Die heute immer noch genutzten klassischen Organisationscharts bilden genau diese Logik ab. Bestimmte Hierarchieebenen und Rollen sorgen nun dafür, dass die gesetzten Regeln auch eingehalten werden. Dies geschieht nicht durch physische Gewalt, sondern durch andere Formen der Bestrafung, zum Beispiel durch nicht erhaltene Boni oder Einträge in der Personalakte. Außerdem werden Planung und Durchführung in diesen Organisationen strikt getrennt. Sichtbar wird dies etwa in Form von Anzugträgern und Blaumännern im Unternehmen. Beispiele für Organisationen, die hauptsächlich aus diesem Paradigma heraus operieren, sind Armeen, staatliche Bürokratien oder die katholische Kirche. Auch viele Fabriken und Produktionsstätten funktionieren nach diesem Paradigma.

Der organisatorische Durchbruch, der mit diesem Bewusstseinslevel einhergeht, ist die Fähigkeit der mittel- und langfristigen Planung und die Etablierung von stabilen und skalierbaren Prozessen. Diese Durchbrüche machten die ersten Fabriken der ersten industriellen Revolution überhaupt erst möglich. Plötzlich können Pläne für die nächsten Jahre gemacht werden und damit langjährige Bauvorhaben initiiert und hoffentlich auch durchgeführt werden. Stabile Prozesse führen nun auch dazu, dass eine Organisation verständlicherweise das Bedürfnis hat, diesen effizienten Prozess möglichst unverändert zu wiederholen. Der Vorteil von stabilen Prozessen ist außerdem, dass das Ergebnis eines Prozesses nicht so sehr von der ausführenden Person abhängt als vom Prozess an sich. Dies bietet Vorteile in der Skalierung von Geschäftsaktivitäten. Besonders deutlich wurde mir dies in der Zusammenarbeit mit einem deutschen Kunden vor Ort in China. Unser Kunde hatte bei der Fehlerdiagnose des Maschinenparks sehr stark auf genau definierte und strikte Prozesse gesetzt, um bei der in China üblichen hohen Personalfluktuation einigermaßen das gewünschte Ergebnis sicherstellen zu können. In einem solchen Prozess können Mitarbeiter einfach und schnell durch einen anderen ersetzt werden, ohne dass dies die gesamte

Organisation oder auch nur den Prozess gefährdet. Der japanische Mitbewerber hatte im Gegensatz dazu für diese Fälle Experten aus Japan eingeflogen, die das Problem durch ihre langjährige Erfahrung lösen konnten. Einen definierten Prozess gab es nur in rudimentären Ansätzen. Dadurch waren die Japaner schneller und flexibler. Hinzu kam die geringe geographische Distanz der japanischen Experten, diese waren zur Not innerhalb von sechs Stunden vor Ort.

Die konformistische Form der Organisation eignet sich daher besonders für stabile Umgebungen mit wenig Veränderung. In einem solchen Umfeld können gelbe Organisationen durchaus sehr lange überleben. Man geht hier davon aus, dass sich Handlungen und Erfolge aus der Vergangenheit auch in die Zukunft übertragen lassen. Sie kennen bestimmt das bekannte Totschlagargument, das diese Überzeugung ausdrückt: »Das haben wir ja noch nie so gemacht« bzw. »Das haben wir schon immer so gemacht«. Innovation und kritisches Hinterfragen des Status Quo sind nicht gewünscht. Im Gegenteil, Veränderungen werden vom Immunsystem der Organisation schnell als unerwünschte Eindringlinge identifiziert und neutralisiert.

Oft sind es besonders große Organisationen, die mit diesem Paradigma arbeiten. Das ist auch sinnvoll, da Planung und Prozesse in großen Einheiten besonders wichtig sind. In diesem Kontext sind Wandel und Veränderung etwas, das die Organisation vermeiden möchte. Diese Einstellung trifft auch auf einzelne Menschen zu, die von diesem Bewusstseinslevel aus operieren. Das Menschenbild konformistischer Unternehmen betrachtet Mitarbeiter von Natur aus als eher faul und unwillig. Durch klare Führung und entsprechende Mechanismen müssen die Mitarbeiter aus ihrer Leistungszurückhaltung herausgeholt und angetrieben werden. Laloux betont, dass man diese Entwicklung auch im Kontext ihrer Entstehung wertschätzen müsse: »*Aus Sicht späterer Entwicklungsstufen könnte dies als starke Eingrenzung erscheinen. Aber als ein Schritt aus dem tribalen Bewusstsein heraus ist es ein großer Fortschritt.*« (Pos. 71.8/1122).

Bis heute verbreitet

Dieses Menschenbild beherrscht auch heute noch weit verbreitete Vorgehensweisen aus dem Innovations- und Ideenmanagement. Der aus der Produktentwicklung stammende Stage-Gate-Prozess ist ein Innovationsprozess mit mehreren Schritten. Nach jedem Schritt entscheidet eine Gruppe von »qualifizierten« Führungskräften, ob eine Idee es wert ist, weiterverfolgt zu werden. Schließlich kann ein »*Unternehmen ja schlecht die Mitarbeiter selbst entscheiden lassen. Die können das erstens gar nicht beurteilen und zweitens weiß man dann ja nicht, was dabei rauskommt*« (O-Ton eines Bereichsleiters eines Kunden). Auch das in vielen Betriebsvereinbarungen verankerte Ideenmanagement stammt aus diesem Weltbild: Mitarbeiter, die eine Idee haben, die zu einer Verbesserung führen könnte, müssen durch Geldprämien »angespornt« werden, diese Idee auch zu äußern. Ohne entsprechenden Anreiz ist davon auszugehen, dass sie ihre Leistung zurückhalten. Die Idee muss auch hier von einem qualifizierten Gutachter geprüft werden, der dann über die Umsetzung entscheidet.

Orange – Betonung der Leistung

Dieses Paradigma ist die heute dominante Weltsicht, die auch die größte Verbreitung in Unternehmen aller Branchen findet. Das Verständnis der Welt ist primär materialistisch. Das heißt, hier wird in einer physischen Welt gehandelt. Menschen können die Welt empirisch beobachten, verstehen und begreifen. Diese Art des Bewusstseins führt zu einem Denken in Annahmen und Möglichkeiten: »Was wäre, wenn...?«

Dieses Denken hat die Entstehung der modernen Wissenschaften überhaupt erst möglich gemacht. Ein empirisch-materielles Verständnis der Welt, gepaart mit einer auf Beweisbarkeit fokussierten wissenschaftlichen Methode, hat zu vielen Entwicklungen und technischen Fortschritten geführt. Neben der Wissenschaft werden so Innovation und Unternehmertum möglich. Innovation beschreibt die Schaffung von etwas Neuem. Dazu steht am Anfang oft eine »Was wäre, wenn...?«-Frage. Durch Vorstellungskraft und im späteren Teil eines Innovationsprozesses auch durch Beobachten und Messen kann eine Idee entwickelt und als für die Welt passend bewertet werden.

Messbarkeit ist ein besonders wichtiger Aspekt. Was gemessen werden kann, existiert. Auch »Fortschritt« und »Verbesserung« drücken sich in diesem Weltbild durch eine quantitative Zunahme aus, die gemessen werden kann. Der Effektivität – die richtigen Dinge tun – kommt nun eine besondere Bedeutung zu. Effektiv ist, was zu einem besseren (messbaren) Ergebnis führt.

Mit dieser materiellen Betrachtungsweise der Welt kommt der Wunsch, möglichst viel Materielles zu besitzen und immer mehr und bessere Dinge in die Welt zu bringen. Mehr bedeutet besser. Mehr, höher und weiter wird zu einem Ziel an sich. Diese »Steigerungslogik« ist das Grundprinzip des Kapitalismus und bis heute Grundannahme aller Wirtschaftssysteme und der Handlungen der meisten Unternehmen. Börsennotierte Firmen sind dieser Logik durch die Erwartung von steigenden Gewinnen durch die Anleger in besonderer Weise unterworfen.

Spiritualität hat hier keinen Platz, schließlich ist sie nicht sichtbar und messbar. Spiritualität definiere ich als den »bewussten Umgang des Bewusstseins mit sich selbst[7]«. Wenn sie eine Rolle spielt, dann muss es dafür, wie zum Beispiel bei SAP[8], einen Business Case geben. Dieser Business Case lautet dann, dass Achtsamkeitstrainings es den Mitarbeitern ermöglichen, unter Stress besser Leistung abzurufen. Ob die Mitarbeiter ihre Leistung anschließend wirklich besser abrufen können, kann man dann messen. Es geht jedoch bei der Übung von Achtsamkeit eigentlich nicht darum, dadurch leistungsfähiger zu werden. Daher bewegt sich diese Denkweise sehr an der Oberfläche dessen, worum es geht.

Wie Laloux schreibt, hat jedes Bewusstseinslevel (aus der Perspektive eines höheren Bewusstseinslevels betrachtet) auch seine Schattenseiten: »*Die dunkle Seite des modernen leistungsorientierten Paradigmas kann man heute nur schwer ignorieren: die Gier der Unternehmen, kurzfristige Politik, Überschuldung, übermäßiger Konsum und die schonungslose Ausbeutung der Ressourcen und Ökosysteme des Planeten.*« (Laloux, 2015, Pos. 81.3/1122)

Auf der positiven Seite ist in diesem Paradigma jeder seines Glückes Schmied. Jeder kann frei seine eigenen Ziele verfolgen oder sollte in die Lage versetzt werden, dies zu tun.

Leistung lohnt sich

Auch die orange Stufe hat zu einigen organisatorischen Durchbrüchen geführt und einen neuen Typus von Organisation hervorgebracht.

Die erste Errungenschaft ist das Prinzip der Meritokratie, also das Leistungsprinzip. Ein Weiterkommen oder Aufstieg (auch diese beiden Begriffe sind dem orange Weltbild zuzurechnen) erfolgt nun durch nachweisbare Leistung und Können, weniger durch soziale Herkunft oder andere nicht beeinflussbare Faktoren. Diese Leistung möchten orange Unternehmen durch verschiedenste Anreize fördern. Während die gelben Organisationen die Peitsche erfunden haben, haben die orange Unternehmen das Zuckerbrot entwickelt. Um dieses Zuckerbrot hat sich eine ganze Beratungsindustrie herausgebildet, die versucht, mit immer raffinierteren Methoden die Leistung aus den Mitarbeitern zu kitzeln und unerwünschte Nebeneffekte zu minimieren. Denn: Was gemessen werden kann, ist nicht unbedingt das, was man erreichen möchte. Es lässt sich jedoch einfach messen. Jeder Key-Performance-Indikator führt leider auch zu unerwünschten, teilweise perversen Nebeneffekten[9]: »*What gets measured, gets cheated upon.*«

Der zweite Durchbruch ist die Verantwortlichkeit und Zurechnungsfähigkeit (engl. accountability). Anstelle von detaillierten Arbeitsanweisungen, wie in gelben Organisationen, gibt es nun Ziele (Management by Objectives). Diese Ziele sind so gesetzt, dass sie gemessen werden können, gleichzeitig aber Freiheiten darin lassen, wie Mitarbeiter diese erreichen. Anstelle von »Befehl und Kontrolle« tritt nun »Vorhersage und Kontrolle« (Laloux, 2015, Pos. 88.1/1122). Dieser zweite Durchbruch erlaubt nun die dritte Veränderung.

Der dritte Durchbruch auf organisatorischer Ebene ist die Innovation: Die Einführung von etwas Neuem, das Nutzen in einem größeren Kontext bringt (creaffective-Definition).

Die Haltung des Mehr und der stetigen Verbesserung haben dazu geführt, dass sich ganze Abteilungen in modernen Konzernen nur mit der Entwicklung neuer Angebote beschäftigen. Neben die aus den gelben Unternehmen bekannten Prozessen treten nun auch Projekte. Für diese Projekte können abteilungsübergreifend Menschen zusammengezogen werden, um dann mit Hilfe eines Innovationsprozesses Neues in die Welt zu bringen.

In Verbindung mit der Steigerungslogik von kapitalistischen Systemen ist diese Errungenschaft inzwischen jedoch eher zu einer Schattenseite dieses Paradigmas geworden. Laloux bezeichnet diese Entwicklung als durchgeknallte Innovation: »*Wenn unsere Grundbedürfnisse erfüllt werden, versuchen Unternehmen, immer neue Bedürfnisse zu schaffen, und nähren die Illusion, dass uns mehr Dinge, die wir nicht wirklich brauchen – mehr Besitz, die neueste Mode, ein jung aussehender Körper –, glücklich und zufrieden machen. Immer deutlicher erkennen wir, dass diese Wirtschaft, die auf künstlich geschaffenen Bedürfnissen basiert, aus finanzieller und ökologischer Perspektive nicht nachhaltig ist. Wir haben eine Stufe erreicht, wo wir oft das Wachstum um des Wachstums willen anstreben, ein Zustand, den man in medizinischen Begriffen als Krebs bezeichnen würde.*« (Laloux, 2015, Pos. 97.6/1122).

Noch deutlicher wird der Soziologe Harald Welzer, der unsere heutige Wirtschaft als innovationsversessen und gleichzeitig zukunftsvergessen beschreibt. Vor lauter (strukturell bedingtem) Fortschrittsfetisch berauben wir uns der Zukunft. Dies klingt auf den ersten Blick paradox, da Innovation ja immer in die Zukunft gerichtet ist. Leider ist es nur auf den ersten Blick ein Gegensatz: »*Wir verwenden hier den merkwürdig antiquiert scheinenden Begriff des* »*Fortschritts*«*, weil es sich dabei um eine kulturell gerichtete Neuerung handelt, die auf eine Verbesserung von Lebensbedingungen zielt, im Unterschied zur* »*Innovation*«*, die ja nichts bedeutet als den trivialen Sachverhalt, dass ein neues Produkt oder eine Praxis in irgendeiner Weise anders ist als das/die alte. Ob es besser ist, ob das alte überhaupt erneuerungsbedürftig war, ob man das eine oder das andere überhaupt braucht: Solche Fragen sind einer selbstgenügsamen Innovationskultur gleichgültig. Ihr genügt die Oberflächenveränderung, um die Wachstumswirtschaft weiter in Schwung zu halten und davon abzulenken, dass die zugrunde liegenden Produktions- und Reproduktionsverhältnisse nicht zukunftsfähig sind, weil sie auf Grundlagen basieren, die sie mit immer größerer Geschwindigkeit zerstören.*« (Laloux, 2015, Pos. 7.9/414)

Welzer bezeichnet unsere »*zukunftsvergessene und innovationsversessene Kultur des unbegrenzten Wachsens und Konsumierens*« deshalb auch als ein Endzeitphänomen. Es ist nur eine Frage der Zeit, bis wir uns verändern müssen. Die Frage ist nur, ob dieser Wandel durch Design oder Desaster kommen wird. Im Moment sieht es eher nach letzterem aus. Wie wir noch sehen werden, ist für Organisationen, die Selbstorganisation als Funktionsprinzip im ganzen Unternehmen verankern, Innovation kein reiner Selbstzweck mehr.

Zusammenfassend kann man sagen, dass orange Unternehmen die hierarchische Grundstruktur beibehalten, diese jedoch durch projektbezogene, abteilungsübergreifende Teams anreichern. Betont werden rationales Verhalten und Kompetenz. Erfolg ist messbar und drückt sich vor allem monetär aus. Die meisten Unternehmen heutzutage – besonders börsennotierte Konzerne – folgen diesem Paradigma.

Grün – pluralistisch

Die nächste und letzte Stufe der Bewusstseinslevel der ersten Stufe ist das grüne Level. Diese Stufe lässt sich am besten mit einer Familie vergleichen. Sie entstand im Bewusstsein der Schattenseiten des orange Paradigmas. Das pluralistische Paradigma ist den Gefühlen und Werten der Menschen gegenüber sehr aufgeschlossen. Jeder Mensch zählt gleich viel, jede Stimme sollte gehört werden. Kooperation ist ein zentrales Element und es sollte ein Konsens der Meinungen gefunden werden. Sich der Schattenseiten des orange Paradigmas bewusst, stehen Menschen, die von diesem Bewusstseinslevel aus operieren, Regeln und Hierarchien sehr skeptisch bis ablehnend gegenüber.

Weite Verbreitung in der Gesellschaft fand dieses Paradigma in den 1960ern und 1970ern. Heute ist es besonders ausgeprägt in Nichtregierungsorganisationen und unter Sozialarbeitern.

Wie alle vorherigen Paradigmen hat auch das grüne Bewusstseinslevel seine Spuren in Organisationen hinterlassen.

Drei organisatorische Durchbrüche werden ihm zugeschrieben:

Ermächtigung

Mitarbeiter in Organisationen werden ermächtigt (engl. empowerment), selbst Entscheidungen zu treffen, ohne ständig ihre Vorgesetzten einbinden oder um Erlaubnis fragen zu müssen. Die offizielle Machtstruktur bleibt dabei trotzdem bestehen. Der Aufbau der Organisation wird nicht zwingend verändert. Ein Beispiel ist die amerikanische Fluggesellschaft Southwest Airlines. Mitarbeiter sind ermächtigt, (fast) alles zu tun, um den Kunden glücklich zu machen, und entscheiden selbst, welche Handlungen dazu am besten geeignet sind. Die Drogeriekette dm ist ein weiteres Beispiel. Hier wurde den einzelnen Filialen schon früh erlaubt, über ihr Sortiment selbst zu bestimmen. Schließlich wissen die Menschen vor Ort besser als die Zentrale, was sich gut verkauft. dm geht dabei sogar noch weiter und lässt Teams ihre Teamleiter wählen. Damit verändert sich das Verständnis von Führung. Führung dient zwar immer noch der Orientierung, gleichzeitig geht es weniger darum, anzuschaffen, als vielmehr darum zu dienen. Macht wird geteilt. Darin zeigt sich jedoch auch die Grenze des grünen Paradigmas. Mitarbeiter müssen von wohlmeinenden und einsichtigen Führungskräften ermächtigt werden. Sie können jedoch auch wieder entmächtigt werden, wenn der Wind sich dreht oder eine andere Person die Führungsrolle übernimmt. Die Autonomie der Menschen ist sehr stark vom guten Willen einzelner Personen abhängig und nicht strukturell in der Organisation verankert. Diese Herausforderung lösen einige der später vorgestellten Modelle der Selbstorganisation wie Sociocracy oder Holacracy.

Im grünen Paradigma der Ermächtigung entwickelten sich die heute zunehmend verbreiteten Methoden des Lean Managements sowie agile Projektmanagementmethoden wie Scrum[10]. Wie wir später noch ausführlicher sehen werden, führen agile Methoden dazu, dass Menschen sich noch mehr Mitspracherechte wünschen, was dann in orange Organisationen zu Konflikten mit der Entscheider-Hierarchie führt und in grünen Organisationen Herausforderungen in der konsensgetriebenen Entscheidungsfindung mit sich bringt.

Werteorientierung
Ein zweiter Durchbruch ist die zentrale Bedeutung von Werten. Anders als bei manchen orange Organisationen werden die Werte nicht in Form von Postern an die Wand genagelt und dann vergessen, sondern haben reale Bedeutung im täglichen Tun. Der Glaube an gemeinsame Werte ersetzt dann auch so manches Regelwerk oder Handbuch.

Die starke Orientierung an Werten in grünen Organisationen hatte nach Laloux auch Auswirkungen auf orange Organisationen. Dort führten die Werte jedoch eher zu Desillusionierung, weil sie nur bei schönem Wetter relevant waren:

»Einige Menschen wurden desillusioniert von der Idee gemeinsamer Werte und machen sich darüber lustig. Der Grund dafür ist, dass auch moderne Organisationen sich immer mehr verpflichtet fühlen, diesem Trend zu folgen: Sie definieren eine Reihe von Werten und produzieren Statements, die dann in den Büros und auf der Webseite platziert werden – um sie dann zu ignorieren, wenn es für den Umsatz förderlich ist.« (Laloux, 2015, Pos. 112.5/1122)

In grünen Organisationen werden Werte in der Tat ernstgenommen. Meist leiten sich diese aus einem inspirierenden Zweck ab, der die Frage des Warum? beantwortet. Ein Unternehmen von der Warum-Frage her zu denken, ist laut Simon Sinek[11] ein zentrales Merkmal erfolgreicher Organisationen. Wie Sinek in seinem viel beachteten TED-Talk erklärt, können die meisten Firmen die Was?-Frage beantworten, also welche Produkte oder Dienstleistungen angeboten werden. Wichtiger für Mitarbeiter und Kunden sei jedoch die Antwort auf die Warum?-Frage: »What it proves to us is that people don't buy what you do; people buy why you do it. [...] The goal is not to do business with everybody who needs what you have. The goal is to do business with people who believe what you believe.« (Min. 4, Sinek, 2009)

Für dieses Buch habe ich ein Interview mit Vincent Stanley vom amerikanischen Outdoor-Hersteller Patagonia geführt. Patagonia ist strukturell ein traditionell hierarchisches Unternehmen. Das Besondere an Patagonia sind jedoch der starke gemeinsame Zweck und die geteilten Werte im Unternehmen: »The founding couple has a very strong social and environmental responsibility. So a lot directives came down from the top to fulfill that purpose, such as the shift to organic cotton.

People have permission to do what they feel is needed to fulfill that purpose.

As everybody identifies with the cause, the level of engagement is really strong. That creates a more encouraging ground for innovation. Otherwise we are quite traditional.« (Aus einem von mir geführten Interview im Mai 2016). Wie wichtig dieser Zweck für Patagonia ist, drückt sich auch in der Rolle von Vincent aus. Er ist seit der Gründung des Unternehmens dabei und leitet nun unter anderem Philosophie-Seminare für alle Mitarbeiter.

Die Werte der Verantwortung gegenüber der Umwelt und der Gemeinschaft führen bei Patagonia zu konkreten Suchfeldern für Innovation: Zwei explizite Suchfelder sind 1. die Reduktion des Einflusses auf die Umwelt und 2. der Wunsch, Verantwortung für die gesamte Lieferkette zu übernehmen. Diese Suchfelder leiten sich also nicht aus Trend- und Wettbewerbsanalysen ab, sondern aus den gelebten Werten des Unternehmens. Dass die Werte auch dann gelten, wenn sie Auswirkungen auf die Finanzen haben, zeigt sich an einem aktuellen Projekt. In den USA steigt Patagonia momentan mit speziellen Snacks für Outdoor-Fans in die Lebensmittelindustrie ein. Dabei geht Patagonia hier anders vor als rein zahlengetriebene (orange) Unternehmen. Wie Vincent Stanley in meinem Interview sagte: »*Food has been a long time interest of the founders. It gives us an opportunity to change the food business and to change the way food comes to market. There is tremendous potential to recover land in agriculture to absorb carbon. We just started the last three years. We are driven by the cause not driven so much by numbers. The way we are pursuing it slows us down. If we would have wanted it for financial reasons we would have behaved differently.*«

Multi-Stakeholder-Perspektive

Börsennotierte Unternehmen haben die Pflicht, Gewinne für ihre Aktionäre zu erwirtschaften. Dabei sind Profitabilität und Unternehmensgewinne nicht nur eine notwendige Bedingung für das Überleben der Organisation. Kein Unternehmen kann ohne Profit weiter existieren. In der Denkweise des Shareholder Value ist Profit das explizite Ziel eines Unternehmens. Je mehr, desto besser. Dann steigt der Aktienkurs. Meist werden diese Gewinne erzielt, indem Kosten auf andere außerhalb des Unternehmens abgewälzt werden. Man spricht hier von Externalisierung. Der globale Norden und seine Wirtschaft leben davon, dass wir systematisch Kosten, die entstehen, um unser bequemes und wohlhabendes Leben zu ermöglichen, auf meist ärmere Länder abwälzen. Beispiel hier sind Landverbrauch und Umweltzerstörung in Ländern wie Argentinien und Brasilien für die europäische und amerikanische Fleischindustrie oder vielfältige Umweltschäden und schlechte Arbeitsbedingungen für Menschen am Anfang der Wertschöpfungskette der westlichen Industrie.

Wir alle wissen das, doch wir alle blenden diese Tatsache gerne aus. Der Soziologe Stephan Lessenich bezeichnet dies als den Schleier des Nicht-Wissen-Wollens: »*Aber wer will das schon wissen? Wer will schon wissen, dass die uns so gut stehenden Spendierhosen am anderen Ende der Welt in Kinderarbeit genäht wurden? Wer will schon wissen, warum es ihm gutgeht, solange es ihm gutgeht? Die Externalisierungsgesellschaft lebt seit jeher von der Arbeit und den Ressourcen anderer, von der Abwälzung sozialer und ökologischer Schäden auf Dritte.*« (Lessenich, 2016, Pos. 113.1/416) Im Shareholder-Value-Denken ist das zweitrangig, solange die Gewinne stimmen. Eine Karikatur im Internet hat das einmal schön ausgedrückt: »*Yes, we destroyed the planet in the process, but for a brief moment in time we created a lot of shareholder value.*«

Grüne Unternehmen (im Sinne des obigen Paradigmas) geben sich mit diesem bequemen Ausblenden dieser systematischen Ungleichheit weniger zufrieden. Sie erweitern die Betrachtungsweise auf weitere Stakeholder:

»*Unternehmen haben nicht nur eine Verantwortung gegenüber den Investoren, sondern auch gegenüber dem Management, den Mitarbeitern, den Kunden, den Zulieferern, den lokalen Gemeinschaften, der Gesellschaft als Ganzes und der Umwelt. Die Rolle von Leadership in diesem Kontext ist es, die richtigen Kompromisse zu finden, damit alle Interessengruppen profitieren.*« (Laloux, 2015, Pos. 115.2/1122).

Das von Christian Felber postulierte Modell der Gemeinwohlökonomie[12] trägt diesem Gedanken Rechnung. Statt ausschließlich finanzieller Kriterien gibt es weitere Aspekte wie soziale Gerechtigkeit, ökologische Nachhaltigkeit, Menschenwürde, anhand derer das Unternehmenshandeln bewertet werden sollte. Unternehmen können hier nun eine extern auditierte Gemeinwohlbilanz erstellen und zusätzlich zur finanziellen Bilanz veröffentlichen. Bekannte Unternehmen, die eine Gemeinwohlbilanz veröffentlichen, sind die Münchner Sparda Bank und der deutsche Outdoor-Hersteller Vaude.

Unzureichende Alternativen

Das pluralistische Paradigma drückt deutlich aus, was es nicht möchte. Es möchte weg von zu vielen Regeln, Hierarchien und Intoleranz. Es strebt nach Harmonie und der gleichwertigen Einbindung und Berücksichtigung aller Stimmen im Unternehmen. Laut Laloux bietet das Paradigma für die Art, wie Unternehmen strukturiert und Entscheidungen getroffen werden, jedoch zu wenige praktikable Alternativen:

»*Das postmoderne Paradigma ist wirkungsvoll beim Einreißen alter Strukturen, aber oft weniger effektiv beim Formulieren praktikabler Alternativen.*« (Laloux, 2015, Pos. 105.7/1122)

Dieser Mangel an funktionierenden alternativen Praktiken führt auch dazu, dass die Denkweise insgesamt wenig Niederschlag in größeren Organisationen gefunden hat:

»*Rückblickend wissen wir, dass diese extremen Formen egalitärerer Organisationen meist nicht aufrechterhalten werden konnten – sie erreichten weder eine nennenswerte Größe, noch bestanden sie für eine längere Zeitspanne.*« (Laloux, 2015, Pos. 107.1/1122) Deutlich wurde dies in den Fallstudien, die ich für dieses Buch durchgeführt habe, besonders am Beispiel der Entscheidungsfindung per Konsens. Der Wunsch, einen Konsens herbeizuführen, führt besonders in größeren Gruppen meist zu langen, nervenaufreibenden Diskussionen. Am Ende ist fast niemand mit der Lösung zufrieden. Es handelt sich um den kleinsten gemeinsamen Nenner, auf den sich alle gerade noch einigen konnten. Laut Laloux entlädt sich die per Konsens unterdrückte Macht dann später an anderer Stelle:

»*Als Folge dessen brechen hinter den Kulissen Machtkämpfe aus, durch die versucht wird, die Situation voranzubringen. Wir können uns Macht nicht einfach wegwünschen. Es ist wie bei der Hydra, wenn man ihren Kopf abschlägt, wird irgendwo ein neuer entstehen.*« (Laloux, 2015, Pos. 107.1/1122)

Teal – Aquamarinblau/Türkis

Laut Laloux sehen wir nun ein weiteres Paradigma entstehen und immer häufiger auftreten: aquamarinblau. Ich werde für dieses Buch den englischen Begriff Teal verwenden, weil dieser sich auch in der deutschen Diskussion bereits so etabliert hat. Teal klingt auch einfach besser als aquamarinblau. In der deutschen Übersetzung von Lalouxs Buch wird die Farbe »petrol« verwendet, um dieses Paradigma zu beschreiben.

Dieses Paradigma wird der zweiten Ebene der Bewusstseinsstufen zugeordnet. Dies bedeutet, dass die bisherigen Muster nicht in Konflikt dazu betrachtet, sondern davon umfasst werden: »*Alle Stufen des ersten Ranges gehen davon aus, dass ihre Weltsicht die einzig richtige ist, und dass andere Menschen gefährlich in die Irre gehen. Menschen, die sich zur integralen Stufe entwickeln, können zum ersten Mal akzeptieren, dass es eine Evolution des Bewusstseins gibt, und dass sich diese Evolution in Richtung zunehmend komplexerer und verfeinerter Verhaltens- und Beziehungsformen in der Welt ausdrückt (daher kommt auch der Begriff »evolutionär«, den ich für diese Stufe verwenden werde).*« (Laloux, 2015, Pos. 141, 3/1122) Diese Stufe des Bewusstseins ermöglicht es Menschen, mit mehr Komplexität umzugehen (bzw. die Welt ihrer Komplexität zu akzeptieren) und neue Problemlösungen zu finden. Auch hier braucht es für viele Menschen ein einschneidendes, prägendes Erlebnis, um ihre Denkweise zu verändern. Dies kann eine Krankheit, ein Schicksalsschlag oder ein anderes emotionales Erlebnis sein, das jemanden an die Grenzen seines Denkens bringt.

Eine entscheidende Entwicklung auf dem Weg eines Menschen zu Teal ist das Zurücknehmen des eigenen Egos. Dies passt zu den Trends der Meditation und des Yoga, beides Praktiken, die sich in westlichen Gesellschaften in den letzten Jahren stark ausgebreitet haben. Menschen, die sich ernsthaft damit auseinandersetzen und »innere Arbeit[13]« betreiben, werden ihre Denkweise verändern und ein anderes Verhalten an den Tag legen: »*Indem wir unser Ego aus der Distanz betrachten, sehen wir plötzlich, wie seine Ängste, Ziele und Wünsche oft unser Leben bestimmen. Wir können aber unser Bedürfnis, unser Leben zu kontrollieren, gut auszusehen und uns anzupassen, verringern. Wir sind nicht mehr mit unserem Ego verschmolzen und wir lassen nicht zu, dass seine Ängste reflexhaft unser Leben kontrollieren.«* (Laloux, 2015, Pos. 142.7/1122)

Dies führt dazu, dass Entscheidungen viel stärker nach inneren als nach äußeren Gesichtspunkten getroffen werden. Was fühlt sich gut an? Was passt zu meiner Berufung? Wohin führt mich die Reise meines Lebens? Diese Denk- und Handlungsweise ist für sehr kopflastige Menschen, wie das westliche Erziehungssystem sie normalerweise hervorbringt, anfangs schwer zu akzeptieren. Nach dem Teal-Paradigma können Entscheidungen sowohl aufgrund rationaler Komponenten als auch emotionaler und intuitiver Aspekte getroffen werden.

Auf Organisationen übertragen bedeutet dies, dass Dinge, die sich für das Unternehmen und die Richtung des Unternehmens gut anfühlen, wichtiger werden und äußere Faktoren, wie »die Konkurrenz« und die Handlungen der Konkurrenz weniger wichtig sind. David Heinemeier Hansson, einer der Gründer des Softwareunternehmens Basecamp (wie das gleichnamige Produkt) und Autor des Buches *Rework* drückt es in einem Podcast-Interview mit dem brasilianischen Unternehmer Ricardo Semler wie folgt aus:

»*You can't control what your employees or what your competition does in the future and shouldn't really try. It's just going to make everything worse. If you give up this notion of control, then it just gives you a more calm outlook on business and the time that you spent with your partners and employees. This turns your focus towards the actual enjoyment of the work that you do. Jason and I have both decided that what we really like to do is to build and refine Basecamp! It's not simply that we like 'business' or 'growth'—we like the work that we do. There's just a clarity when you accept that this thing you like doing might not last forever—but, you can do the best job you can while you have the chance.*«[14]

Mit dieser Einstellung verändert sich auch der Umgang mit Widerständen oder »Fehlern«. Rückschläge und Fehler haben einen Sinn und sind dabei eher Hinweise für den weiteren Weg.

Die Rücknahme des Egos und die Akzeptanz des Lebens, wie es ist, führen zu einem Fokus auf Stärken. Es geht darum, die Stärken zu stärken und zu nutzen, und weniger darum, die Schwächen auszumerzen:

»*Langsam breitet sich dieser Wandel in verschiedenen Bereichen aus, von Management bis Bildung, von Psychologie bis Gesundheitsversorgung – Grundlage ist die Botschaft, dass wir Menschen keine Probleme sind, die auf eine Lösung, sondern auf die Entfaltung ihrer Potenziale warten.*« (Laloux, 2015, Pos. 150.7/1122).

Nach dieser Weltsicht lässt sich ein Unternehmen am ehesten mit einem lebenden System vergleichen. Das heißt, man gesteht dem System zu, dass es ein Eigenleben entwickelt und mehr darstellt als die Summe seiner Mitarbeiter.

Die Anzahl der Unternehmen weltweit, die als Teal bezeichnet werden können, befindet sich vermutlich noch im statistischen Promille-Bereich. Je mehr man sucht, umso mehr Firmen finden sich jedoch. Hoffnung gibt Laloux die jetzige junge Generation zwischen 20 und 30 Jahren, für die diese Art zu denken und zu arbeiten auf ganz natürliche Weise sinnvoll[15] ist. Diese Menschen treten nun in die Arbeitswelt ein und werden in der Zukunft stärkeren Einfluss haben.

Ebenso klar ist für Laloux, dass der Wandel der Unternehmen von ganz oben eingeleitet werden muss. Dieser Wandel beginnt jedoch nicht, wenn man als Unternehmensgründer oder -lenker nur auf die Zahlen schaut und Teal als ein Werkzeug der Optimierung oder Maximierung betrachtet.

Auch Teal führt wie die bisherigen Paradigmen zu organisatorischen Durchbrüchen, in diesem Fall in den Aspekten[16] Selbstorganisation, Ganzheit und einem evolutionären Zweck von Organisationen. Diese Aspekte müssen nicht alle gleichzeitig vorhanden sein. In vielen Organisationen sind lediglich eine oder zwei der Veränderungen sichtbar.

Selbstorganisation

Dieses Prinzip steht im Kern dieses Buches und wird später noch einmal im Detail beleuchtet. Laloux spricht in seinem Buch von Selbstmanagement und meint damit eine Verteilung von Managementaufgaben weg von einzelnen Personen oben in der Hierarchie hin zu vielen oder allen Personen in der Organisation. Dieser Wechsel verändert dramatisch, wie Unternehmen organisiert sind und Entscheidungen getroffen werden. Ein zentraler Aspekt ist, dass viele Entscheidungen, die in klassisch hierarchischen Unternehmen von »Führungskräften« weiter oben in der Hierarchie getroffen werden, nun dort entschieden werden, wo die Entscheidungsnotwendigkeit auftritt.

Dies bedeutet nicht, dass es keine Hierarchien gibt. Gruppen von Menschen tendieren dazu, Hierarchien auszubilden. So finden sich auch in selbstorganisierten Firmen Hierarchien, jedoch sind diese deutlich fließender und veränderlicher und nicht an eine Position im Organigramm gekoppelt. Eine Führungsrolle ist viel stärker an Kompetenz als an Position gebunden. Die Bereiche, über welche eine Person Autorität und Entscheidungsbefugnis hat, sind je nach Modell der Selbstorganisation viel stärker verteilt und konzentrieren sich nicht auf einzelne Positionen. So mag es beispielsweise eine Person geben, die final über die schriftlichen Inhalte der Website der Organisation entscheidet, was jedoch zum Beispiel nicht bedeutet, dass diese Person auch Personalverantwortung trägt.

Auf den ersten Blick können Organisationen mit einem grünen Paradigma sehr ähnlich wirken. Führungskräfte ermächtigen ihre Teams, selbst Entscheidungen zu treffen, und nehmen sich in ihrer Führungsrolle stark zurück. Der entscheidende Unterschied ist, dass in selbstorganisierten Unternehmen die Menschen nicht ermächtigt werden, sondern Macht haben. Das heißt, dass diese Entscheidungsbefugnisse auch nicht einfach zurückgenommen werden können, wenn die Führungskraft es sich anders überlegt.

Ganzheit

Eine zweite Veränderung ist der Aspekt der Ganzheit (engl. *wholeness*). Dies bedeutet, dass ein Mensch mit all seinen Facetten in der Arbeit erscheinen darf, also als ganzer Mensch da sein darf. Er muss nicht ein bestimmtes stereotypisches »professionelles« Auftreten und Verhalten an den Tag legen:

»*Organisationen waren immer Orte, die Menschen dazu aufforderten, sich mit ihrem vergleichsweise begrenzten »beruflichen« Selbst einzubringen und andere Teile des Selbst zu vernachlässigen. Oft wird gefordert, dass wir maskuline Entschlossenheit zeigen, Zielstrebigkeit und Stärke ausdrücken sowie Zweifel und Verletzlichkeit zurückhalten. Rationalität regiert, während die emotionalen, intuitiven und spirituellen Aspekte von uns selbst oft nicht willkommen oder sogar fehl am Platze sind. Evolutionäre Organisationen haben eine Reihe von Praktiken entwickelt, die dabei unterstützen, unsere innere Ganzheit wiederzuerlangen und unser vollständiges Selbst in die Arbeit einzubringen.*« (Laloux, 2015, Pos. 173.5/1122)

Wie selten diese Kultur in den meisten Organisation ist, fiel mir in der Vergangenheit oft bei Kunden auf, bei denen ich als Trainer für Seminare tätig war. Ich lasse in den Pausen oder vor Beginn des Trainings, wenn die Teilnehmer nach und nach den Raum betreten, gerne poppige Instrumentalmusik laufen und zeige Folien mit Zitaten, die zum Trainingsthema passen. Bei einigen Kunden ist mir aufgefallen, dass besonders die männlichen Teilnehmer dem Aspekt der Musik skeptisch gegenüber standen. Trainings mit Musik lösten bestimmte Assoziationen aus. Ein Teilnehmer hat mich direkt einmal ängstlich angesprochen, ob das Training irgendwie »esoterisch« würde und man peinliche »Aufwärmspiele« etc. machen müsse.

Evolutionärer Zweck

Teal Organisationen haben meist keine Vision, Mission und daraus abgeleitete Strategie, sondern einen Zweck. Der Zweck drückt aus, warum es die Organisation. Für mein Unternehmen creaffective zum Beispiel lautet der Zweck: Kreativität in Organisationen ermöglichen und erhalten. Der Zweck ist am ehesten mit der klassischen Vision zu vergleichen. Der Begriff **evolutionärer Zweck** bedeutet nun, dass die Organisation als ein System mit eigener Dynamik oder eigenem Leben gesehen wird und der Zweck der Organisation durch sie selbst verändert werden kann. Man kann sich das ein wenig so vorstellen, als wenn die Organisation selbst personifiziert an einer Besprechung der Organisation teilnehmen würde: »*können wir so verstehen, dass sie aus sich selbst heraus lebendig sind und eine Richtung entwickeln. Statt die Zukunft vorherzusagen und zu kontrollieren, werden die Mitglieder der Organisation eingeladen, zuzuhören und zu verstehen, was die Organisation werden will und welchem Sinn sie dienen möchte.*« (Laloux, 2015, Pos. 174.6/1122)

Nach Laloux äußert sich jeder der drei Durchbrüche in konkreten Praktiken und Prozessen, die man in den Unternehmen beobachten kann. Den Aspekt der Selbstorganisation sieht man darüber hinaus besonders an der Struktur der Organisation.

In diesem Buch soll es nun besonders darum gehen zu verstehen, wie Innovation in selbstorganisierten Unternehmen funktioniert und was klassisch verfasste Unternehmen davon lernen können.

2 Selbstorganisation

Im Kern dieses Buches befassen wir uns mit der Frage, wie Innovation in selbstorganisierten Unternehmen funktioniert. Um vernünftig darüber diskutieren zu können, möchte ich erst etwas Klarheit in die verschiedenen kursierenden Begriffe bringen.

Bis heute gibt es für mich keine eindeutige Definition und kein eindeutiges Verständnis, was genau unter Selbstorganisation verstanden wird.

Es kursieren Begriffe wie Selbstorganisation, Selbstmanagement, kollegial geführte Unternehmen, demokratische Unternehmen etc. Dann mischen sich Begriffe wie Scrum und agile Organisation mit hinein und vergrößern die Gefahr von Missverständnissen.

Eine grundlegende Unterscheidung

Für meine Begriffsklärung möchte ich eine fundamentale Unterscheidung heranziehen zwischen Projektorganisation/**Ablauforganisation** und **Aufbauorganisation**. Diese Unterscheidung stammt nicht von mir, sondern sie ist in der BWL wohlbekannt[17].

Unter Ablauforganisation verstehe ich, wie im operativen Tun Projekte gesteuert und bearbeitet werden. Aufbauorganisation dagegen besagt für mich, wie das Unternehmen selbst strukturiert ist und wie die Macht im Unternehmen verteilt ist.

Es ist möglich, die Ablauforganisation eines Unternehmens zu verändern, ohne die Aufbauorganisation anzutasten. Ändert eine Firma dagegen die Aufbauorganisation, beeinflusst dies höchstwahrscheinlich auch die Ablauforganisation.

Die meisten agilen Methoden wie Lean und besonders Scrum verändern die Ablauforganisation. Scrum[18] ist ein Vorgehen des Projekt- und Produktmanagements aus der Softwareentwicklung, das dort auch die größte Verbreitung erfährt. Im Scrum wird lediglich der Entwicklungsprozess agil gestaltet. Es gibt definierte Rollen wie den Scrum Master, den Product Owner und den Entwickler. Diese Rollen bleiben immer gleich – auch in ihrer Ausgestaltung. Außerdem kommen keine neuen Rollen hinzu. Ein Entwicklerteam, das nach Scrum arbeitet, wird dabei auch mit Fragen der Entscheidungsfindung und Führung in Kontakt kommen. Die Zusammenarbeit eines einzelnen Teams verändert sich, man spricht von selbstgesteuerten oder auf denglisch selbstgemanagten Teams. Eines der Kernprinzipien ist es dabei, alle zu Teammitgliedern zu machen und Hierarchieunterschiede möglichst zu reduzieren, da diese einer effektiven Kommunikation meist im Weg stehen.

Die gesamte Aufbauorganisation und die grundlegende Verfassung des Unternehmens werden davon jedoch erst einmal nicht berührt. Es gibt auch in einem Scrum-Team einen Teamleiter, der in das Gefüge der hierarchischen Aufbauorganisation passt. Firmen wie SAP oder Facebook entwickeln nach Scrum, sind jedoch von der Aufbauorganisation her klassisch hierarchische Unternehmen mit zentraler Steuerung, die man am ehesten dem orange Paradigma aus Kapitel 1 zuschreiben würde: »*Scrum is far more compatible with the current form of power distribution. But senior management also have to let go of some authority to the Scrum Team. As I said earlier, the last call for prioritizing user stories is with the Product Owner. C levels will be consulted in a stakeholder role, not as the earlier 'steering committee'.*« (Seuhs-Schoeller C., Frischat S., Berg S., Pierucci S., 2016)

Dennoch begünstigt die Einführung von Methodiken wie Scrum eine Diskussion über Veränderungen der Aufbauorganisation. Jeff Sutherland, einer der Mitentwickler der Scrum-Methodik, schildert dies in einem Interview: »*In fact, in my own company what's happened is as Scrum has started to emerge in companies we've found that the thing that causes it not to work the most is the management hierarchy not changing. We're just going to set up this cross functional self organizing team over here and expect it to by magic work without any help from management*« (Sutherland, 2014). Die Einführung von Scrum kann auch eine Umstellung der Aufbauorganisation im nächsten Schritt erleichtern: »*I think it just has become clear that Holacracy has advantages for some companies with a very dedicated leadership team. For the most of us, however, Scrum proposes a system that is much more easily accessible, more direct to implement. It also has proven that companies that already use Scrum will make smoother transitions to Holacracy. Scrum is a safer bet, and you can still consider moving on to Holacracy later … more easily than if you take the direct route«* (Seuhs-Schoeller C., Frischat S., Berg S., Pierucci S., 2016).

Das gleiche gilt für Lean, eine Produktionsphilosophie[19], die ursprünglich von Toyota stammt. Auch hier verändert sich die Art, wie Produktionsteams zusammenarbeiten. Es verändert sich jedoch nichts an der grundlegenden Struktur und hierarchischen Verfasstheit des Unternehmens. Aus diesem Grund sind klassisch hierarchische Unternehmen auch relativ gut in der Lage, diese agilen Methodiken der Ablauforganisation einzuführen. Dort werden die Vorgehensweisen vor allem als Prozessverbesserungen gesehen. Auch diese Sichtweise führt zu Herausforderungen, weil die kulturellen Aspekte der agilen Methoden vernachlässigt werden könnten[20].

Wenn ich für dieses Buch von Selbstorganisation und selbstorganisierten Unternehmen spreche, dann meine ich eine Veränderung der Aufbauorganisation. Selbstorganisation berührt hier die grundlegende Struktur, Machtverteilung und Entscheidungsprinzipien einer Organisation. Wie erwähnt, wird dadurch sehr wahrscheinlich auch die Ablauforganisation angepasst.

Eine Organisation, die selbstorganisiert ist, könnte möglicherweise aufgrund ihrer Organisationsmerkmale auf viele Aspekte der agilen Projektmanagement-Methoden verzichten:

»Agile practices become almost overkill in a teal organization, which have evolved their own agile practices which include agile values, but very many agile practices are no longer required. For example a single product owner« (Video[21]: Lean and Agile Adoption with the Laloux Culture Model, Min. 7:00)

Definitionen von Selbstorganisation

Schauen wir uns an, was Selbstorganisation – so verstanden – alles umfasst. Einige Definitionen:

»Selbstorganisation bezeichnet die Fähigkeit eines Systems zur autonomen Strukturänderung. System und Umwelt sind strukturell gekoppelt. Ändert die Umgebung ihre Struktur, so wird das System gestört (irritiert). Es muss die eigene Struktur so verändern, dass die Störung kompensiert werden kann. Ein System hat die Eigenschaft der Selbstorganisation, wenn es seine Struktur mit eigenen Mitteln – also ohne Steuerung von außen – so ändern kann, dass die weitere Existenz gesichert wird.« (Wohland, 2006, S. 219)

Das Self-Management-Institut verwendet statt Selbstorganisation den Begriff Selbstmanagement:

»Self-Management, simply stated, is an organizational model wherein the traditional functions of a manager (planning, coordinating, controlling, staffing and directing) are pushed out to all participants in the organization instead of just to a select few.« (Website des Instituts[22])

Brian Robertson, Miterfinder von Holacracy, vergleicht Selbstorganisation mit einem auf Organisationen bezogenen Betriebssystem:

»…focus on upgrading the most foundational aspects of the way the organization functions. For example, consider the way power and authority are formally defined and exercised, the way the organization is structured, and the way we establish who can expect what, and from whom—or who can make which decisions, and within what limits.« (Robertson, 2015, Pos. 25.7/386)

Im Kern verändert Selbstorganisation durch eine andere Struktur die Frage der Machtverteilung in Organisationen. Anstelle einer klassisch-pyramidalen Hierarchie mit einer nach oben hin immer kleiner werdenden Gruppe an Positionen (CEO, CTO, VP…) mit immer größerer Machtfülle sind Entscheidungsbefugnisse in selbstorganisierten Unternehmen auf viele Menschen verteilt. Man spricht auch von Systemen mit verteilter Autorität. Das bedeutet damit

auch, dass die klassischen Managementaufgaben anders übernommen werden und nicht mehr auf eine Person und Position im Organisationschart konzentriert sind. Daher auch der Begriff der **selbstgemanagten Organisationen.**

Ein weiterer wichtiger Aspekt von Selbstorganisation ist die Möglichkeit von Einheiten eines selbstorganisierten Systems, sich nicht nur selbst zu organisieren (wie z.B. Scrum-Teams), sondern auch sich selbst zu verwalten (Self-Governance), d.h. innerhalb gegebener Parameter selbstständig ihre Struktur zu verändern. Ein Scrum-Team in einer klassischen Organisation kann seine Arbeit selbstständig organisieren, ohne dass (theoretisch) ein Außenstehender hineinreden kann. Das Scrum-Team kann jedoch von sich aus nichts an seiner Struktur und den festgelegten Rollen innerhalb des Teams verändern. In Unternehmen, die sich auf der Aufbauebene selbst organisieren, könnte das Team die Rollen verändern und z.B. den Scrum Master abschaffen und sich in Unterteams aufteilen.

Selbstorganisation ist nicht Teal

Weitere Aspekte, die in der Debatte oft gleichgesetzt werden, sind Selbstorganisation (wie oben definiert) und das Bewusstseinslevel Teal (siehe Kapitel 1), das durch Laloux so bekannt geworden ist. In Fachkreisen wird von »Teal Organizations« gesprochen. Ich würde zustimmen, dass der Großteil aller als Teal eingestuften Unternehmen (wobei es hier kein anerkanntes Messinstrument gibt) selbstorganisiert ist. Die Firma Patagonia ist vermutlich ein Beispiel eines Teal Unternehmens, das eine klassisch hierarchische Struktur besitzt, in der Praxis aber fast selbstorganisiert funktioniert. Das bringen die Weltanschauung des Teal und im Falle von Patagonia die starke Bindung der Mitarbeiter an den gemeinsamen Zweck mit sich.

In einem Interview beschreibt Vincent Stanley, der seit Gründung des Unternehmens bei Patagonia ist, es so: »*Patagonia has a traditional organization chart. However, people here are free to bring their whole intelligence to work. The way we function is similar to what a self-managed organization enables. Everything is very informal. We don't have a very innovative structure but we encourage what a more innovative structure enables.*« (Interview mit mir im Mai 2016)

Allerdings ist nicht jedes selbstorganisierte Unternehmen automatisch von einer Teal Kultur geprägt. Das ist meiner Meinung nach eher Wunschdenken der Teal-Anhänger. Die Fallstudie von Matt Black Systems in diesem Buch zeigt sehr deutlich, wie Selbstorganisation erfolgreich funktionieren kann, auch wenn der Architekt des Unternehmens – Julian Wilson – von Teal wenig hält. Er ist sogar der festen Meinung, dass es Teil der menschlichen Natur ist, untereinander in einem gewissen Wettbewerb zu stehen, und dass Vertrauen auch Kontrolle braucht und alleine nicht ausreicht. Auch einige der holakratischen Unternehmen, die ich für dieses Buch betrachtet habe, würde ich nicht diesem Paradigma zurechnen. Trotzdem handelt es sich um selbstorganisierte Unternehmen. Salopp gesagt, bedeutet eine Transformation hin zu Selbstorganisation auch nicht, dass das gesamte Unternehmen nun Meditationskurse besuchen und sich auf eine intensive Reise der Selbsterfahrung begeben muss. Dabei möchte ich nicht in Abrede stellen, dass diese Aktivitäten für eine Selbstorganisation sehr hilfreich sind und die Mitarbeiter sowie die Kultur des gesamten Unternehmens davon sehr profitieren können.

Kernprinzipien selbstorganisierter Unternehmen

Einige Forscher und Berater sagen, dass grundsätzlich alle menschlichen Gemeinschaften immer selbstorganisiert sind. Selbstorganisation findet immer statt, egal welche Regeln und Strukturen es gibt. Das System passt sich immer an Strukturen an. Diese Aussage mag richtig sein, doch ich finde Sie für die Betrachtung und die Praxis von Unternehmen nur begrenzt hilfreich. Sie ist zu allgemein, wird den Unterschieden einzelner Unternehmen nicht gerecht und vor allem taugt sie kaum für die Praxis.

Es gibt verschiedene Modelle selbstorganisierter Unternehmen, auf die ich im weiteren noch detaillierter eingehen werde. Unabhängig vom konkreten Modell der Ausgestaltung gibt es einige grundlegende Prinzipien, die allen selbstorganisierten Organisationen gemein sind. Julian

Wilson von Matt Black Systems benutzt die Analogie eines Kreisverkehrs und einer Ampelkreuzung, um den Unterschied zwischen selbstorganisierten und zentral organisierten Unternehmen zu beschreiben. Ampelkreuzungen folgen dem Modus *Befehl und Kontrolle*. Ein Kreisverkehr folgt der Logik *Verantwortlichkeit und Autonomie* und verlangt von Verkehrsteilnehmern ein Bewusstsein für die aktuelle Situation und freiwillige Vereinbarungen. Der Kreisverkehr folgt dabei Grundregeln, um den Verkehrsfluss möglichst reibungslos zu gestalten.

Die meisten Unternehmen folgen eher dem Modus der Ampelkreuzung (in den meisten Konzernen gibt es ja sogar Berichtswesen mit Ampellogik).

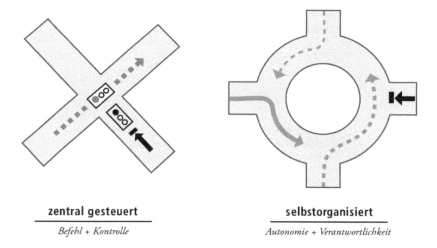

zentral gesteuert
Befehl + Kontrolle

selbstorganisiert
Autonomie + Verantwortlichkeit

Selbstorganisation drückt sich vor allem in Form der Ausgestaltung von Strukturen in Unternehmen aus. Diese Ausgestaltung der Strukturen lässt sich dann an einigen Kriterien beobachten (Ich danke Julian Wilson noch einmal explizit für die konzeptionelle Klarheit, die er in meinen Kopf gebracht hat). Die Tabelle unten kann so gelesen werden, dass der Kreisverkehr das eine Ende des Spektrums darstellt und die Ampeln das andere Ende. Unternehmen können mehr oder weniger einem Ende des Spektrums entsprechen, jedoch nicht zwangsläufig in allen Punkten.

Kriterium	selbstorganisiert (Kreisverkehr)	zentral organisiert (Ampeln)
Daten und Informationen	Stellen Strukturen zur Verfügung, die Informationen verteilen und zugänglich machen (Verkehrszeichen und das Verhalten der anderen Verkehrsteilnehmer)	Sammeln Informationen zentral in einer Kontrollinstanz.
Abkommen und Entscheidungen	Entscheidungen werden an die Verkehrsteilnehmer delegiert, die sich dem Verkehrsfluss und dem Verhalten anderer Fahrer anpassen.	Entscheidungen werden nach einer festen Logik getroffen, an die sich die Verkehrsteilnehmer halten müssen.
Vereinbarung vs. Befehl	Teilnehmer regeln ihre Interaktionen untereinander.	Vorgaben, die an die Teilnehmer des Systems ausgegeben werden.
Auditierung	Schwer.	Einfach. Abweichende Verhaltensweisen können einfach festgestellt werden.
Aktivitäten (Autorität über Handlungen)	Menschen entscheiden, welche Aktivität sie als nächstes ausführen.	Menschen bekommen vorgeschrieben, was als nächstes zu tun ist.
Ressourcen (Autorität über Dinge)	Menschen setzen eigenständig Ressourcen ein, um Ziele zu erreichen.	Menschen bekommen Ressourcen von anderen zugewiesen oder bereitgestellt.
Regierung/Regeln (organisatorische Prozeduren)	Werden von den Menschen selbst gestaltet und verändert.	Werden zentral oder von »außen« vorgegeben.

Besonders wichtig sind Ressourcen und Aktivitäten. Diese stellen die Nomen und Verben eines Unternehmens dar, um sinnvolle Sätze zu bilden. Man kann sich nun die Frage stellen, wie die Ressourcen und Aktivitäten eines Unternehmens arrangiert werden, um ein Gefühl dafür zu bekommen, ob eine Organisation selbstorganisiert oder zentral organisiert ist.

Ein Unternehmen, das Selbstorganisation ermöglichen möchte, muss sich also fragen, wie es seine Strukturen so verändert, dass diese eine Selbstorganisation von Ressourcen und Aktivitäten zulassen.

Unternehmen, die ich für dieses Buch als selbstorganisiert bezeichne, würden die meisten Kriterien der linken Spalte der obigen Tabelle erfüllen. Sie entsprechen eher einem Kreisverkehr als einer Ampel. Die meisten traditionell organisierten Unternehmen gleichen eher einem Ampelsystem. Im Prinzip könnte man sagen, die meisten Unternehmen sind eher wie Nordkorea, nur wenige sind wie Südkorea. Die Mehrheit der Menschen würde es, wenn sie eine Wahl hätte, ablehnen, in Nordkorea zu leben. Trotzdem sind wir es gewohnt, dass Unternehmen sich eher wie Nordkorea anfühlen.

Selbstorganisierte Unternehmen weisen nun einige Unterschiede auf:

Dezentrale Führung

Führung ist nicht wie in pyramidal-hierarchischen Unternehmen auf wenige spezielle Führungskräfte zentriert. Stattdessen wird Führung verteilt. Aufgaben, die sich früher bei einer Führungskraft sammelten, sind nun möglicherweise auf verschiedene Personen oder Rollen verteilt.

Führung ist generell dynamischer, d.h. es kann sich schneller ändern, wer führt. Führung ist oft situativ und kann zeitlich durchaus längerfristig sein. Meist sind Führungskräfte jedoch nicht exklusiv Führungskräfte.

Nicht-pyramidale Struktur

Allen Systemen der Selbstorganisation ist gemein, dass die Struktur nicht mehr pyramidal-hierarchisch ist. Je nach System gibt es nun eine Kreisstruktur mit zueinander in Beziehungen stehenden Kreisen (wie zum Beispiel bei Holacracy oder Sociocracy) oder es handelt sich um ein System parallel existierender autonomer Teams oder noch radikaler um ein Netzwerk, bestehend aus lauter Einzelpersonen, die ihre Beziehung untereinander klären müssen.

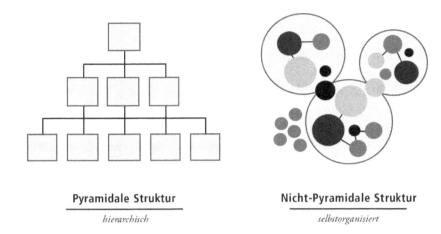

Pyramidale Struktur	Nicht-Pyramidale Struktur
hierarchisch	*selbstorganisiert*

Neue Arten der Entscheidungsfindung

Durch verteilte Autorität müssen Entscheidungen anders getroffen werden, da man meist eine Entscheidung nicht eskalieren kann. Auch ein Machtwort kann je nach Verfassung der Organisation nicht gesprochen werden. Deshalb bilden sich andere Arten der Entscheidungsfindung. Die meisten Organisationen, die ich für dieses Buch betrachtet habe, nutzen das Konsent-Prinzip. Dies bedeutet, Dinge zu tun, weil es keine Gründe gibt, die dagegen sprechen. Es geht also mehr darum, ob ein Vorschlag gangbar ist und nicht darum, ob er perfekt ist.

Stärkung des Einzelnen

Generell kann man sagen, dass die Position eines einzelnen Mitarbeiters in einer selbstorganisierten Organisation deutlich gestärkt ist. Je nach System haben die Menschen weiterreichende Befugnisse. Außerdem wird erwartet, dass Menschen eigenverantwortlich handeln und ihre Verantwortung wahrnehmen. Es gibt meist niemanden, an den man diese abgeben könnte.

Transparenz

Damit Menschen autonom und eigenverantwortlich handeln können, müssen sie eine solide Grundlage haben, aufgrund derer sie Entscheidungen treffen. Das heißt, Menschen in der Organisation müssen Zugang zu allen Informationen haben, die für eine Entscheidung relevant ist. Dazu braucht es Transparenz. In den meisten selbstorganisierten Unternehmen haben daher alle Mitarbeiter Zugang zu sämtlichen Geschäftszahlen. Auch die Gehälter aller Kollegen sind meist bekannt.

Daten als Grundlage für Entscheidungen

Sobald es um Veränderungen an der Aufbauorganisation geht, werden in selbstorganisierten Unternehmen Entscheidungen aufgrund von konkret vorliegenden Daten getroffen, das heißt es gibt eine real existierende Spannung, aufgrund derer gehandelt wird. Entscheidungen werden nicht präskriptiv getroffen, weil vielleicht einmal etwas passieren könnte, das jetzt allerdings noch nicht eingetreten ist. Dies hat zur Konsequenz, dass Dinge lieber erst einmal offener bleiben und bei Bedarf nachjustiert wird. Im Gegensatz dazu versuchen manche Unternehmen, jede Eventualität bereits im Voraus zu definieren und zu regeln. Dies führt dann leider oft zu vielen komplexen Regeln und zu einer Überregulierung mit grotesken Nebeneffekten. Hier wissen dann die erfahrenen Hasen, wie sie das System spielen können, um die »dummen« Regeln zu umgehen. Diese Umgehungsstrategien braucht es dann in der Tat oft, damit das System trotz der vielen Regularien noch handlungsfähig bleibt.

Revidierbarkeit von Entscheidungen

Mit dem vorherigen Grundsatz einhergehend ist das Prinzip der Revidierbarkeit von Entscheidungen. Weil die Organisation einfach und in vielen kleinen Schritten kontinuierlich verändert werden kann, werden Entscheidungen als revidierbar gesehen. Sollte sich also durch neue Daten herausstellen, dass eine ehemals getroffene Entscheidung nun doch nicht zum gewünschten Effekt führt, kann diese jederzeit wieder zurückgenommen werden. Dieser Umkehr haftet dann auch nicht das Stigma eines Fehlers an, sondern sie stellt eine normale Kurskorrektur aufgrund neuer Daten dar.

Verschiedene konkrete Modelle verwenden noch weitere Prinzipien, die dann spezifisch für das jeweilige Modell sind.

Mythen der Selbstorganisation

Bernd Oestereich und Claudia Schröder arbeiten in ihrem Buch *Das kollegial geführte Unternehmen* (2017) einige Mythen und Vorurteile gegenüber selbstorganisierten Unternehmen heraus und zeigen, wie sich die Realität vom Mythos unterscheidet. Einige der besprochenen Vorurteile möchte ich wiedergeben und kommentieren[23] sowie durch weitere ergänzen:

Mythos 1: Es gibt keine Hierarchien

Wie erwähnt, neigt jedes soziale System zur Bildung von Hierarchien: »Nur dass die formale Hierarchie jetzt mehr der sozialen Realität entspricht«. Außerdem ist die Veränderung dieser Hierarchien deutlich einfacher und dynamischer als in klassisch organisierten Unternehmen.

Mythos 2: Es gibt keine Führung

Auch Führung gibt es. Diese ergibt sich meist viel natürlicher aufgrund von inhaltlicher Autorität. Führung ist damit nicht beschränkt auf einige wenige Personen, die dann alle Führungsaufgaben auf sich vereinen. Führung ist in selbstorganisierten Organisationen meist auf mehrere Rollen oder Personen verteilt. So gibt es in vielen selbstorganisierten Unternehmen Menschen mit Personalverantwortung für einen Bereich, in dem sie jedoch keinerlei inhaltliche Verantwortung haben.

Mythos 3: Es braucht ganz bestimmte Menschen für Selbstorganisation

Oestereich und Schröder schreiben: »*Ein Unternehmen sollte funktionieren, ohne besondere Voraussetzungen an die Haltung und Persönlichkeit der Mitarbeiter stellen zu müssen. Stattdessen sind Führungs- und Organisationswerkzeuge zu wählen, die so einfach benutzbar sind, dass jeder Mitarbeiter in jedem Unternehmen sie ohne überdurchschnittliche Voraussetzungen gut anwenden kann und mag.*« (S. 26)

Ich glaube in der Tat, dass Selbstorganisation nicht für jeden geeignet ist. Es gibt Menschen, die klare Ansagen möchten, was sie zu tun haben, und keine Verantwortung übernehmen möchten oder können. Die Frage ist nun, ob diese Menschen schon immer so waren oder durch ihre Erfahrungen so geworden sind. Der Prozentsatz solcher Menschen ist vermutlich geringer, als die meisten annehmen. Es gibt jedoch Menschen, die für ein System der Selbstorganisation nicht die ideale Passung haben. Bei creaffective achten wir bei der Einstellung neuer Kollegen darauf, ob eine Passung wahrscheinlich ist. Wenn ein Unternehmen den Wandel zur Selbstorganisation vollzieht, muss es daher damit rechnen, dass nicht alle vorhandenen Mitarbeiter diesen Weg mitgehen können und wollen und in der Folge das Unternehmen verlassen.

Es gibt jedoch genauso auch viele Menschen, die für ein System der pyramidal-hierarchischen Struktur nicht geeignet sind. Meist nehmen wir ja leider an, dass dieses System quasi gottgegeben ist und jeder passen müsste – ähnlich wie mit unserem Schulsystem.

Mythos 4: Das funktioniert nicht in großen Unternehmen

Es gab und gibt selbstorganisierte Unternehmen mit über 5.000 Mitarbeitern (Beispiel Semco), über 10.000 Mitarbeitern (wie im Falle von Gore) und über 40.000 Mitarbeitern (wie im Fall von AES). Richtig ist, dass die meisten selbstorganisierten Unternehmen eher klein sind und weniger als 500 Mitarbeiter haben. Dies liegt sicherlich auch daran, dass eine nachträgliche Einführung von Prinzipien der Selbstorganisation in klassisch strukturierte Unternehmen bei kleineren Firmen einfacher ist als bei einem 200.000-Mitarbeiter-Koloss. Wichtig ist auch, dass Selbstorganisation nicht die Abwesenheit von Strukturen bedeutet.

Mythos 5: Jeder kann machen, was er will

In selbstorganisierten Unternehmen können Menschen eher das tun, wo ihre Energie liegt und ihre Aufgaben stärker selbst gestalten. Sie haben somit deutlich mehr Freiheit. Je nach konkreter Ausgestaltung der Selbstorganisation gibt es jedoch sehr wohl Regeln und Beschränkungen für die Aktivitäten des Einzelnen. Das Fallbeispiel Matt Black Systems in diesem Buch zeigt sehr deutlich ein System, in dem die Effektivität der einzelnen Aktionen sehr genau messbar und sichtbar wird.

Mythos 6: Am Ende muss ja doch eine Person rechtlich verantwortlich sein

In der Tat gehen die Rechtssysteme aller Länder davon aus, dass es dezidierte Personen in einer Organisation gibt, die am Ende haften müssen und zur Rechenschaft gezogen werden können. Gleichzeitig arbeiten Firmen wie encode.org intensiv mit Juristen daran, neue rechtliche Formen zu entwickeln, die Selbstorganisation besser und trotzdem rechtssicher abbilden.

In der Praxis berühren die meisten Entscheidungen in einer Organisation das Thema rechtliche Haftung nicht und die Frage stellt sich somit nicht. In Fällen, in welchen diese Frage relevant ist, wird die haftende Person eingebunden.

Was gibt den Anstoß zu Selbstorganisation?

Sowohl aus der Literatur als auch aus den praktischen Fallinterviews für dieses Buch geht ganz klar hervor, dass die Entwicklung eines bestehenden Unternehmens hin zu Selbstorganisation klar von oben initiiert werden muss. Es ist definitiv kein Bottom-Up-Prozess, zumindest nicht, wenn es über einzelne Inseln der Selbstorganisation hinausgehen soll (wie dies in einigen europäischen Konzernen der Fall ist)! Wie die Transformation konkret beginnen könnte, werde ich in Kapitel 6 detaillierter betrachten. Eine der letzten autokratischen Entscheidungen des Top-Managements ist es sozusagen, nicht mehr autokratisch sein zu wollen. Bei Neugründungen von Unternehmen liegt es an den Gründern, eine Organisation von Beginn an selbstorganisiert aufbauen zu wollen.

Eine interessante Frage ist nun, was Gründer, Geschäftsführer oder Inhaber dazu bringt, Selbstorganisation als Strukturprinzip der Organisation einführen zu wollen.

Im Prinzip gibt es zwei Arten von Gründen: einmal die äußeren Gründe, die Unternehmen immer näher an den Punkt bringen, an dem sie über Anpassungen ihrer Strukturen nachdenken müssen. Diese Gründe werden unter dem Akronym VUCA zusammengefasst. VUCA steht für die englischen Begriffe *Volatility*, *Uncertainty*, *Complexity* und *Ambiguitiy*. Für ein Umfeld, das geprägt ist von Volatilität, Unsicherheit, Komplexität und Mehrdeutigkeit, ist ein hierarchisch organisiertes Unternehmen schlecht gerüstet, da Hierarchien vor allem in stabilen Umfeldern mit wenig Veränderung gut funktionieren.

Diese äußeren Beweggründe führen oft dazu, dass traditionelle Organisationen agile Methoden einführen, weil sie sich erhoffen, besser mit VUCA zurechtzukommen.

Sowohl aus der Literatur als auch aus meinen Interviews und meiner eigenen Erfahrung heraus reichen die äußeren Gründe jedoch kaum aus, um eine Transformation zur Selbstorganisation in der Aufbauorganisation zu initiieren.

Vielmehr muss, wie von Laloux beschrieben, ein Bewusstsein bei den Initiatoren vorhanden sein, das diese Entwicklung ermöglicht oder sogar zwingend logisch erfordert.

Dies sieht auch Isaac Getz so, eine der Galionsfiguren der Liberation-Bewegung in der französischen Wirtschaft: »*One of the things that we say everywhere is that corporate liberation is not an intellectual issue—it's an emotional issue. It's visceral. Either you feel it in your heart or you don't. If you don't, then don't go there. If you're looking for some data that liberated companies are better than traditional companies, then just don't go there. So, we know that those who did go there are there for the right reasons.*«[24]

Ein Unternehmenslenker mit klassischer Denkart würde im Falle von härteren und schnelleren Wettbewerbern an der Effizienzschraube drehen und dazu Prozessverbesserungen einführen. Genauso gehen ja auch viele Unternehmen vor, die agile Methoden des Projektmanagements einführen. An den Grundannahmen, wie Organisationen zu gestalten sind, ändert sich jedoch hierbei nichts.

Menschen, die in einer Organisation den Wandel zur Selbstorganisation initiieren, haben andere Beweggründe. Frederic Laloux spricht von »innerer Arbeit«, die diese Menschen getan haben müssen, um an diesen Punkt zu kommen. Diese innere Arbeit führt dann zu einem anderen Menschenbild und einer anderen Haltung.

Diese lässt sich durch folgende Merkmale charakterisieren:

- Die eigene Person wird weniger wichtig. Mein Selbstwert leitet sich nicht nur aus meinem beruflichen Erfolg ab.
- Es gibt auch andere Menschen, die das Unternehmen voranbringen können, vielleicht sogar besser, als der Gründer oder Geschäftsführer es momentan kann.
- Es wird Menschen erst einmal grundsätzlich vertraut und nicht standardmäßig misstraut.
- Menschen wollen kooperieren und (gemeinsam) etwas leisten.
- Menschen müssen nicht ständig angetrieben werden, sondern wollen ihr Bestes geben. Sie sind nicht per se dumm, faul und betrügerisch.
- Es wird immer Menschen geben, die Vertrauen missbrauchen. Es handelt sich um eine kleine Minderheit. Diese Minderheit kann durch keine Regeln und Vorsichtsmaßnahmen davon abgehalten werden. Sie wird Mittel und Wege finden, das System auszutricksen.
- Menschen können erst zu Höchstleistungen gelangen, wenn sie Autonomie haben, selbst Entscheidungen treffen zu können.
- Menschen müssen ihr gesamtes Leben eigenverantwortlich Entscheidungen von großer Tragweite treffen (Hausbau, Wahl des Ehepartners, Wahl des Berufs). Es ist daher anzunehmen, dass sie diese Fähigkeit auch an ihrem Arbeitsplatz einsetzen können.

Nach meinem Verständnis ist es also nicht eine Frage organisationsexterner Faktoren, die einen Wandel quasi erzwingen. Es sind innere Voraussetzungen zentraler Personen in einem Unternehmen, die den Ausschlag geben und eine Initialzündung verursachen können.

Wie ich gleich zeigen werde, kann Selbstorganisation zu einer Reihe von Vorteilen führen, die sich indirekt auch betriebswirtschaftlich rechnen. Eine zahlenmäßige Berechnung der Effekte von Selbstorganisation ist jedoch aus meiner Sicht nur schwer möglich, da es keine Kontrollgruppe gibt, wie in medizinischen Studien, die sich nur aufgrund dieses einen Faktors unterscheidet, mit der man über die Zeit vergleichen könnte.

Wer also als Entscheider eine Entwicklung hin zur Selbstorganisation nur aufgrund von einem zu erwartenden direkten betriebswirtschaftlichen Effekt anstoßen möchte, wird sich schwer tun und vermutlich die Veränderungen gar nicht mitgehen können. Ich habe in all meinen Recherchen auch kein einziges Beispiel gefunden, bei dem der Grund für die Transformation der Wunsch nach finanziellen positiven Effekten war. Dies heißt nicht, dass diese nicht eintreten können und werden. Finanzielle Gesichtspunkte sind für jedes Unternehmen wichtig, für den Wandel zur Selbstorganisation jedoch nicht zentral.

Die Vorteile von Selbstorganisation

Selbstorganisation führt zu einer Reihe von positiven Effekten und Vorteilen. Diese können sich auch indirekt auf die finanzielle Betrachtung einer Organisation positiv auswirken.

Steigende Motivation der Mitarbeiter

Ein zentraler Aspekt ist der Effekt auf die Motivation der Mitarbeiter, vorausgesetzt, dass diese für die Selbstorganisation geeignet sind. Verschiedene Studien, allen voran die Gallup Studien[25], zeigen immer wieder, dass nur eine Minderheit der Arbeitnehmer sich als engagiert und motiviert bezeichnen würde, und dies weltweit. Der Großteil tut

Dienst nach Vorschrift und wiederum eine Minderheit arbeitet aktiv gegen das eigene Unternehmen.

Warum ist das so? Aus wissenschaftlichen Arbeiten von Harvard-Forscherin Teresa Amabile[26] geht hervor, dass der zentrale Motivator für Menschen in einer Organisation die Frage ist, ob sie an einer von ihnen als sinnvoll empfundenen Tätigkeit Fortschritte machen können. Deshalb nannte Amabile ihr Buch, das die Ergebnisse ihrer Arbeit vorstellt, auch *Progress Principle*.

Ausgehend von diesen Erkenntnissen, stellt sich die Frage, warum die meisten Menschen einfach nur Dienst nach Vorschrift machen? Ist es so, dass sie einfach nicht ausreichend motiviert sind? Oder ist es nicht vielmehr so, dass es Faktoren in der Arbeit gab und gibt, die zu einer Demotivation geführt haben? Die Konsequenz aus dieser Demotivation ist Dienst nach Vorschrift oder im schlimmsten Fall sogar innere Kündigung. Die Frage, die sich Unternehmen daher stellen sollten, lautet nicht: Wie kann ich meine Mitarbeiter motivieren? Sondern: Wie kann ich vermeiden, meine Mitarbeiter zu demotivieren? Aus dieser Betrachtung heraus sollte ein Unternehmen versuchen, Blockaden zu identifizieren und diese aus dem Weg zu schaffen.

Selbstorganisierte Unternehmen können aufgrund ihrer anderen Verfasstheit dieses Fortschrittsprinzip viel eher ermöglichen. In selbstorganisierten Unternehmen bin ich eher in der Lage, meine Tätigkeiten so zu suchen und zu gestalten, dass diese für mich sinnvoll sind. Aufgrund der Autonomie, die mir das System gibt, bin ich auch in der Lage, Fortschritte bei diesen sinnvollen Tätigkeiten zu verzeichnen. Der Effekt hieraus ist, dass der Großteil der Mitarbeiter eine höhere emotionale Bindung an die Organisation verspürt und motivierter seine Talente und Fähigkeiten einbringt.

Nun kann man sicherlich irgendwie berechnen oder einfach nur ableiten, dass es auch einen betriebswirtschaftlichen Effekt haben wird, wenn eine Organisation es schafft, den Großteil der Leute vom Dienst nach Vorschrift zur engagierten Teilnahme zu bringen.

Höhere Wahrscheinlichkeit der Innovation

Die oben zitierte Teresa Amabile ist Kreativitätsforscherin und beschäftigt sich in ihren Arbeiten immer wieder auch mit der Frage, was Kreativität und Innovation in Organisationen, in Teams und in Individuen ermöglicht.

Aus der Kreativitätsforschung wissen wir, dass Innovation viel Leidenschaft, Durchhaltevermögen und Disziplin von allen Beteiligten verlangt, besonders zu Beginn des Prozesses, wenn es darum geht, eine fragile Erstidee so weit zur Reife zu bringen, dass diese umgesetzt werden kann. Auch hier bieten selbstorganisierte Unternehmen Vorteile. Menschen können mit mehr Freiheit selbst entscheiden, an welchen Themen sie arbeiten und welche Ideen sie vorantreiben möchten. Sie können sich eher daran orientieren, wofür sie Energie haben. Dies führt dann auch mit höherer Wahrscheinlichkeit dazu, dass Neues entstehen kann, das über kosmetische Verbesserungen des Bestehenden hinausgeht. Später werde ich noch ausführlich beleuchten, was selbstorganisierte Unternehmen hier genau tun.

Größere Agilität des Unternehmens

Organisationen, die selbstorganisiert sind, können ihre Struktur, ihre Rollen, Zuständigkeiten und Regeln in deutlich kürzeren Abständen und deutlich schneller an die sich ändernden Umstände anpassen. Damit ist die Organisation agiler und wandlungsfähiger und kann sich deutlich besser auf Markterfordernisse anpassen. Dadurch, dass jeder Mensch in der Organisation die Möglichkeit hat, Veränderungen zu initiieren, fallen große Change-Management-Programme und Restrukturierungsmaßnahmen meist weg. Stattdessen wird kontinuierlich in kleinen Schritten an der Organisation gearbeitet. Ein weiterer positiver Effekt hierbei ist, dass Menschen sich der Veränderung nur selten entgegenstellen, da sie diese ja selbst initiiert haben: »*People don't resist change. They resist being changed*« (Peter Senge)

Potenzial zur Antifragilität

Eng einher mit dem Prinzip der Agilität geht der Begriff der Antifragilität. Er wurde von Nassim Taleb (2013) geprägt und soll das Gegenteil von Fragilität ausdrücken. Ein fragiles System zerbricht unter Druck und Schocks. Ein belastbares System kann eine gewisse Menge an Druck und Schocks verkraften, bevor es ebenfalls zerbricht. Ein antifragiles System wird unter Druck und Stress sogar stärker. Ein Bespiel ist der menschliche Körper, der zum Beispiel durch Krafttraining die Muskulatur kräftigt oder durch den Wechsel von heißem und kaltem Wasser das Immunsystem stärkt.

Selbstorganisierte Unternehmen können aufgrund ihrer dezentralen Struktur ebenfalls besser mit externen Stressoren und Schocks umgehen. In diesem Sinne sind selbstorganisierte Unternehmen mit hoher Wahrscheinlichkeit antifragil. Dies macht sie fitter für die Zukunft als zentral organisierte Unternehmensformen.

Strukturelemente der Selbstorganisation

Da viele selbstorganisierte Unternehmen durch Trial and Error ihr eigenes System entwickeln, gibt es im Moment eine Vielzahl an Modellen und Möglichkeiten. Aus der Literatur und den Beobachtungen für dieses Buch lassen sich jedoch einige gemeinsame Strukturelemente ableiten.

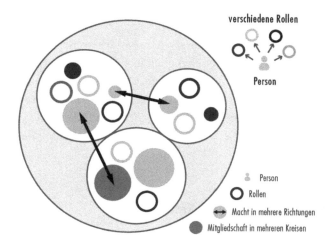

Strukturelemente der Selbstorganisation

Trennung Rolle/Person

Kreisorganisation

In der pyramidenförmigen Linienorganisation spricht man von Bereichen und Abteilungen. Je weiter man nach oben in der Hierarchie schaut, umso geringer wird die Anzahl der Einheiten und umso größer wird die Machtfülle.

In selbstorganisierten Modellen spricht man hier meist (nicht immer) von Kreisen. Diese Kreise können hierarchisch strukturiert sein, wie in der klassischen Sociocracy, und damit auf den ersten Blick keinen großen Unterschied zur pyramidalen Organisation aufweisen. Sie können jedoch auch ineinander verschachtelt sein wie in der Holacracy. Jeder Kreis hat das Recht, selbstständig Unterkreise zu bilden, wenn das als notwendig erachtet wird, und Elemente seines Verantwortungsbereiches in diesen Unterkreis auszugliedern.

Mitgliedschaft in mehreren Kreisen

In selbstorganisierten Organisationen sind Menschen meist Mitglied in mehreren Kreisen und nicht lediglich in einem spezifischen Bereich, wie meist in der klassisch hierarchischen Organisation. Je nach Form der Selbstorganisation betrachtet man auch nicht eine Person, sondern spricht von Rollen, die eine Person innehat. So kann eine Person mehrere Rollen füllen, die wiederum Mitglied in verschiedenen Kreisen sind.

Spezielle Rollen in jedem Kreis

Innerhalb der Kreise gibt es je nach Form der Selbstorganisation spezielle Rollen in jedem Kreis, die dort wichtige Steuerungsfunktionen erfüllen, wie zum Beispiel in Holacracy den Lead Link und in Sociocracy die Leitung, einen Facilitator oder einen Secretary.

Macht in mehrere Richtungen

In der pyramidalen Organisation verläuft Macht immer von oben nach unten. In selbstorganisierten Organisationen lassen sich Oben und Unten oft nicht mehr unterscheiden. Darüber hinaus verläuft Macht meist in mehrere Richtungen. So gibt es Repräsentanten aus einem Unterkreis, die Teil eines Oberkreises sind und dort gleichberechtigt zu den anderen Mitgliedern mitreden. Darüber hinaus kann es Querverbindungen zwischen Kreisen geben mit Personen, die einen inhaltlich in Verbindung stehenden Kreis repräsentieren.

Skalierbarkeit von Selbstorganisation?

Auf die Gesamtheit aller Unternehmen auf der Welt bezogen, ist nur ein verschwindend kleiner Teil von Unternehmen selbstorganisiert entsprechend der Definition in diesem Buch. Wir reden von weniger als einem Prozent. Die meisten dieser Unternehmen sind kleine Firmen mit unter 200 Mitarbeitern.

Es kommt daher immer wieder die berechtigte Frage, wie skalierbar Selbstorganisation als Organisationsprinzip sei. So entstand auch der oben bereits zitierte Mythos zum Thema Selbstorganisation. Was wäre, wenn sich ein Konzern mit 200.000 Mitarbeitern entschließen würde, sein hierarchisches System abzuschaffen und selbstorganisiert zu arbeiten?

Es gibt momentan noch zu wenig empirische Belege, bis zu welcher Größe Selbstorganisation funktioniert. Es gibt Firmen wie Semco aus Brasilien mit über 5.000 Mitarbeitern, W.L. Gore mit über 10.000 Mitarbeitern und ehemals AES mit über 40.000 Mitarbeitern, die selbstorganisiert sind und funktionieren. Man muss also wohl sagen, es ist zu früh für eine klare Aussage. Klar ist, dass mit zunehmender Organisationsgröße die Komplexität steigt und auch Selbstorganisation vor Herausforderungen stellt. Dies zeigt sich in der Fallstudie zum Unternehmen Gore. Wir werden vermutlich auch in den nächsten Jahren keine Konzerne dabei beobachten, wie diese ihre pyramidal-hierarchischen Strukturen komplett abschaffen. Allerdings wird jetzt schon in zunehmendem Maße sichtbar, dass sich in großen Unternehmen einzelne Bereiche selbstorganisieren. Diese existieren dann als eine Art Insel im traditionellen Ozean. Dabei wird deutlich, dass es verschiedene Inseln mit unterschiedlichen Systemen der Selbstorganisation innerhalb eines Unternehmens geben kann. Natürlich verursacht das Reibungen an den Schnittstellen zur traditionellen Organisation.

Kodifizierte Modelle der Selbstorganisation

Als mein Unternehmen creaffective Ende 2015 vor der Frage stand, ob wir den Schritt in die Selbstorganisation wagen sollten, stellte sich auch die Frage, wie wir uns organisieren wollen. Ich wollte damals mit einem System starten, das erprobt und explizit kodifiziert ist. Es sollte irgendwo festgehalten sein, wie es funktioniert. Dahinter stand der Wunsch, nicht jahrelang durch Versuch und Irrtum mühsam unseren eigenen Weg finden und dabei ein tiefes Tal von Frust und geringer Produktivität durchlaufen zu müssen. Ich wollte von den Erfahrungen anderer Pioniere profitieren und mit einem System starten, an dem wir uns orientieren konnten.

Nun gab es damals meines Wissens nach (inzwischen bin ich schlauer) lediglich zwei explizit kodifizierte Systeme: Sociocracy und Holacracy, für die wir uns am Ende entschieden haben. Frederic Laloux hat mit seinem Buch *Reinventing Organizations* immer wieder Elemente von Eigenentwicklungen einzelner Firmen beschrieben, allerdings kein für mich schnell nutzbares System. Manche Kritiker werden nun einwenden, dass es ja genau darum gehe, sein eigenes Modell zu entwickeln. Mir war damals einfach wichtig, von einer gewissen Basis starten zu können, die wir dann im Laufe der Jahre gegebenenfalls modifizieren können (was wir nun auch bereits tun). Im deutschsprachigen Raum ist im Jahr 2016 mit dem Buch *Das kollegial geführte Unternehmen* von Bernd Oestereich und Claudia Schröder ein zumindest teilweise explizites System hinzugekommen, das sich aus Elementen von Holacracy, Sociocracy und anderen Quellen speist. Außerdem gibt es nun eine Fortführung der Sociocracy namens Sociocracy 3.0, welche Elemente verschiedener Modelle auf flexible Weise vereint.

Diese vier Systeme möchte ich im Folgenden zumindest kurz vorstellen.

Sociocracy

Sociocracy (auf deutsch Soziokratie) beschreibt eine aus den Niederlanden stammende Organisationsform, die ihre Anfänge bereits in den 1950er Jahren mit dem Pädagogen Kees Boeke hatte und helfen soll, demokratische Organisationen hervorzubringen. Bis zum Aufkommen der Holacracy führte die Sociocracy allerdings ein ziemliches Schattendasein.

Soziokratische Organisationen beruhen auf vier Basisregeln[27]:

Konsentprinzip
»Entscheidungen werden mit Hilfe von Moderation in 3 Runden im Konsent getroffen. Einwände werden gehört und in den Beschluss integriert, schwerwiegende Einwände müssen im Sinne der Ziele argumentiert werden.«[28] Konsent bedeutet dabei, sich auf die Gangbarkeit

von Optionen zu konzentrieren. Es geht ganz klar nicht um Konsens, also eine Entscheidung, bei der am Ende alle zustimmen, sondern um die Abwesenheit von Gründen, die dagegen sprechen.

Kreisorganisation
Organisationen sind in Form von Kreisen strukturiert. Die ursprüngliche Fassung von Sociocracy ging dabei von hierarchisch zueinander stehenden Kreisen aus, ähnlich einer pyramidalen Organisationen. Innerhalb eines Kreises sind alle Mitglieder gleichwertig, im Gegensatz zur Holacracy, wo es den »Lead Link« gibt. Im Rahmen ihrer Autorität treffen die Kreise autonom Entscheidungen. In der Sociocracy werden Kreise als Dreiecke dargestellt, um die drei Grundfunktionen des Kreises zu symbolisieren: Leiten, Tun, Messen. Getragen wird die Organisation von einem allgemeinen Kreis und einem Topkreis. Im Topkreis gibt es einen Vorstand, Delegierte des allgemeinen Kreises und externe Experten.

»Ein Kreis ist eine Gruppe, deren TeilnehmerInnen für die Verwirklichung eines gemeinsamen Zieles verantwortlich sind. Die Grundsatzentscheidungen darüber, wie dieses Ziel zu erreichen ist, finden mit Konsent im Kreis statt. Der Kreis delegiert an seine TeilnehmerInnen die Funktionen des dynamischen Prozesses – Leiten, Tun und Messen. Dadurch wird ein dynamisches Gleichgewicht ermöglicht.«[29]

Doppelte Verknüpfung
Die Kreise sind untereinander doppelt verknüpft. So gibt es in jedem Kreis einen Leistungsgebenden (Lead Link), der einem Kreis vorsteht und auch Mitglied im übergeordneten Kreis ist. Dieser wirkt von oben nach unten. Darüber hinaus sendet jeder Kreis einen Delegierten zu Beschlussfassungen zum höheren Kreis. Dieser wirkt von unten nach oben.

Offene Wahl
Im Gegensatz zur Holacracy werden in der Sociocracy alle Menschen, die Funktionen und Aufgaben übernehmen, offen gewählt. »Ähnlich wie beim Konsent wird die geeignetste Person in 3 Runden mit Hilfe der Moderation ermittelt.«[30]

Holacracy

Das System Holacracy (manchmal auch eingedeutscht: Holakratie) ist ein von der amerikanischen Firma HolacracyOne (und vor allem dem Gründer Brian Robertson) entwickeltes und vorangetriebenes »organisatorisches Betriebssystem«, das die Sociocracy mit Elementen von Getting Things Done[31] und Elementen der agilen Softwareentwicklung anreichert und modifiziert:

»*What is Holacracy? Essentially, it's a new social technology for governing and operating an organization, defined by a set of core rules distinctly different from those of a conventionally governed organization.*« (Robertson, 2015, Pos. 29.2/386)

Holacracy ist ein veränderungsfreundliches System, ein Unternehmen zu organisieren, das es erlaubt, auftretende Spannungen auf der strukturellen und operativen Ebene zu verarbeiten und kontinuierlich kleine und große Veränderungen an der organisatorischen Struktur und den Inhalten vorzunehmen.

Holacracy leitet sich vom Begriff des Holons ab, das eine in sich abgeschlossene und handlungsfähige Einheit beschreibt, die wiederum Teil einer ähnlichen größeren Einheit ist und mit dieser kommuniziert, ganz ähnlich wie Zellen im menschlichen Körper.

Wie in der Sociocracy wird die Organisation in Form von Kreisen dargestellt, mit einem General Company Circle als Rahmen und verschiedensten Unterkreisen.

Die grundlegenden Spielregeln einer holakratischen Organisation sind in der holakratischen Verfassung festgehalten. Ähnlich wie das Betriebssystem eines Computers beschreibt die Verfassung die grundlegenden Einheiten, setzt die grundlegenden Spielregeln und definiert damit, wie einzelne Apps (wie zum Beispiel Personalprozesse) operieren können. An dieser Sprachgebung erkennt man deutlich den IT-Hintergrund von Brian Robertson.

Definierte Rollen

Zuständigkeiten werden in der Holacracy in Form von Rollen verteilt. Jede Person hat dabei meist mehrere Rollen inne. Manche Rollen werden von mehreren Personen gefüllt. Dabei werden zu jeder Rolle drei Aspekte definiert.

- Der **Zweck** der Rolle legt fest, warum die Rolle existiert. Bei creaffective gibt es die Rolle des Content Magiers mit dem Zweck »sicherzustellen, dass die Medieninhalte von creaffective ansprechend sind und gezielt die Außenwirkung stärken«.
- Die **Autorität** einer Rolle definiert, welche Entscheidungen exklusiv von dieser Rolle getroffen werden dürfen und von keiner anderen Rolle ohne Zustimmung getroffen werden können. Viele Rollen in holakratischen Organisationen haben keine definierte Autorität. Bei creaffective gibt es die Rolle des Pricing Managers mit der Autorität »Preise (sowohl für Neu- als auch Bestandskunden) zu bestimmen«.
- Die **Verantwortlichkeiten** einer Rolle legen fest, was man von einer Rolle erwarten kann. Wenn es nicht gleichzeitig eine Autorität einer Rolle auf bestimmte Themen gibt, kann auch eine Rolle diese Dinge erledigen. Verantwortlichkeit bedeutet in diesem Kontext nur, dass ich den Rolleninhaber um eine bestimmte Tätigkeit bitten kann, die als Verantwortlichkeit für seine Rolle definiert wurde, und dann erwarten kann, dass diese Tätigkeit übernommen wird. So kann jemand bei creaffective den Content Magier bitten, Dokumente, die nach außen gehen sollen, zu korrigieren, und erwarten, dass der Rolleninhaber dies auch tut.

Alle Rollen mit den oben geschilderten drei Charakteristika sind schriftlich in einer speziellen Software festgehalten und können in jedem Governance-Meeting basierend auf »Spannungen« verändert werden. Diese Festlegung führt zu einer sehr großen Klarheit von Zuständigkeiten und Verantwortungen. Gerangel und Fingerzeigen können auf diese Weise weitgehend ausgeschlossen werden. Wenn es doch Unklarheiten gibt, ist dies ein Zeichen für eine »Spannung«, die in einem Governance-Meeting behoben werden sollte.

Trennung von Rolle und Person

Ein zentrales Prinzip der Holacracy ist die Trennung von »role and soul«. Eine Person in einer holakratischen Organisation füllt meist mehrere Rollen, sollte im Sinne des Zwecks einer Rolle handeln und dies klar von der Person trennen. In den speziellen Besprechungsformaten bei einer Holacracy sprechen Menschen dabei immer aus einer bestimmten

Rolle heraus und sagen Dinge im Kontext dieser Rolle. Dabei ist es durchaus möglich, dass mehrere Rollen, die von einer Person gefüllt werden, hier unterschiedliche Ansichten haben. In der Theorie heißt dies, dass man die Dinge nicht »persönlich« nehmen sollte, sondern sie im Kontext einer Rolle sehen muss. Wenn zum Beispiel Person A in der Rolle des Website-Verantwortlichen bestimmte Regeln einfordert, die für die Erfüllung der Rolle wichtig sind, dann sind diese Regeln nicht auf bestimmte Personen gerichtet, sondern aus der Rolle heraus entstanden. Aus persönlicher Erfahrung weiß ich, dass dies einerseits sehr befreiend wirken kann. Andererseits sind natürlich die Personen hinter den Rollen trotzdem vorhanden und Handlungen einer Rolle, die von Person A gefüllt werden, können Person B emotional berühren, treffen, nerven oder frustrieren. Damit entsteht auf persönlicher Ebene eine Spannung, mit der Holacracy nicht umgehen kann bzw. mit der sich Holacracy nicht befasst. Holacracy beschränkt sich auf die operative und die strukturelle Sphäre und blendet die intrapersonelle und interpersonelle Sphäre aus.

Ein weiterer Aspekt in Holacracy ist es, dass Menschen in ihren Rollen nicht nach Konsens streben oder die Verantwortung an andere Menschen abgeben, sondern eigenverantwortlich eine Entscheidung treffen sollten. Wir merken in der Praxis, dass es manchmal trotzdem sinnvoll ist, andere bewusst einzubinden, auch wenn das die Rolle nicht erfordert und in Holacracy gar nicht nötig ist. Zum Beispiel hatten wir kürzlich ein Gespräch darüber, ob ein spezieller Fahrradständer an die Wand in unserem Workshopraum montiert werden sollte. Eine Kollegin hätte diese Entscheidung aus ihrer Rolle heraus selbst treffen können und dafür auch keinen Kollegen einbinden müssen. Trotzdem hat sie es vorgezogen, die Kollegen um deren Meinung zu befragen, bevor sie einfach einen Fahrradständer anbringt. Wir waren ihr alle dankbar dafür, dass sie bewusst Konsens gesucht hat.

Holacracy wird oft dafür kritisiert, dass sie Menschen wie Computer behandle (Groth, 2017) und ein emotionsloses, rigides und prozessgetriebenes System geschaffen habe. Diese Kritik ist nicht ganz unberechtigt, Holacracy hat in der Tat einen blinden Fleck im Hinblick auf die emotionalen Aspekte der Zusammenarbeit der Rollenträger in der Organisation.

In der täglichen Praxis ist es allerdings ganz wesentlich, einen Weg außerhalb der Formate der Holacracy zu finden, um diese persönlichen Spannungen anzusprechen und zu lösen. Viele holakratische Organisationen greifen hier zu Methoden wie der gewaltfreien Kommunikation nach Rosenberg[32], um sich mit diesen zwischenmenschlichen Bereichen zu befassen und ihnen Raum zu geben. Andernfalls kann es zu einem »Cold out«, einem emotionalen Rückzug der Beteiligten, kommen, bei dem die relativ rigiden Formate von Holacracy mechanisch durchexerziert werden. In der Kombination mit Vorgehensweisen, bei denen zwischenmenschliche und persönliche Themen berücksichtigt werden, kann Holacracy aus meiner Erfahrung für hohe Geschwindigkeit und große Klarheit sorgen, zwei Probleme, an denen viele Organisationen kranken.

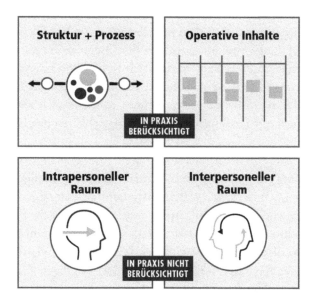

Zwei Besprechungsformate: Governance und Tactical

Holacracy bietet zwei spezifische Besprechungsformate, die ganz expliziten Regeln folgen. Das sogenannte Tactical Meeting für operative Themen und das Governance-Meeting für strukturelle Themen. Für beide Formate gibt es die Rolle des Secretary, der alle Ergebnisse schriftlich festhält und in den meisten Organisationen in eine spezielle Holacracy-Software einträgt, und einen Facilitator, der den Prozess steuert und dafür sorgt, dass die Besprechungsregeln eingehalten werden. Alle operativen Themen, die einen Kreis betreffen und von den Rollen nicht bilateral geklärt werden, können im Rahmen eines Tactical Meetings verarbeitet werden. In diesem Besprechungsformat geht es darum, mit hoher Geschwindigkeit operative Themen zu besprechen und nächste Schritte festzulegen. Dabei ist es keine Seltenheit, dass in einer einstündigen Besprechung 20 inhaltliche Themen behandelt und abgeschlossen werden.

Im Gegensatz dazu ist das Governance-Meeting langsam. In dieser Besprechung werden nach dem festgelegten Prozedere des »Integrative Decision Making« Veränderungen an der Organisation an sich vorgenommen. Dies kann bedeuten, dass sich Rollen und Kreise verändern oder »Policies« geschaffen oder verändert werden. Diese Veränderungen werden dabei nicht irgendwie eingeführt, sondern nach einem festgelegten Prozess mit Prüfungs- und Änderungsschleifen beschlossen.

Neben diesen grundlegenden Elementen und Regeln der Entscheidungsfindung gibt Holacracy nichts vor. Deshalb bezeichnet Robertson es auch als organisatorisches Betriebssystem. Die einzelnen Softwarepakete oder Apps müssen aufgespielt werden wie etwa ein Bildbearbeitungsprogramm oder ein Präsentationsprogramm. In einer holakratischen Organisation bedeutet dies, dass Aspekte wie Recruiting, Gehaltsfestlegung oder Innovation von der jeweiligen Organisation selbst festgelegt werden müssen.

Sociocracy 3.0

Eine jüngste Entwicklung ist Sociocracy 3.0 (abgekürzt S3), das seine Ursprünge ebenfalls in der Sociocracy hat und dabei Elemente von *Agile* und *Lean* zu einem flexiblen System vereint. Entwickelt wurde es von James Priest und Bernhard Bockelbrink. Im Gegensatz zu Holacracy, die versucht, die Grundlagen der Sociocracy unter ein Copyright zu setzen, ist Sociocracy 3.0. unter der Creative-Culture-Lizenz frei verfügbar und nutzbar.

Sociocracy (1.0) und Holacracy unterscheiden sich von Sociocracy 3.0 grundsätzlich erst einmal darin, dass es sich bei beiden um eine Ganz-oder-Gar-nicht-Entscheidung handelt. Ein Unternehmen kann beschließen, Holacracy einzuführen oder auch nicht. Es ist jedoch nicht sinnvoll, nur Elemente einzuführen, da das System dann nicht wirklich funktioniert. Ebenso verhält es sich bei der Sociocracy. Für dieses Problem kann S3 eine Lösung bieten:

»*The pattern-based approach of S3 allows for an agile (and more commonsense) approach to organisational change: keep doing what works well and change when needed, whereby pulling in one or several patterns from S3 may help people respond to the challenges and opportunities faced. This way organisations can organically grow and adapt at their own pace, a stark contrast to the revolutionary change mandated by all-or-nothing approaches like Scrum or Holacracy which can pose a great risk to organisations but makes a great business model for consultants!*«[33]

S3 ist ein System, das auf sieben Grundprinzipien basiert, und dazu über 50 Muster bereitstellt (welche kontinuierlich erweitert werden). Die Prinzipien sind zentral und ein Unternehmen muss sie als sinnvoll erachten und versuchen, sie zu leben, um von S3 zu profitieren. Ein Unternehmen kann diese Muster nutzen, muss es aber nicht. Die Philosophie von Sociocracy 3.0. lässt sich dabei zusammenfassen als »nutze, was funktioniert, lasse weg, was für dich keinen Mehrwert bringt«.

»*S3 draws on key elements of the 'Sociocratic Circle Organization Method' (SCM, a.k.a. Dynamic Governance in the US), agile software development and lean thinking, taking inspiration from many other sources, e.g. the scientific method, Non-Violent Communication, the Core Protocols, Holacracy (another descendant of SCM), psychology, coaching and facilitation techniques.*

The patterns are modular yet mutually reinforcing, and compliment an agile (i.e. empirical and hypothesis-driven) approach towards many aspects of organization including: co-creation, organizing work, making and evolving agreements, effective meetings, building organisations, personal development, organisational structure, organisational development, alignment, and last but not least, rolling out and evolving S3 patterns. The patterns are both enabling and constraining in that they offer guidelines for how to go about things, whilst encouraging collaboration.«[34]

Die Macher sprechen von S3[35] als »*An open framework for evolving agile and resilient organizations of any size, from small start-ups to large international networks and nationwide, multi-agency collaboration*«.

Aufgrund der Kombination von Prinzipien und Mustern gibt es keine festgelegte Struktur wie die verschachtelten Kreise bei Sociocracy und Holacracy. Die verschachtelten Kreise können ein S3-Unternehmen prägen, es kann sich aber zum Beispiel auch um parallele Teams, eine fraktale Unternehmensstruktur[36] oder die Pfirsich-Struktur (wie beim kollegial geführten Unternehmen, siehe unten) handeln.

Die sieben Grundprinzipien
Alle Muster in S3 basieren auf sieben zentralen Prinzipien, die allem Handeln zugrunde liegen:

- **Effektivität** (Effectiveness): Setze Zeit nur für die Dinge ein, die dich deinen Zielen näher bringen.
- **Konsent** (Consent): Tue Dinge, weil es keinen Grund gibt, der dagegen spricht.
- **Empirie** (Empiricism): Überprüfe alle Annahmen durch Experimente, kontinuierliche Anpassung und Widerlegen.
- **Kontinuierliche Verbesserung** (Continuous Improvement): Verändere Dinge in kleinen Schritten, um kontinuierliches datenbasiertes Lernen zu ermöglichen.

- **Gleichwertigkeit** (Equivalence): Menschen, die von Entscheidungen betroffen sein werden, beeinflussen und verändern diese auf der Basis von konkreten Gründen.
- **Transparenz** (Transparency): Alle Informationen sind für alle in der Organisation zugänglich, es sei denn, es gibt einen Grund für Geheimhaltung.
- **Verantwortlichkeit** (Accountability): Agiere, wenn eine Handlung notwendig ist. Tue, was du vereinbart hast, und übernimm Verantwortung für die Organisation.

Organisatorische Treiber

Ein zentraler Begriff in S3 ist der Treiber (Driver). Ein Treiber ist definiert als eine Quelle der Motivation für eine Handlung in einer speziellen Situation. Ein Treiber beantwortet die Warum-Frage. Ein Treiber beschreibt, was passiert und was gebraucht wird (Driver-Statement). Zum Beispiel: »*Informationen zwischen relevanten Personen werden oft nicht ausgetauscht. Wir brauchen einen Prozess der Informationsweitergabe.*«

In S3 werden alle Handlungen und Muster anhand von Treibern ausgerichtet, und zwar auf allen Ebenen der Organisation. Die Organisation selbst hat einen Haupt-Treiber (primary driver), der die Warum-Frage der gesamten Organisation beantwortet. Für creaffective könnte die Formulierung für den Haupttreiber wie folgt lauten: »*Viele Unternehmen reagieren nur mit Mühe und langsam auf die Veränderungen des Umfelds. Wir unterstützen Organisationen dabei, agil und innovativ zu sein*«. Der zweite Teil der Treiberformulierung entspricht dabei dem Zweck in Holacracy oder der Formulierung einer Vision im klassischen Vision-Mission-Prozess.

Für jeden Treiber in einer Organisation gibt es nun mehrere Möglichkeiten, um darauf zu reagieren. Es kann direkt gehandelt, eine Abmachung zwischen Personen getroffen, eine Strategie festgelegt, eine Rolle geschaffen oder ein Kreis oder Team geschaffen werden.

Muster in S3

Neben den Grundprinzipien gibt es eine Reihe von Mustern (Patterns). Diese sind ähnlich wie die Rezepte bei Matt Black Systems (siehe Fallstudie in diesem Buch). Sie geben ein grundlegendes Vorgehen vor, ohne die detaillierte Ausgestaltung vorzuschreiben.

Bei S3 (Stand Januar 2017) sind diese Muster in zehn Themenbereichen geordnet, wie z.B. Organisationsstruktur oder Besprechungspraktiken. Welche Muster eine Organisation in welcher Ausprägung einsetzt, hängt von der jeweiligen Situation ab. Es gibt jedoch einige zentrale Muster, wie *Consent Decision Making* oder *Proposal Forming*, die sich mit der grundlegenden Infrastruktur der Organisation beschäftigen. Diese kommen sehr häufig zum Einsatz.

Die Muster sollen es einer Organisation erlauben, agile Denkweisen in das gesamte Unternehmen zu bringen:

»*Most agile frameworks and methods focus on software development and project management, omitting to significantly address questions relating to management and governance, organisational structure and organisational change. S3 brings agile thinking to all aspects of an organisation. It aims to solve some interesting challenges: how can we create a coherent agile culture throughout an organisation where helpful potential is not limited by hierarchical power structures or traditional ideas of project management (which we know are incompatible to agile), and how can the people in agile organisations thrive at the same time as discovering and developing the necessary resources, understanding and skills to effectively contribute to a flourishing organisation.*«[37]

Das kollegial geführte Unternehmen

Die Autoren Bernd Oestereich und Claudia Schroeder skizzieren in ihrem Buch *Das kollegial geführte Unternehmen* ihr Modell eines Systems einer kollegialen Kreisorganisation, das »eine Synthese aus sozio- und holakratischer Kreisorganisation, Netzwerkorganisation, Systemtheorie, systemischer Organisationsentwicklung und reflektierter Praxis agiler Unternehmen« (Oestereich und Schröder, 2017, S. 80) darstellt.

Dabei orientieren die Autoren sich an acht verbindlichen Prinzipien, die als ein Meta-Modell fungieren. Alle anderen Details müssen von den Unternehmen jeweils individuell definiert werden. Die Prinzipien lauten im Detail (vgl. Oestereich und Schröder, 2017, S. 81):

1. **Kreise**: Es gibt exklusive, von anderen unterscheidbare Verantwortungsbereiche. Diese werden Kreise genannt und stellen die Grundgliederung der Organisation dar.
2. **Hierarchie**: Kreise können Unterkreise bilden und selbstständig wieder auflösen. Das heißt, es gibt hierarchische Beziehungen von Kreisen. Dabei ist mindestens eine Person in beiden Kreisen Mitglied.
3. **Mitglieder**: Kreise haben 1-10 Mitglieder. Jedes Organisationsmitglied kann Mitglied in beliebig vielen Kreisen sein.
4. **Entscheidungen**: Kreise können ein für sie geeignetes Entscheidungsverfahren wählen. Sollte kein spezielles Verfahren gewählt werden, wird eine Entscheidung dadurch getroffen, dass kein Mitglied ein Veto gegen einen Vorschlag eines anderen Mitglieds einlegt.
5. **Inhaber**: Diese sind im obersten Kreis repräsentiert und legen schriftlich fest, »welche Elemente und Aspekte der Organisation kollegial gestaltbar und welche von den Inhabern vorgegeben sind«. Damit können die Inhaber flexibler und einfacher als im Modell der Sociocracy und Holacracy definieren, wie weit der Einfluss der Selbstorganisation reichen soll.
6. **Rolle**: Bezeichnet einen Verantwortungsbereich, der nur von einer einzelnen Person wahrgenommen wird. In der Holacracy gibt es die Möglichkeit einer mehrfach gefüllten Rolle, die damit von mehreren Personen wahrgenommen wird.
7. **Repräsentant**: Bezeichnet ein Mitglied eines Kreises, das »mit einem definierten Anliegen in einen anderen Kreis entsendet wird...«.
8. **Spezifika**: Diese acht Grundprinzipien können durch weitere spezifische Regeln, Prinzipien und Standards ergänzt werden, ähnlich wie in anderen Systemen der Selbstorganisation.

Ziel von Oestereich und Schröder ist es, ein Modell bereitzustellen, das flexibler ist als Holacracy oder Sociocracy. Wie auch meine Interviewpartner für die Fallstudien in diesem Buch sind sie der Auffassung, dass manche Elemente aus Holacracy und Sociocracy zu formal und unpraktisch sind.

Geografische Verteilung selbstorganisierter Unternehmen

Selbstorganisierte Unternehmen, wie in diesem Kapitel beschrieben, finden sich vor allem in Europa, gefolgt von den USA, mit ganz wenigen Beispielen aus dem Rest der Welt. Wie in Kapitel 1 geschildert, wird Selbstorganisation durch gewisse Denkmuster gefördert, die sich in der von Laloux (2015) verwendeten Farblogik vor allem in der grünen – pluralistischen – Stufe verorten lassen. Wenn dieses grüne Wertesystem neben dem in der Wirtschaft dominierenden orange Paradigma in einer Gesellschaft in größerem Maße ausgeprägt ist, bilden sich mit höherer Wahrscheinlichkeit selbstorganisierte Unternehmen. Dieses Wertesystem findet sich vor allem in Mittel- und Nordeuropa sowie in Teilen der USA. In Kapitel 6 zum Thema Beurteilung des Reifegrads von Organisationen werde ich auf diese kulturelle Eignung zur Selbstorganisation noch detaillierter eingehen.

Mit diesem Kapitel ist es mir hoffentlich gelungen, grundlegend zu vermitteln, was Selbstorganisation ist, was sie nicht ist und wie selbstorganisierte Unternehmen im Groben funktionieren.

3 Innovation

Dieses Buch beschäftigt sich mit selbstorganisierten Unternehmen auf der einen Seite und deren Innovationspraktiken auf der anderen Seite.

Warum der Fokus auf Innovation? Erstens ist mein Unternehmen creaffective auf Kreativität und Innovation fokussiert und dieser Aspekt ist daher für mich von großem Interesse. Selbstorganisation kann für uns dabei auch ein Hebel zu mehr Innovation sein. Zweitens ist in der bisherigen Literatur zum Thema Selbstorganisation das Thema Innovation nicht beleuchtet worden. Die bisherigen Betrachtungen waren immer allgemeinerer Natur.

Drittens ist die Fähigkeit, kontinuierlich innovieren zu können, eine zentrale Herausforderung für jedes Unternehmen, wenn es weiter am Markt bestehen möchte. Das gilt unabhängig von Branche und Unternehmensgröße. Innovation des Wettbewerbs ist ein zentraler Treiber für jedes Unternehmen, selbst aktiv zu werden. Gleichzeitig werden in den meisten Unternehmen Methoden der Selbstorganisation auf der Ebene der Ablauforganisation eingeführt, um das Unternehmen agiler zu machen und schneller und besser innovieren zu können. Für mich ist es nun sehr interessant, einmal genauer hinzusehen, wie agile Unternehmen mit Selbstorganisation in der Aufbauorganisation mit Innovation umgehen.

Definition der Innovation

Ich definiere Innovation als **die Einführung von etwas Neuem, das Nutzen für einen Markt, eine Organisation oder eine Gesellschaft bringt.** (vgl. Rustler, 2016, S. 19).

Was das Neue ist, bleibt hierbei offen. Es lassen sich meist drei Ebenen der Innovation unterscheiden, die genauer spezifizieren, was mit neu gemeint ist:

Produkt/Dienstleistung

Hierbei handelt es sich um neue Produkte und Dienstleistungen, die ein Unternehmen in den Markt einführt. Jedes Unternehmen benötigt irgendein Wertangebot, das ein (technisches) Produkt oder eine Dienstleistung umfasst. Auf dieser Ebene lag traditionell die meiste Aufmerksamkeit, sowohl in der Literatur als auch in den Unternehmen selbst. Mit einer zunehmenden Sättigung von Märkten und Produkten, die sich im Hinblick auf ihre Leistungsmerkmale immer ähnlicher werden, rücken nun auch andere Ebenen stärker in den Fokus.

Prozess

Die Ebene Prozess kann sich sowohl auf das interne als auch das externe Umfeld einer Organisation beziehen. Hier geht es darum, eine neue oder verbesserte Art und Weise zu finden, um etwas herzustellen oder durchzuführen. Dies kann zum Beispiel ein neuer Prozess sein, die Herstellung von Flugzeugbauteilen schneller und günstiger zu machen, oder ein neues Vorgehen, um andere interne Abläufe zu verbessern. So gibt es Fluggesellschaften, die nur einen Flugzeugtyp nutzen, um ihre Wartungs- und Beladeprozesse zu vereinfachen. Eine Prozessinnovation kann auch sein, Teile einesProzesses auszulagern, wie es die Firma IKEA demonstriert hat, die damals auf die verrückte Idee kam, die Kunden die Möbel selbst aufbauen zu lassen.

Geschäftsmodell

»Ein Geschäftsmodell beschreibt das Grundprinzip, wie eine Organisation Wert schafft, übergibt und generiert[38]«. Oft wird Wert für einen Nutzer und eine Organisation nicht durch eine neue Technologie geschaffen, sondern durch eine neue Art, mit Hilfe einer bestehenden Technologie ein Produkt/eine Dienstleistung dem Kunden zugänglich zu machen.

Die in den letzten Jahren in Deutschland entwickelten Car-Sharing-Modelle der großen Automobilhersteller sind ein solches Beispiel. Anstatt ein Auto zu kaufen, kann ich als Kunde gegen eine Nutzungsgebühr stundenweise ein Fahrzeug fahren. Dabei muss ich nicht, wie bei Autovermietungen üblich, an bestimmte Abholstationen gehen, sondern kann in meinem Stadtviertel geparkte Autos des Car-Sharing-Modells nutzen. Die Automobilhersteller haben in technischer Hinsicht nichts an ihrem Fahrzeug verändert (Ebene Produkt), sondern ein neues Geschäftsmodell geschaffen, um Wert zu generieren und sich neue Kundengruppen zu erschließen. Durch diese Car-Sharing-Modelle wird es möglich, Einnahmen von Menschen zu generieren, die kein Interesse haben, ein eigenes Auto zu besitzen.

Ein weiteres Beispiel sind die inzwischen sehr bekannten Direktbanken, die damals auf die unerhörte Idee kamen, Bankdienstleistungen ausschließlich über das Internet oder über das Telefon anzubieten. Auch hier wurde ein neues Geschäftsmodell geschaffen, die Produkte selbst waren die gleichen wie bei den Filialbanken. Viele Innovationen stellen eine Kombination dieser Ebenen dar und verknüpfen Produkt, Prozess und Geschäftsmodell.

Fokus auf den Nutzen

Zentral an obiger Definition von Innovation ist der Aspekt Nutzen. Ob etwas Neues Nutzen bringt oder nicht, wird vom Markt und damit dem Kunden oder Nutzer entschieden. Als innovierende Organisation kann ich annehmen, dass etwas Neues Nutzen bringt. Ob dies letztendlich wirklich der Fall ist, entscheidet der Markt – wenn nämlich der Kunde bereit ist, für das neue Angebot Geld auszugeben. Nun gibt es einige methodische Vorgehensweisen wie Design Thinking und Lean Startup, die Teams dabei unterstützen, ihre Annahmen zu fundieren und zu validieren, bevor es an den Markt geht[39].

Arten der Innovation

Neben der Unterteilung in Ebenen ist die Unterscheidung in verschiedene Arten der Innovation für das Verständnis der Definition ebenfalls relevant. Diese Arten beschreiben, wie neu das Neue in der Definition ist.

Nach Davila, Epstein und Shelton lassen sich drei Arten von Innovation unterscheiden (siehe Abbildung): inkrementelle Innovation, semi-radikale (evolutionäre) Innovation und radikale (revolutionäre) Innovation. Als Kriterien dienen dabei die Aspekte Technologie (die Ebene Prozess ist hier mit eingeschlossen) und Geschäftsmodell.

Eine Innovation wird als inkrementell bezeichnet, wenn sie hinsichtlich der Technologie und des Geschäftsmodells sehr nah am Bestehenden ist. Beispiel wäre ein Automobilhersteller, der eine neue Version eines existierenden Modells auf den Markt bringt.

Als semi-radikal wird eine Innovation bezeichnet, wenn diese entweder hinsichtlich der Technologie (oder des Prozesses) oder hinsichtlich des Geschäftsmodells neu ist, mit nur kleinen Veränderungen in der jeweils anderen Achse.

Die Einführung der bereits erwähnten Car-Sharing-Modelle stellt für die Autohersteller eine semi-radikale (vom Geschäftsmodell getriebene) Innovation dar. Die Einführung des Elektromotors ist ebenfalls eine semi-radikale (technologiegetriebene) Innovation.

Radikale Innovationen werden auch als Spielveränderer bezeichnet, da sie normalerweise eine Veränderung des gesamten Marktumfelds nach sich ziehen. Diese Art der Innovation ist, wie Sie sicherlich vermutet haben, am seltensten und am schwierigsten hervorzubringen. Als ein historisches Beispiel nennen Davila, Epstein und Shelton die Einführung der Wegwerfwindeln in den 1970ern. Dabei handelte es sich sowohl um eine neue Technologie, da die Wegwerfwindeln aus einem anderen Material hergestellt wurden als die traditionellen Baumwollwindeln, als auch um ein neues Geschäftsmodell mit weitreichenden Konsequenzen für bestehende Anbieter. Wegwerfwindeln konnte man nun plötzlich im Supermarkt kaufen und dann entsorgen. Dadurch fielen die Geschäftsmodelle rund um Windellieferung und Reinigung weg. Um langfristig überleben zu können, sollten Unternehmen nach allen drei Arten von Innovationen streben. Inkrementelle Innovationen mit geringerem Risiko dienen als Cash-Cow für das bestehende Geschäft. Semiradikale Innovation hilft mittel- und langfristig und die risikoreiche radikale Innovation kann einen immensen Wettbewerbsvorteil für eine gewisse Zeit schaffen.

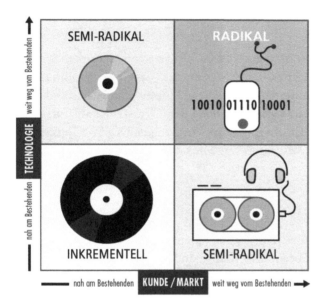

Vier Aspekte, Innovation zu beeinflussen

Ich unterscheide vier große Aspekte innerhalb einer Organisation, um die Innovationskraft eines Unternehmens zu beeinflussen. Diese beeinflussen sich gegenseitig und sind voneinander abhängig.

Person

Eine Organisation besteht aus Menschen. Diese Menschen haben Einstellungen, Denk- und Verhaltensweisen sowie Fähigkeiten und Fertigkeiten. Wie sich Menschen in der Organisation verhalten, beeinflusst die Kultur und findet darin seinen Ausdruck.

Prozesse und Strukturen wiederum haben einen Effekt auf die Verhaltensweisen von Menschen, da diese einen Rahmen bilden, was Menschen dürfen oder nicht dürfen.

Prozess

Innovation kann auch als Prozess verstanden werden. Ein Innovationsprozess führt zu etwas Neuem, das Nutzen bringt und in einen Markt eingeführt werden kann. Dieser Prozess kann implizit oder explizit sein. Die Art und Weise, wie dieser definiert ist oder abläuft, beeinflusst das Ergebnis der Innovationsanstrengungen. Es gilt: Wie eine Organisation innoviert, bestimmt, was eine Organisation innoviert.

Struktur

Die Struktur eines Unternehmens wird durch Selbstorganisation besonders stark beeinflusst und verändert. Die Struktur hat sowohl Einfluss darauf, wie sich Menschen verhalten, als auch, welche Handlungsoptionen sich ihnen bieten. Die Strukturen können auch den Innovationsprozess beeinflussen. So gibt es in vielen Unternehmen einen klassischen Stage-Gate-Prozess der Innovation. Ob eine Idee oder ein Innovationsvorhaben in den nächsten Schritt des Prozesses gelangt, wird dabei meist von einem Entscheidungsgremium bestimmt. Dieses Gremium ist oft mit hierarchisch höher gestellten Personen besetzt. Die Struktur bestimmt hierbei nun erheblich, wie der Prozess verläuft.

Kultur

Die Innovationskultur ist die Art und Weise, wie die Dinge in Hinblick auf Innovation gemacht werden. Sie ist Ausdruck der drei Aspekte Person, Prozess und Struktur, beeinflusst diese jedoch auch wieder.

Selbstorganisation greift besonders stark in den Aspekt der Struktur und Prozesse ein und verändert damit die Menschen im Unternehmen und die Kultur des Unternehmens.

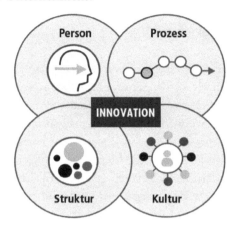

Zwölf strategische Handlungsfelder der Innovation in Unternehmen

Bei creaffective wirkten wir 2014 an der Entstehung des E-Books *Innovationskultur entschlüsselt* unseres amerikanischen Partnerunternehmens New and Improved mit. Diese Publikation betrachtet zwölf strategische Handlungsfelder, um die sich jedes Unternehmen in einer für es sinnvollen Priorisierung kümmern muss, wenn es eine Kultur der kontinuierlichen Innovation erschaffen oder stärken möchte[40].

Diese strategischen Felder wirken auf die vier oben vorgestellten Bereiche, Person, Prozess, Struktur und Kultur eines Unternehmens, ein. Sie sind jedoch noch einmal exakter und eignen sich besser dazu, konkrete Handlungsschritte abzuleiten.

Diese zwölf Handlungsfelder haben wir damals immer unter der Annahme eines pyramidal-hierarchisch organisierten Unternehmens betrachtet. Hier möchte ich nun beleuchten, inwieweit sich Aspekte dieser Handlungsfelder durch Selbstorganisation verändern.

Nachfolgend stelle ich die Handlungsfelder kurz vor, um im späteren Verlauf des Buches wieder darauf zurückkommen zu können.

Training von Fertigkeiten

Innovation und Kreativität kann man lernen. Dazu gibt es spezifisches Wissen, das vermittelt werden kann, und Kompetenzen, die Menschen erwerben können. Erlernbar sind neben bestimmten Arten des Denkens auch sogenannte Denkwerkzeuge und Prozessmodelle der Kreativität und Innovation. Aus strategischer Perspektive betrachtet, kann zum Beispiel auch das Wissen über die hier vorgestellten zwölf Handlungsfelder zu diesen erlernbaren Inhalten gehören. In der Tat beginnen wir bei creaffective unsere Beratungsprojekte oft mit einen Workshop für obere Führungskräfte und die Geschäftsleitung. Dort stellen wir diese Handlungsfelder vor und diskutieren sie.

Für Unternehmen bedeutet dieses Handlungsfeld konkret, dass es kontinuierlicher Kreativitäts- und Innovationstrainings in allen Hierarchieebenen des Unternehmens bedarf, die darauf abzielen, die Fertigkeiten der Organisation im Hinblick auf Kreativität, kreative Zusammenarbeit und Innovation zu stärken.

Verantwortlichkeit & Anerkennung

Innovation ist in jedem Unternehmen ein wichtiges Schlagwort. Man wird kaum ein Unternehmen finden, das Innovation offiziell für irrelevant erklärt. Nicht in allen Unternehmen folgen darauf jedoch auch Handlungen. In einer gelebten Innovationskultur sind alle Mitarbeiter und in hierarchischen Unternehmen besonders Führungskräfte und Manager verantwortlich für innovationsfreundliche Verhaltensweisen. Konkret bedeutet dies, dass Menschen, die neue Ideen bringen, dafür anerkannt werden. Manager bemühen sich um ein Klima der Kreativität. Verantwortlich kann in diesem Fall zum Beispiel bedeuten, dass Innovation auch Teil von Bewertungskriterien oder Zielen für Mitarbeiter ist (sofern es solche überhaupt gibt).

Messbarkeitskriterien

Die Organisation versteht, dass Wert geschaffen wird, sowohl durch inkrementelle Verbesserung als auch durch radikale Innovation. Auf beides wird Wert gelegt und man versucht, beides zu messen. Messen bedeutet in diesem Sinne, dass es im Unternehmen eine bewusste Unterscheidung der verschiedenen Arten von Innovationen gibt. Dies kann auch heißen, dass für alle Arten der Innovation Budgets (in zeitlicher und finanzieller Hinsicht) existieren und eine Diskussion darüber stattfindet, wie viel Energie für welche Art der Innovation aufgewendet werden soll. Allerdings gibt es keine Zauberformel, wie viel Prozent der Ressourcen in welche Art der Innovation fließen sollen.

Radikale Innovationen können ganze Geschäftsmodelle und dazugehörige Unternehmen aus dem Markt drängen. Verschiedene Autoren betonen, dass Unternehmen nicht mit nur einer Art von Innovation überleben können. Inkrementelle Innovation reicht nicht, um langfristig erfolgreich zu sein. Es mit radikaler Innovation allein zu versuchen, ist zu risikoreich und die Gefahr des Scheiterns des gesamten Unternehmens zu hoch. Je radikaler Innovation ist, umso höher ist das Risiko eines Fehlschlags. Daher müssen radikale Innovationsprojekte mit sichereren inkrementellen Projekten ausbalanciert werden. Dieses Handlungsfeld beschreibt diese Balance.

IT-Unterstützung der Innovation

In der heutigen Zeit ist der Austausch von Wissen und Ideen nicht nur wichtig, er kann technisch unterstützt werden. Es gibt computergestützte Kollaborationsplattformen, die es Mitarbeitern (und Kunden) ermöglichen, an Prozessen der Ideenentwicklung und Problemlösung teilzunehmen und alle Ideen und Projekte zu dokumentieren und zu diskutieren. Ein Unternehmen sollte über eine irgendwie geartete Plattform verfügen, die es Mitarbeitern ermöglicht, bestehende Ideen und Suchfelder der Innovation einzusehen und weiterzuentwickeln. Selbst wenn sich alle Mitarbeiter physisch im gleichen Raum oder Gebäude befinden, ist eine Software aus unserer Sicht sinnvoll.

Umfeld

Jeder Raum beeinflusst die Menschen, die sich in ihm aufhalten. Immer mehr Unternehmen erkennen, dass man diesen Faktor gezielt für Innovation nutzen kann, indem bewusst gestaltete Räume und Büros geschaffen werden, die mehr Kreativität und bessere Zusammenarbeit unterstützen. Die Möglichkeiten hierzu sind äußerst vielfältig. Dies kann flexible Raum- und Bürokonzepte bedeuten, die den Menschen je nach Arbeitsinhalt einen anderen Arbeitsstil erlauben. Im Jahr 2016 hat zum Beispiel Microsoft in München eine neue Deutschland-Zentrale eröffnet, in der es vier verschiedene Zonen gibt: *Think Space*, *Share & Discuss Space*, *Converse Space* und *Accomplish Space*[41]. Je nach Aufgabe können sich Mitarbeiter, wenn sie überhaupt ins Büro kommen, einen entsprechenden Space suchen. Vorbei sind damit die Zeiten (zumindest bei Microsoft), in denen es für jeden immer einen festen Platz in einem festen (Großraum-)Büro gab, der für alle Inhalte herhalten musste.

Experimente

Die Krux mit der Innovation ist, dass nicht alle Ideen zum Erfolg führen werden.

Leider wissen wir immer erst hinterher, welche der vielen Optionen gelingt. Um das Risiko zu minimieren und schnell herauszufinden, welche Richtung vielversprechend ist, braucht es die Möglichkeit, schnell und einfach Experimente durchführen zu können. Menschen benötigen also Zeit und Ressourcen, um an einer Idee weiterzuarbeiten. Dabei sind sehr viele Mechanismen denkbar, wie die Mitarbeiter an diese Ressourcen kommen und wer darüber entscheidet.

Fokus

Eine gelebte Innovationskultur lässt sich nicht verordnen oder mit einem einmaligen Workshop installieren. Vielmehr handelt es sich um einen kontinuierlichen und bewusst gesteuerten Prozess. Damit dieser funktionieren kann, bedarf es einer Gruppe im Unternehmen, die dafür verantwortlich ist, eine Kultur der Innovation aktiv zu unterstützen und zu pflegen. In traditionell hierarchischen Firmen müssen Mitglieder des Top-Managements aktiv an dieser Gruppe beteiligt sein, da meist nur Vertreter des Top-Managements den nötigen Einfluss haben, diese Veränderungen zu initiieren und zu begleiten.

Strategie

Unter Strategie wird verstanden, in welchen Bereichen eine Organisation innovativ sein möchte. Auf welche Frage suchen wir neue Ideen? Das beinhaltet einmal die Frage, welche Ebene der Innovation besonders relevant ist. Dann stellt sich die Frage, in welche Richtung die Organisation Innovation anstrebt. Man spricht hier auch von Suchfeldern. So könnten für einen Automobilzulieferer besonders neue Technologien im Fokus sein, vielleicht aber auch ein Suchfeld, das darauf abzielt, von der Autoindustrie unabhängiger zu werden und andere Geschäftsmöglichkeiten zu eröffnen. Daran schließt sich dann die Diskussion an, welche Art der Innovation (inkrementell bis radikal) gesucht wird. Die Strategie kann sehr allgemein gehalten (wir suchen neue Produktideen für unsere Zielmärkte) oder schon sehr konkret sein (wir suchen Möglichkeiten, um den Komfort unserer Produkte zu verbessern).

Innovationssteuerung

Hiermit ist der Innovationsprozess gemeint. Das heißt erst einmal, dass es überhaupt einen irgendwie gearteten Prozess gibt und Kriterien, anhand derer Innovationsideen in diesem Prozess beurteilt werden.

In diesen Prozess können auf nachvollziehbare Art und Weise alle Projekte eingeordnet und ihr Status bestimmt werden (Innovations-Pipeline). Diese Pipeline besteht in den meisten Unternehmen aus einem Stage-Gate-Innovationsprozess. Der Prozess muss für die Art der Innovation und die Ebene der Innovation sinnvoll sein. Im Groben sieht ein Innovationsprozess bei allen Organisationen gleich aus. Ideen werden iterativ gesammelt, bewertet, ausgearbeitet und getestet. Am Anfang des Prozesses sollte es definierte Suchfelder geben, die eine Richtung vorgeben.

Führung

Das Verhalten von Führungskräften ist der Dreh- und Angelpunkt aller Bemühungen.

Für eine gelebte Innovationskultur sind Führungskräfte nötig, deren Handlungen ihre Unterstützung für innovationsfreundliche Aktivitäten demonstrieren. Führung und Menschen mit besonderem Einfluss gibt es wohlgemerkt ja auch in selbstorganisierten Unternehmen.

Exploration

Innovation ist begrenzt effizient und braucht Zeit. Das ist für viele schwer zu verdauen, gibt es doch so viele dringende kurzfristige Dinge im Tagesgeschäft. Exploration bedeutet, dass Mitarbeiter Zeit und Freiheit bekommen, kreative Ideen zu verfolgen, die nicht zu ihren Kernaufgaben gehören. Dieses Feld ist eng verknüpft mit Experimenten. Diese können jedoch auch sehr fokussiert auf definierte Aufgabenfelder sein. Exploration erweitert diese Betrachtung.

Facilitation

Facilitation lässt sich auf Deutsch am besten mit Prozessmoderation übersetzen.

Innovation birgt meist eine Komplexität, die ein einzelner Mensch nicht mehr überschauen kann. Man benötigt das Wissen und die Ideen verschiedener Beteiligter. Für komplexe Fragestellungen ist es daher sinnvoll, diesen Austausch und Kreativprozess der Wissensträger zu strukturieren und methodisch zu unterstützen. Wir nutzen dazu mit unseren Kunden meist das Format eines Innovationsworkshops. Diese Workshops finden unter Leitung eines Prozessmoderators (Facilitator) statt, der eine Gruppe methodisch unterstützt, um zu neuen Lösungen zu kommen. Das Handlungsfeld Facilitation beschäftigt sich mit der Frage, ob es in einem Unternehmen eine Kultur gibt, regelmäßig Workshops mit kompetenten Moderatoren durchzuführen.

12 HANDLUNGSFELDER / VIER ELEMENTE	Person	Prozess	Struktur	Kultur
Fertigkeiten	X			
Umfeld				X
Fokus				X
Exploration				X
Experimente				X
Innovationssteuerung	X			X
Verantwortlichkeit+Anerkennung	X			X
Führung	X			X
IT-Unterstützung		X	X	X
Strategie		X	X	X
Messbarkeitskriterien		X	X	X
Facilitation		X	X	X

Zwölf strategische Handlungsfelder der Innovation in Unternehmen

Denkgerüst zur Beurteilung von Unternehmen

Viele Menschen greifen seit einigen Jahren für bestimmte Innovationsfragestellungen gerne auf sogenannte Canvas (zum Beispiel Business Model Canvas, Value Proposition Canvas) zurück. Analog dazu nutzen wir die zwölf strategischen Handlungsfelder und die vier Aspekte (siehe Abbildung) als ein Gerüst, um über Innovation in einer Organisation zu sprechen.

Neben einem Denkgerüst bietet es auch die Möglichkeit, eine Diagnose des Status Quo vorzunehmen und ein Unternehmen im Hinblick auf die zwölf Handlungsfelder abzuschätzen. Basierend auf dieser Einschätzung kann dann eine Diskussion über zu priorisierende Handlungsfelder und nächste Schritte entstehen.

Wir von creaffective nutzen die Handlungsfelder zu Beginn eines Beratungsprojektes, um gemeinsam mit der Führungsmannschaft eines Unternehmens und basierend auf Beobachtungen, Mitarbeitergesprächen und Umfragen ein erstes Bild des Unternehmens zu bekommen.

4 Fallstudien

In diesem Kapitel werde ich Fallstudien von zwölf selbstorganisierten Unternehmen vorstellen. Bei allen Beispielen versuche ich, sowohl das System der Selbstorganisation zu beschreiben, als auch die Innovationspraktiken im Speziellen. Die einzelnen Fälle können unabhängig voneinander gelesen werden und bauen nicht aufeinander auf. Ich gehe jedoch davon aus, dass Sie Kapitel 2 zum Thema Selbstorganisation gelesen haben. Einige der Begriffe zum Beispiel aus der Holacracy habe ich dort erklärt und werde sie im Folgenden unkommentiert verwenden.

Ich habe versucht, Firmen unterschiedlicher Größen aus verschiedenen Branchen und Ländern zu finden, um zu zeigen, wie Selbstorganisation hier funktioniert, und festzustellen, ob es Unterschiede in den Innovationspraktiken gibt.

Die Mehrheit der Firmen würde man den KMUs zurechnen, sie haben also 50-100 Mitarbeiter. Es gibt jedoch auch zwei Beispiele von Unternehmen mit mehreren Hundert bzw. mehreren Tausend Mitarbeitern. Die Fallbeispiele sind in alphabetischer Reihenfolge gelistet.

1. Fallstudie ARCA

ARCA ist ein amerikanisches Unternehmen, das Produkte im Umfeld von Bargeld herstellt. Dazu gehören Geldzählmaschinen, Scanner sowie Aktien- und Anleihen-Drucker und die dazu nötige Software. Die Produkte des Unternehmens finden sich in Bankfilialen im Einzelhandel und vielen anderen Unternehmen.

ARCA hat im Moment circa 600 Mitarbeiter, verteilt auf Standorte in den USA, Frankreich, Großbritannien und Italien.

Im Jahr 2014 kaufte ARCA mit damals 160 Mitarbeitern das italienische Unternehmen CTS mit damals 300 Mitarbeitern.

ARCA mit nun über 600 Mitarbeitern nutzt Holacracy und ist damit ein Beispiel für ein eher größeres Unternehmen, das Holacracy als System der Selbstorganisation verwendet.

Für diese Fallstudie habe ich mit Dennis Ross und Kevin Joyce gesprochen.

Dennis hat über 25 Jahre Berufserfahrung und leitet die Prozessverbesserung bei ARCA. Er besetzt außerdem Rollen im Bereich der Innovation, der kontinuierlichen Verbesserung und in einem Kreis, der sich um die Wechsel des ERP-Systems kümmert. Darüber hinaus ist er Holacracy-Coach und unterstützt das Unternehmen in verschiedenen Holacracy-Aktivitäten. Er ist seit Tag eins der Einführung von Holacracy in die Implementierung involviert.

Kevin ist hausinterner Jurist und ebenfalls seit Beginn der Holacracy-Einführung beteiligt.

ARCA führte Holacracy im Juli 2014 vor dem Kauf von CTS ein. Das heißt, vor der Übernahme gab es um die 160 Menschen, die mit dem System arbeiteten. Nach der Fusion wurde die Holacracy auf alle 600 Personen der neuen Organisation ausgeweitet.

Es wird deutlich, dass es in den letzten Jahren viele Veränderungen bei ARCA gab und auch nach wie vor ein bedeutender Wandel in der Organisation stattfindet.

Als holakratisches Unternehmen folgt ARCA den Rahmenbedingungen des Systems im Hinblick auf die grundlegende Struktur der

Organisation sowie die Besprechungsformate, die ich in Kapitel 2 vorgestellt habe.

Was war der Auslöser für ARCA, überhaupt Holacracy als System einzuführen? Nach Meinung von Dennis und Kevin waren es vor allem die Grundprinzipen und Regeln der Holacracy, insbesondere die große Klarheit, die verteilte Autorität und die Möglichkeiten der dynamischen Steuerung.

Viele nehmen vielleicht an, dass Holacracy bei der Fusion eine weitere Ebene der Komplexität darstellt. ARCA betrachtete es jedoch als eine besondere Stärke, die einen sehr hilfreichen Rahmen bot, um das gekaufte Unternehmen zu integrieren.

Die Struktur von ARCA

Das Unternehmen ist mit dem holakratischen System als eine globale Einheit organisiert.

Der wichtigsten Kreise orientieren sich an Funktionen wie »Global Operations« und »Global Technology« statt einer regionalen Gliederung. Es gibt jedoch auch einige Kreise, die speziell auf bestimmte Regionen konzentriert sind.

Jeder der zentralen Kreise besteht aus weiteren Unterkreisen und einigen Einzelrollen innerhalb des Kreises.

Von den 600 Mitarbeitern sind circa 200 in der technischen Entwicklung.

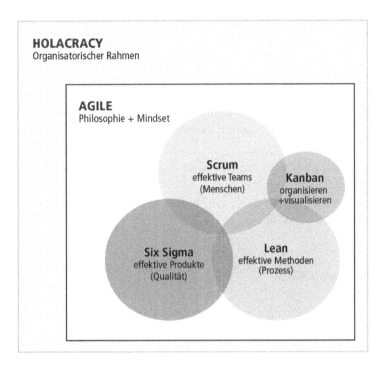

Die Rolle der Innovation

Vor dem Hintergrund der Veränderungen im Bereich der Bezahlsysteme dachte ich mir schon, dass Innovation vermutlich eine wichtige Rolle für ARCA spielt. Und dies ist in der Tat so. »Innovation ist der Kern dieses Unternehmens«, sagt Dennis. Sie ist sehr eng mit zwei (Wandel und Technologie) von ARCAs Kernwerten verknüpft.

Diese lauten:
1. Wir respektieren alle Menschen
2. Wir begrüßen den Wandel
3. Wir schaffen großartige Technologie
4. Wir stellen den Kunden ins Zentrum
5. Wir haben Spaß

ARCA ist zuallererst ein Technologie- und Software-Unternehmen in einem Markt, der von großem Wandel und neuen Technologien geprägt ist. Deshalb steht die Organisation ständig vor der Herausforderung, diesen Wandel mitzugehen und neue Angebote auf den Markt zu bringen.

Innovation konzentriert sich bei ARCA auf die Entwicklung neuer Produkte und die stetige Weiterentwicklung des bestehenden Produktportfolios. Dies umfasst auch das regelmäßige Hinterfragen aller Prozesse.

Selbstorganisation auf beiden Ebenen

In Kapitel 2 habe ich Selbstorganisation auf zwei Ebenen unterschieden: einmal auf der Ebene der Aufbauorganisation, auf die sich dieses Buch vor allem konzentriert, und dann auf der Ebene der Ablauf- oder Projektorganisation.

Die meisten Unternehmen meinen Projektorganisation, wenn sie von Selbstorganisation sprechen, und konzentrieren sich dann auf agile Methodiken wie Scrum.

ARCA ist ein interessantes Beispiel einer Organisation, die sich auf beide Ebenen konzentriert. Das Unternehmen nutzt Holacracy als System der Aufbauorganisation und setzt agile Methodiken für die Hard- und Softwareentwicklung ein.

Laut Dennis ist Holacracy für den Einsatz von Scrum in der Produktentwicklung weder besonders förderlich noch hinderlich. Nach seiner Auffassung sind die beiden komplementär. In der Sprache der Holacracy würde man diese als das organisatorische Betriebssystem bezeichnen und Scrum als eine App, die in diesem System installiert wird.

Ich persönlich denke, dass eine Organisation mit klar definierten Rollen und Verantwortlichkeiten die Nutzung von agilen Methoden in der Projektorganisation vereinfacht.

Neben Scrum nutzt ARCA andere »Apps« für die Produktentwicklung wie Lean und Six Sigma (siehe Abbildung). Alle zusammen bilden ein System mit einander verstärkenden und unterstützenden Elementen.

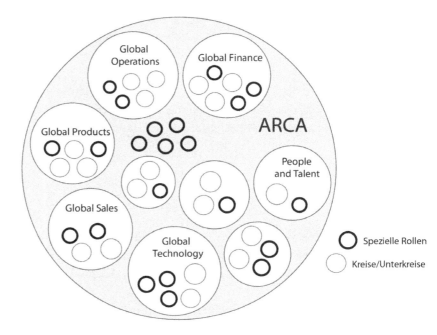

In anderen Fallstudien für dieses Buch hat sich gezeigt, dass die Einführung von agilen Methoden in der Ablauforganisation oft zu dem Wunsch führt, auch in der Aufbauorganisation agiler zu werden.

Deshalb würde Holacracy als System der Organisation diesem Wunsch nachkommen, auch wenn dies insgesamt eine ziemlich große Veränderung wäre – schließlich werden parallel beide Ebenen beeinflusst.

Der Innovationsprozess

Der Fall ARCA ist aus verschiedenen Gründen interessant. Einerseits ist die Innovationssteuerung deutlich komplexer als für viele andere Beispielunternehmen in diesem Buch. Dies hängt aus meiner Sicht mit der Größe der Organisation zusammen sowie mit der Tatsache, dass ARCA sowohl Hardware als auch Software entwickelt.

Andererseits zeigt dieses Beispiel, wie der Innovationsprozess stärker durch die Einführung agiler Methoden der Produktentwicklung verändert wurde und weniger durch eine Veränderung der Aufbauorganisation. Die dezentrale Struktur hat nun jedoch auch Auswirkungen auf den Prozess.

Laut Dennis gab es früher einen deutlich längeren Produktentwicklungszyklus, der sich an einem Stage-Gate-Prozess orientierte. Seit der Einführung von Scrum gibt es kleine Technologieteams, zusammengesetzt aus Rollen verschiedener Kreise. Diese Teams nutzen einen iterativen Entwicklungsprozess.

Durch Holacracy als Organisationssystem ist die Autorität, Entscheidungen zu treffen, jetzt viel weiter »unten« in der Organisation angesiedelt, was große Geschwindigkeitsvorteile hat.

Darüber hinaus gibt es eine Technologiegruppe, welche die Technologieteams koordiniert und Prioritäten setzen kann, um die Aktivitäten abzustimmen.

Diese Gruppe besteht vor allem aus Ingenieuren, die alle in unterschiedlichen Produktteams arbeiten. Neben der Technologiegruppe gibt es eine sogenannte Produktgruppe. Diese Gruppe betrachtet den Markt und bringt Input von außen ein. Dadurch fungiert sie als eine Art Gegenpol und Filter für die Technologiegruppe und darf Prioritäten über die Technologiegruppe setzen. So wird sichergestellt, dass bei Technologieentscheidungen die Marktanforderungen adäquat berücksichtigt werden.

Es gibt auch die Rolle eines Strategiebeirats, der sich im obersten Kreis (holakratisch: General Company Circle) von ARCA befindet. Menschen, die diese Rolle füllen, sind dafür verantwortlich, strategische Entscheidungen danach zu beurteilen, inwieweit diese mit dem allgemeinen Zweck der Organisation übereinstimmen. Sobald Entscheidungen die Tendenz haben, zu weit vom Kurs abzukommen, muss der Beirat gegensteuern.

Der Strategiebeirat wird von Sparringspartnern unterstützt, die aus verschiedenen Rollen unterschiedlicher Kreise bestehen. Diese Sparringspartner sind dabei nicht durch einen holakratischen Beschluss institutionalisiert. Abhängig von der jeweiligen Entscheidung kann eine Person oder eine ganze Gruppe als Sparringspartner fungieren.

Wie neue Ideen entstehen

Jeder bei ARCA kann neue Produktideen vorschlagen. Es gibt eine Policy, wie diese Idee skizziert werden sollte, um diese dann dem Technologiekreis vorzulegen.

Wurde die Idee durch den Technologiekreis befürwortet, wird sie an den Unterkreis weitergeleitet, zu dessen Zweck die Idee passt. Damit gelangt die Idee aus den Händen des Ideengebers in die Hände von Experten, falls der Ideengeber selbst nicht einer dieser Experten ist.

Trotzdem finden kontinuierlich Gespräche und Reviews mit dem Ideengeber statt, auch wenn er die Idee nicht selbst umsetzt.

ARCA hat im Gegensatz zu Google, 3M oder VSE und W.L. Gore (beides Fallstudien in diesem Buch) keine speziellen Programme für das Erkunden und Testen von Ideen.

Es gibt jedoch einen anderen Ansatz, der die holakratische Struktur nutzt und auch von ARCA gewählt wird: Leute können sich für die Schaffung von Rollen einsetzen, die sie füllen möchten, um Ideen voranzutreiben. So gab es zum Beispiel im Marketingteam jemanden mit zwei Doktortiteln in Ingenieurwissenschaften. Er hatte die Idee für einen KI-Algorithmus und wollte an dieser Idee arbeiten. Daher brachte er sich selbst als Kandidat für eine Rolle ins Spiel, die es im erlauben würde, an der Idee zu arbeiten. In seinem Fall wurde eine neue Rolle geschaffen, die er dann auch füllen durfte. Er hätte alternativ auch darum bitten können, eine bereits existierende Rolle zu füllen, um die Idee voranzutreiben.

ARCA hat keine speziellen Trainings für Kreativität und Innovation. Auch besondere Workshopformate zum Generieren und Ausarbeiten von Ideen werden nicht genutzt.

ARCA ist ein interessantes Beispiel für eine größere Organisation mit einer komplexen Historie von Veränderungen und »Altlasten«, die gleichzeitig Selbstorganisation auf der Ebene der Aufbau- und Ablauforganisation eingeführt hat.

2. Fallstudie Financefox

Für diese Fallstudie habe ich Ende 2016 mit Frederik Fleischmann gesprochen, der als Holacracy Implementation Coach beim Startup Financefox tätig war. Financefox ist eine Art App-basierter Versicherungsverwalter und Berater, der alle Versicherungsverträge seiner Kunden verwaltet und optimiert. Das Unternehmen sieht sich als Wegweiser durch die Versicherungswelt und zeigt den Kunden, wo diese aktuell zu viel bezahlen und wo sie bessere Leistungen bekommen können. Dahinter steckt die Erkenntnis, dass viele Deutsche überversichert sind und »falsche« Verträge haben. Hier setzt Financefox an und vereint Versicherungs-Know-How mit digitaler Technologie.

Zum Zeitpunkt unseres Interviews hieß das Unternehmen Financefox, war holakratisch strukturiert und hatte ca. 80 Mitarbeiter.

Während des Schreibprozesses für dieses Buch veränderte sich die Welt jedoch schneller, als das Medium Buch mithalten kann. Financefox heißt nun[42] wefox und ist auch nicht mehr holakratisch organisiert. Über die genauen Hintergründe sind mir leider keine Details bekannt. Diese Fallstudie spiegelt daher den Stand von Ende 2016 wider.

Auf der Website und nach außen sieht man nicht, dass es sich bei Financefox um ein holakratisches Unternehmen handelt. Es werden ganz klassisch Geschäftsführer gelistet.

Financefox trifft eine Unterscheidung zwischen der Außenkommunikation und der Innenkommunikation. Auch die Visitenkarten sind ganz klassisch gestaltet. Das macht das Leben leichter für Mitarbeiter, die nach außen kommunizieren, und ist besonders hilfreich für die Gespräche mit Investoren, die eine eher klassische Unternehmensstruktur gewohnt sind.

Innovation bei Financefox

Laut Frederik ist Innovation für ein Startup wie Financefox überlebensnotwendig und hat höchste Priorität. Innovation bedeutet für Financefox, neue Services und Features zu entwickeln. Darüber hinaus geht es darum, die Dinge, die kürzlich neu gestartet wurden, noch weiter zu verbessern und zu optimieren.

Dies zeigt sich zum Beispiel mit den Objectives and Key Results (OKRs)[43], die für das aktuelle Quartal unter dem Motto: »Back to Basics« stehen. Das bedeutet, die Dinge, die jetzt schon getan und angeboten werden, (technisch) weiter zu verbessern. Aus der Innensicht von Financefox handelt es sich hierbei um eine inkrementelle Innovation. Aus Branchensicht steht Financefox für eine radikale Innovation, da sowohl ein neues Geschäftsmodell als auch eine andere Technologie auf den Versicherungsmarkt angewandt werden. Daher ist auch für die absehbare Zukunft Innovation bei Financefox erst einmal inkrementell – schließlich ist bereits das ganze Startup mit seinem Ansatz für die Branche radikal. Der Fokus liegt nun bewusst erst einmal darauf, diesen an und für sich radikalen Ansatz erfolgreich zu etablieren und noch besser zu machen.

Financefox verfolgt laut Frederik zwei Ebenen der Innovation: Einmal die technologische Innovation mit dem Aufbau der Financefox-Plattform, basierend auf Salesforce, sowie die organisatorische Innovation mit dem Einsatz von Holacracy. Holacracy soll dabei helfen, das Geschäft noch besser erledigen zu können und die interne Organisation flexibel und schnell zu halten.

OKRs als Mittel des strategischen Abgleichs und der Fokussierung

Eine dezidierte Innovationsstrategie gibt es in diesem Sinne bei Financefox nicht. Stattdessen nutzt das Unternehmen das OKR-Vorgehen, um den Fokus für das kommende Quartal zu setzen und einen Orientierungsrahmen vorzugeben. Dies ist laut Frederik im Moment sehr wichtig für das Unternehmen, da die gemeinsame Stoßrichtung in der Vergangenheit etwas ausfranste und zu viele Dinge gleichzeitig vorangetrieben wurden. Für ein Startup ist es jedoch sehr wichtig, die begrenzten Ressourcen möglichst strategisch einzusetzen.

Dazu werden nun unterstützend auch die Lead Links in Holacracy stärker genutzt, um Strategien (im holakratischen[44] Sinne) und Richtungen für die Kreise vorzugeben: »*Damit sind wir ein Stück näher wieder an die klassische Hierarchie rangekommen.*«

Wie lief dieser Strategieprozess konkret ab?

Allen Mitarbeitern wurde die Frage gestellt: »*Worauf sollte sich Financefox im nächsten Quartal fokussieren?*« Darauf kamen 69 Antworten zurück. In einem speziellen Strategiekreis, der die Strategien für den Lead Link vorbereitet, wurden alle Antworten bewertet und geclustert. Das Ergebnis wurde dann an den Lead Link des GCC (General Company Circle) gegeben. Gemeinsam wurden daraus im nächsten Schritt OKRs für das gesamte Unternehmen gebildet. Im Gegensatz zu einem früheren Vorgehen bei Financefox werden diese OKRs nun nicht gesondert auf das Level einzelner Kreise und einzelner Personen heruntergebrochen. Es werden also nicht für jeden Kreis noch einmal Objectives und messbare Key Results definiert. Stattdessen werden auf der Kreisebene Projekte vereinbart. Hier können sich dann die einzelnen Kreise überlegen, was sie beitragen können. Diese Projekte werden dann auf konkrete Meilensteine heruntergebrochen, um die Komplexität zu reduzieren.

Der Umgang mit neuen Ideen

Es klang bereits an, dass das Unternehmen versucht, seine Aktivitäten besser zu koordinieren und anzugleichen. Was passiert nun, wenn jemand neue Ideen hat?

Ähnlich wie andere holakratische Unternehmen, die ich für dieses Buch interviewt habe, werden Ideen bei Financefox vor allem innerhalb existierender Rollen vorangetrieben: »*Es ist wichtig, dass die Leute in ihrer Rolle mutig sind.*«

Laut Frederik hat Financefox im Moment eher das Problem von zu viel Innovation oder zu vielen potenziell spannenden Ideen. Daher gibt es zur Zeit kein Vorgehen, das versucht, neue Ideen zu generieren, sondern es geht stattdessen darum, die Vielzahl an Ideen so zu managen, dass sie für das Unternehmen handhabbar bleiben. Auch hierfür existiert jedoch kein expliziter Prozess, wie aus den vielen Ideen die für das Unternehmen interessantesten herausgefiltert werden.

Wenn also eine Idee innerhalb einer Rolle bearbeitet werden kann, dann obliegt es dem Einzelnen, diese Idee voranzutreiben. Handelt es sich um eine Idee, die innerhalb eines Kreises bearbeitet werden kann, dann kann der Kreis (oder der Lead Link des Kreises) entscheiden, ob Ressourcen in die Idee investiert werden. Auch hierzu existiert kein festes Vorgehen.
Manche Projekte sind kreisübergreifend. Sie werden in einem eigenen Kreis für übergreifende Projekte gebündelt. Um hier zu entscheiden, welche der möglichen Projekte weiter verfolgt werden sollen, wird ein taktisches Meeting abgehalten, auf dem mit einem eigens entwickelten Wahlverfahren darüber abgestimmt wird. In diesem Wahlverfahren gibt es unterschiedlich gewichtete Stimmen, wobei die Stimme des Lead Links besonders starkes Gewicht hat. Der Kreis pflegt eine Top-10-Liste der Projekte. Jedes Projekt auf dieser Liste wird weiter verfolgt. Ein Projekt wird erst von der Liste genommen, wenn es abgeschlossen oder abgebrochen wurde. Für jedes der Projekte auf der Top-10-Liste wird dann im holakratischen System ein eigener Kreis gebildet, dessen Zweck es ist, das Projekt voranzutreiben.
 Financefox versucht gerade, in einem selbstorganisierten System mehr Struktur und Abstimmung einzuführen. Dies ist ja auch in selbstorganisierten Unternehmen ohne Probleme möglich.

Einer der Gründe, weshalb momentan mehr Abgleich erforderlich ist, ist vermutlich die prinzipiell sehr positive Kultur des »einfach Machens« bei Financefox. Der Großteil der Leute denkt laut Frederik sehr unternehmerisch. Diese Denkweise ist der Teil der Kultur, die auch sehr stark von den visionären Gründern geprägt wird.
 Im Unternehmen Financefox werden Versicherungen und ein Startup vereint. Beides sind sehr realitätsnahe Themen. Bei Versicherungen lässt sich exakt errechnen, ob etwas funktioniert. Ein Startup muss schon aufgrund der meist begrenzten finanziellen Mittel sehr genau entscheiden, was in der Realität mit größer Wahrscheinlichkeit Erfolg bringen wird.

Laut Frederik liegen der innovative Charakter des Unternehmens und die vielen Ideen, die die Menschen dort haben, nicht im selbstorganisierten Charakter der Firma begründet. Das holakratische System ist jedoch ein Faktor, der es dem Unternehmen erlauben soll, auch in Zukunft flexibel und innovativ zu bleiben.

Wie ein roter Faden zieht sich durch das Gespräch, dass Financefox zum Zeitpunkt des Interviews wieder stärker in Richtung Hierarchie und Zentralisierung unterwegs ist.

3. Fallstudie Gore

Die meisten Menschen kennen Gore-Tex® als Markenzeichen für wasserdichte Kleidung. Auch der Firmenname W.L. Gore & Associates ist vielen ein Begriff. Die wenigsten wissen jedoch, was das Unternehmen noch alles herstellt und in welchen Bereichen es aktiv ist. Ähnlich wie die Firma 3M ist das amerikanische Unternehmen W.L. Gore & Associates der Allgemeinheit für einige wenige Produkte bekannt, erweist sich aber als wahrer Tausendsassa für verschiedenste forschungsintensive Materialien und Produkte.

Noch weniger bekannt ist vermutlich, wie das Unternehmen intern organisiert ist. Gegründet 1958, ist das Unternehmen mit seinen mehr als 10.000 Mitarbeitern weltweit eines der größten selbstorganisierten Unternehmen überhaupt.

Für diese Fallstudie habe ich mit Birgit Schaldecker gesprochen, die bereits seit mehr als 20 Jahren im Unternehmen arbeitet. Anfangs war sie als Produktmanagerin tätig, in den letzten Jahren arbeitete sie als Front-End-Innovation-Managerin, d.h. sie beschäftigte sich mit der frühen Phase des Innovationsprozesses. Zum Zeitpunkt unseres Interviews war sie im Begriff, das Unternehmen zu verlassen. Sowohl Birgit als auch Gore verändern sich im Moment. Aus ihrer Sicht ist die jetzige Veränderung von Gore notwendig, geht jedoch in eine Richtung, die meine Interviewpartnerin im Moment für sich nicht sieht.

Vier Kernwerte der Zusammenarbeit

Bei Gore gibt es keine hierarchischen Strukturen und disziplinarische Vorgesetzte im klassischen Sinne. Es existieren darüber hinaus auch keine definierten Karriere- und Entwicklungspfade.

Stattdessen gelten vier Kernwerte als Leitlinie der Zusammenarbeit:

Freedom/Freiheit
Jeder darf wachsen und sich entwickeln. Das heißt auch, dass es keine unsichtbaren Glasdecken gibt, die Menschen an der weiteren Entwicklung im Unternehmen hindern. Diese gibt es nach Birgits Erfahrungen

in der Tat in der Unternehmenspraxis nicht. Wie dieser Wert praktisch gelebt wird, zeigt sich an Birgits eigenem Werdegang bei Gore.

Sie wurde damals als Produktspezialistin als Kernrolle eingestellt und besuchte eine Art Traineeprogramm. Im Rahmen dieses Programms gab es Trainings und Handbücher mit Verantwortlichkeiten für Produktspezialisten. Im Gegensatz zu den sehr expliziten Beschreibungen von Verantwortlichkeiten bei Holacracy, sind diese bei Gore eher philosophisch: »*The product specialist is the product mother. He/She decides when it is past the product's lifetime. She/He is responsible for the fitness for use*«.

In der Praxis bedeutet dies zum Beispiel, dass ein Produktspezialist ein bereits angelaufenes Marketing für ein Produkt stoppen kann, wenn das Produkt aus seiner Sicht nicht »fit« genug ist, in dem angestrebten Nutzungsfall zu bestehen.

Grundsätzlich schuf sich Birgit ihre Jobs bei Gore selbst. Nach der Geburt ihres Kindes merkte sie, dass die Rolle des Produktspezialisten zu reiseintensiv war und entschloss sich, etwas anderes zu machen. Dazu suchte sie das Gespräch mit verschiedenen Ansprechpartnern, um zu erkunden, wie die neue Rolle aussehen könnte.

Inzwischen gibt es eine Art internen Stellenmarkt, um diese Umorientierung zu erleichtern.

Commitment/Selbstverpflichtung
Gore setzt auf die Eigenmotivation der Menschen. Jeder Mitarbeiter sollte mit einem höchstmöglichen Maß an eigenem Antrieb leben und arbeiten. Aus diesem Grund gibt es kein Bonussystem, kein Bestrafungssystem und keine Statussymbole, wie etwa besondere Parkplätze für vorgeblich wichtige Leute.

Diese Selbstverpflichtung bedeutet, sich an seinen eigenen Worten zu messen und zu liefern, was man versprochen hat. Es gibt niemanden, der einem sagen wird, was man machen soll oder muss.

Damit gibt es keine fremdbestimmten Ziele. Jeder schreibt seine Ziele selbst fest, nicht etwa der Chef (den es ja im klassischen Sinne auch nicht gibt). Es wird damit auch nicht auf Halde oder Vorrat gearbeitet. Wenn sich bei jemandem die Prioritäten ändern, muss er dies mit anderen Kollegen besprechen.

Fairness
Gore-Mitarbeiter sind fair zueinander und auch zu den Kunden und der Außenwelt. Ähnlich wie bei creaffective gibt es zum Beispiel keine individuellen Preisverhandlungen. Auch verzichtet Gore ganz bewusst auf das »Knechten« von Lieferanten, das leider besonders in Konzernen immer normaler wird. Aufgrund dieses Wertes hat Gore auch lange keine Blockade-Patente geschrieben, die nur angemeldet werden, um dem Wettbewerb eine Richtung provisorisch zu verbauen.

Laut Birgit wird Fairness gerade nach außen immer schwieriger, weil die Geschäftswelt eher »böser« als »besser« wird. Gore setzte bei seinen Kunden immer sehr auf partnerschaftliche Beziehungen. Das interessiert die großen Konzernkunden jedoch nicht. Dort ist man ein Lieferant mit Nummer, der bewusst austauschbar sein soll. Diese Entwicklung hat Gore in den letzten Jahren viele Schwierigkeiten bereitet.

Waterline/Wasserlinie
Die Wasserlinie bemüht die Analogie eines im Wasser liegenden Schiffes. Wenn jemand Löcher unterhalb der Wasserlinie bohren möchte, sollte er mit jemandem sprechen, der sich damit auskennt. Übertragen auf Gore heißt dies, dass Entscheidungen, die das Potenzial haben, das Unternehmen in Schwierigkeiten zu bringen, vorher mit Kollegen besprochen werden sollten, die sich in dem Thema auskennen.

Gleichzeitig wird man laut Birgit ermutigt, Löcher zu bohren, das heißt, durchaus unternehmerisches Risiko zu übernehmen.

Es ist nicht genau definiert, was eine Wasserlinie darstellt oder nach welchen Kriterien diese erreicht ist. Die Wasserlinie ist für jeden anders und verändert sich je nach Kompetenz. Für den Gründer Bob Gore ist sie höher (oder niedriger, um im Bild zu bleiben) als für viele andere. Gleichzeitig ist es jedoch auch so, dass sie für alle gleich sein sollte.

Birgit bringt das Beispiel eines Werkstudenten, der im Rahmen seiner Tätigkeit Entscheidungen trifft. Hier ist die Grenze, an der das Bohren unter der Wasserlinie beginnt, schneller erreicht als bei einem Mitarbeiter, der seit 15 Jahren dabei ist. Dadurch, dass die Wasserlinie aber auch für alle gleich sein sollte und nicht wirklich definiert ist, werden Einzelentscheidungen in der Praxis oft erschwert.

Von der Idee her lebt Gore eine kompetenzorientierte Kultur. Die Diskussion sollte sich daher an Kompetenzen statt etwa an Hierarchiestufen orientieren.

Veränderung hin zu mehr Strukturen

Entscheidungsfindung im Unternehmen erfolgt im Moment eher konsensorientiert, mit all den Konsequenzen, die ich bereits in diesem Buch beschrieben habe. Diese Konsensorientierung führt dazu, dass Abstimmungen langsam und oft auch mühevoll sind. Idealerweise würde es einen *Advice Process* geben, wie ihn Frederic Laloux beschrieben hat. Dabei werden die Leute konsultiert, die von einer Entscheidung betroffen sind, sowie solche, deren Expertise nützlich ist. Die eigentliche Entscheidung jedoch wird von der jeweils verantwortlichen Person getroffen.

Zur jetzigen Entwicklung beigetragen hat auch die Veränderung von Größe und Komplexität des Unternehmens. Früher gab es vor allem kleine Teams, die auch bewusst geteilt wurden, um eine bestimmte Größe nicht zu überschreiten. Nun ist das Unternehmen mit über 10.000 Mitarbeitern sehr groß und global organisiert. Dadurch bilden sich fast automatisch informelle Hierarchien aus, da nur wenige Menschen im Unternehmen den globalen Rahmen überblicken. Diese Leute werden dann von allen gefragt. Das führt laut Birgit dazu, dass die Leute nun zu vielen Themen angehört werden wollen.

Da das amerikanische Wort in einer amerikanischen Firma häufig mehr Gewicht hat als das europäische, führt dies zu vielen langen Diskussionen – lang auch deshalb, weil die offizielle Hierarchie noch unklar ist, die eine Diskussion durch ein Machtwort beenden könnte.

Gore ist jetzt dabei, behutsam eine Hierarchie einzuführen und nicht-konsensorientierte Entscheidungen zu fördern. Dies ist nach Birgits Empfinden absolut notwendig, da das Unternehmen für seine Größe und Komplexität eher zu wenig Struktur hatte und mehr explizite Strukturen benötigt.

Wohin die Reise für Gore geht, wird sich in den nächsten Jahren zeigen. Grundsätzlich entwickelte das Unternehmen seine Führungskräfte selbst. Es gab wenige Menschen, die aus gehobenen Positionen aus hierarchischen Unternehmen zu Gore kamen, weil sie sich auf ausgeschriebene Rollen bewarben. Die Gründe darin sind wohl auf beiden Seiten zu suchen. Für Neuankömmlinge ist Gore eine Herausforderung, weil sie zu Beginn erst einmal keine Rolle haben. Führung entwickelt sich bei Gore dadurch, dass Mitarbeiter einem Menschen auf natürliche Weise folgen, nicht dadurch, dass es in einem Organigramm steht.

Im Moment gibt es drei Arten von »Leader«: Funktionale Leader (zum Beispiel aus der Forschung und Entwicklung), geografische Leader, die für bestimmte Regionen zuständig sind und Business Leader, die für Geschäftsbereiche zuständig sind.

Daraus entwickeln sich Matrix-Beziehungen. Idealerweise sollten immer zwei Leute zusammenkommen, um eine Entscheidung zu treffen. Wenn Gore also ein Feuerwehrprodukt in Italien einführen möchte, dann müssen die relevanten Personen aus den drei Bereichen dies entscheiden.

Innovation bei Gore – Haltung wichtiger als Methodik

Für ein Unternehmen, das sehr stark von Forschung und Entwicklung getrieben wird, ist Innovation sehr wichtig.

Sobald eine Idee/ein Projekt offiziell zur Umsetzung ausgewählt und mit Ressourcen ausgestattet wurde, verläuft der Innovationsprozess ganz klassisch und lehrbuchmäßig in Form eines Stage-Gate-Prozesses ab. Hier unterscheidet sich Gore nicht von einem zentral organisierten Unternehmen.

Wie in solchen Prozessen üblich, sitzen mehrere Leader in einem Entscheidungsgremium und betrachten die verschiedenen Optionen. Anders als in vielen anderen Unternehmen sind diese Reviews geprägt von einer Atmosphäre, in der die Egos der Leute sehr zurückgenommen sind und es wirklich um die Sache und die Qualität der Lösung geht.

Die Entscheidung für den Abbruch eines Projektes muss nicht in einer Gremiumsbesprechung getroffen werden. Die Projektteams bei Gore werden angehalten, selbst einen Stopp vorzuschlagen, wenn dies sinnvoll erscheint. Es gibt keinen Erfolgszwang, im Gegenteil: »If you fail, fail fast«. Ein schnelles Einstellen der Aktivitäten wird als positiv angesehen und honoriert.

Im Gegensatz zu vielen anderen Organisationen können die Menschen bei Gore tatsächlich eine Haltung annehmen und bewahren, die Innovation begünstigt. Die Methodik ist dabei zweitrangig. In vielen Firmen ist es genau umgekehrt: Es geht vor allem um die Methodik. Wichtig ist, welcher Prozess und welche Technik zum Einsatz kommen. Durch die teilweise fehlende innovative Grundeinstellung funktioniert dann auch oft die Methodik nicht! Besonders bei Menschen in einer Führungsrolle wird die Messlatte im Hinblick auf Persönlichkeit und Haltung hoch gelegt. Wenn jemand diese Anforderungen nicht erfüllt, wird dies von anderen auch sehr zum Ausdruck gebracht.

Um es mit den Worten von Birgit auszudrücken: »*Man kann alles missbrauchen oder zur Blüte bringen. Ist da jemand von niederen Trieben geplagt oder kann er/sie das Ego eher außen vorlassen? Bei Gore arbeiten en gros hochentwickelte reflektierte Persönlichkeiten. Dadurch, dass es keine Machtstrukturen gibt, ist das ganz wichtig. Der Leader hat eigentlich den anspruchsvolleren Job, weil er die Leute motivieren muss. Ein Experte kann die gleiche Stellung innehaben, allerdings ohne Personalverantwortung. Er bekommt deshalb auch kein geringeres Gehalt oder ein schlechteres Firmenauto*«.

Eine Leader-Rolle ist bei Gore eine Rolle, die nach den Talenten einer Person vergeben wird. So ist die Geschäftsführerin von Gore Deutschland eine Personalleiterin mit Geschäftsführer-Verantwortung. Das heißt, die rechtliche Position des Geschäftsführers ist nicht gleichzeitig mit einer hierarchischen Funktion verknüpft.

Front-End-Innovation als Stärke von Gore

Die meisten Innovationsprozesse in Unternehmen konzentrieren sich auf die Phase, in der es bereits eine Idee/eine Lösung gibt und man schon etwas entscheiden kann. Die Idee an sich wird dabei gerne als gegeben hingenommen.

Spannend wird es, wenn man vor diese Phase schaut und betrachtet, wie diese neuen Ideen entstehen. Hier haben laut Birgit die meisten Firmen vergleichbarer Größe die größten Herausforderungen. Sie sind nicht in der Lage, aus sich heraus wirklich Neues hervorzubringen. Das hat sowohl mit der Kultur als auch mit den Strukturen und Prozessen zu tun. Die Autoren des Buches *Making Innovation Work*[45] schreiben sehr schön einen Satz, der dieses Dilemma zum Ausdruck bringt: »*How you innovate is what you innovate*«. In großen etablierten Unternehmen entsteht häufig eine Gemengelage aus komplexen Strukturen, zu vielen und zu strikten Prozessen, deren ursprünglicher Sinn bereits verloren gegangen ist, gepaart mit einer Effizienz- und Machbarkeitskultur. Diese Mischung bietet dem Neuen keinen guten Nährboden.

Die vermeintliche Lösung besteht für viele der Kolosse dann darin, sich andere Unternehmen zu kaufen und die spannenden Teile herauszupicken. In Deutschland kann man im Moment eine wahre Blüte an Startup-Inkubatoren und Acceleratoren großer Unternehmen erleben, die dadurch zu mehr Innovation gelangen möchten.

Laut Birgit gibt es wenige Unternehmen mit einer Größe von W.L. Gore & Associates, die vor allem aus sich heraus wirklich Neues schaffen und damit Erfolg haben. Gore ist eines davon.

Das liegt vor allem daran, dass es keine innovationsfreundliche Kultur gibt: »*Man muss ein menschlich sehr hochwertiges Umfeld haben, damit Querdenker und Kreative wirklich sein können und dürfen. Man muss ein Umfeld schaffen, wo die Begegnungsqualität sehr hoch ist! Eine Idee ist superfragil. Es ist sehr leicht, eine Idee zu zerstören. Es gibt bei Gore daher eine hohe Sensibilisierung für die Fragilität von Ideen und Menschen, die Ideen haben.*«

Eine Begleiterscheinung wirklicher, hochsensibler Querdenker ist auch, dass diese schnell verletzt oder beleidigt sind und ihre Kreativität dadurch stark nachlässt. Obwohl die traditionellen Unternehmen auf Konferenzen und im Rahmen von Sonntagsreden nach Querdenkern rufen, verlassen diese solche Unternehmen meist schnell wieder bzw. fühlen sich gar nicht erst von ihnen angezogen. Gore schafft es durch einen bewussten Umgang untereinander, dass dieses Problem dort kaum auftritt. Diesen kulturellen Vorteil kann man nicht durch Methodiken ersetzen oder ausgleichen und auch nicht einfach kopieren. Gleichzeitig muss Gore im Zuge der nun stärkeren Strukturierung des Unternehmens sehr gut aufpassen, diesen Vorteil nicht zu zerstören.

Ausprobieren als Prinzip

Bei Gore gibt es das Prinzip des »dabbling«, das man mit Ausprobieren übersetzen könnte.

Jeder technische Mitarbeiter kann bis zu drei Monate lang 30% seiner Zeit etwas machen, etwas ausprobieren, ohne sich dafür rechtfertigen zu müssen. Jeder Forscher kann also in dieser Zeit machen, was er für erfolgversprechend hält[46].

Im Prinzip soll dieses Ausprobieren ganz frei sein. Zum Beispiel hatte jemand die Idee, Zahnseide um Gitarrensaiten wickeln, um dadurch bessere Klang- und Spieleigenschaften zu erzeugen. Daraus entstand dann ein eigener Geschäftsbereich für die »Elixir«-Gitarrensaiten. Diese Freiheit ist auch heute noch in der Praxis vorhanden. Allerdings ist das freie Ausprobieren nicht mehr so stark verbreitet wie noch vor einigen Jahren: »*Es haben sich vor allem die Begegnungsqualität und die zeitlichen Möglichkeiten verändert, man ist nicht mehr ganz so aufgeschlossen für die häufig schwer zu erfassenden frühen Versuchsmaterialien. Viele Prototyper, mit denen ich gearbeitet habe, sind frustriert oder weg, weil es weniger Wertschätzung und Offenheit gibt.*«

Für Birgit liegt dies vor allem an den jetzt stattfindenden notwendigen Effizienzbewegungen bei Gore. Man kann sich einfach nicht mehr die Zeit nehmen, über diese fragilen, häufig divergierenden Ideen zu sprechen. Die Leader sind nicht mehr so entspannt und aufgeräumt und oft auch gar nicht vor Ort. Stress, Hektik und Virtualität führen dazu, dass Menschen nicht mehr so offen sind und damit eine Idee leichter zerstören: »*Die Herzensbegegnungen werden weniger möglich.*«

Gefahr durch zu viel Wachstum

Ich habe vor einiger Zeit einmal den Satz gelesen, dass Wachstumsphasen die gefährlichsten Phasen für Unternehmen sind und die meisten Firmen in einer Wachstumsphase bankrott gehen, nicht danach.

Birgit bestätigt: Der Auswahl- und Schulungsprozess für Mitarbeiter hat aufgrund des teils sehr rasanten und so gewollten Wachstums gelitten. Weil schnell Leute gebraucht wurden, hat man eben auch einmal jemanden eingestellt, der mit seiner Persönlichkeit, seiner Haltung und seinem Verhalten den früheren Prozess nicht überstanden hätte. Das merkt man nun besonders, wenn diese Menschen in eine verantwortungsvolle Position gelangen. Dann multipliziert sich dieser negative Effekt schneller.

Wie äußert sich das?

Es zeigt sich zum Beispiel darin, dass diese Leader das Prinzip des Ausprobierens nicht richtig verstehen. Jetzt wird manchmal gefragt, was denn beim Ausprobieren erreicht wurde. Man möchte schnell messbare Ergebnisse sehen. Dies führt dazu, dass die Menschen nun kleinere Brötchen backen, weil es dafür eher Anerkennung gibt. Die erzielten Innovationen werden mehr und mehr derivativ, für wirklich Neues ist keine Zeit.

Lean Startup als Lachnummer

Ein weiteres Beispiel, wozu die Effizienzkultur führt, ist der fast stupide Einsatz von Methodiken. Heute wird in die eine Richtung gerannt und morgen in die andere. Zur Zeit lautet das Schlagwort Lean Startup. Ähnlich wie das Design Thinking wird Lean Startup[47] als DIE Innovationsmethodik schlechthin durch die Firmen gereicht.

Zumindest so, wie Lean Startup nun auch bei Gore umgesetzt wird, hält Birgit es nicht für sinnvoll: »*Da gehen dann Leute an die Bushaltestelle und interviewen Menschen zu Fragen, von denen die keine Ahnung haben. Hauptsache, es geht schnell und die Antworten eignen sich zu quantitativen Ja/Nein-Entscheidungen. Die Methode wird zum Allzweckwerkzeug und die Haltung dahinter geht verloren. Für mich geht es doch darum, fein zusammengestellte Leute zu finden und eine hohe Begegnungsqualität zu schaffen, um wirkliche »Insights« zu generieren, Erkenntnisse, die dazu da sind, um wirklich Neues zu denken. Lean Startup ist mir zu oberflächlich, wie Fastfood. Da kommt zu wenig Tiefe und Qualität raus, zumindest so, wie es im Moment umgesetzt wird. Viele Leute können das leider gar nicht beurteilen und springen auf den Zug auf.«*

Innovationsworkshops waren die Regel

Bei Gore gibt es immer noch viele Ideenworkshops. Wenn ein Erfinder Ideen hat, dann lassen sich diese gut in einem Workshop bearbeiten. Birgit hat in ihrer Tätigkeit viele solcher Workshops organisiert und durchgeführt. Es gelang ihr, die richtigen Personen zu motivieren, um eine gute Mischung aus relevanten Leuten und eine produktive und hilfreiche Atmosphäre in einem Workshop zu schaffen. Jeder Teilnehmer kann immer freiwillig entscheiden, ob er wirklich Lust auf den Workshop hat. Man muss ja niemanden um Erlaubnis fragen.

Diese Art der Workshops nimmt ab. Durch die Kosten- und Effizienzmaßnahmen wird es schwieriger, zum Beispiel Wissensträger einzufliegen.

Gore befindet sich im Moment also auf einer für das Unternehmen sehr wichtigen und gefährlichen Gratwanderung: Einerseits sind mehr Effizienz und Optimierung bei der jetzigen Größe des Unternehmens notwendig. Andererseits gefährden die mit der Effizienz einhergehenden Begleiterscheinungen die besondere Innovationskultur bei Gore und damit die Grundlage für den bisherigen Erfolg. Birgit betrachtet die aktuellen Entwicklungen als eine Pendelbewegung. Im Moment schlägt das Pendel für Gore-Verhältnisse stark in Richtung Effizienz und Optimierung aus, was laut Birgit für das Unternehmen zum jetzigen Zeitpunkt auch wichtig ist. Sie hat jedoch Zutrauen in die Gore-Kultur und hofft, dass sie sich in zwei bis drei Jahren richtig eingependelt haben wird.

4. Fallstudie Lunar Logic

Für diese Fallstudie habe ich mit Pawel Brodzinski, dem CEO von Lunar Logic, gesprochen.

Lunar Logic ist eine polnische Firma für Softwareentwicklung, die aus 25 Personen besteht. Das Unternehmen nutzt ein selbstentwickeltes, sehr informelles Modell der Selbstorganisation. Interessanterweise beschloss das Unternehmen vor einiger Zeit, nicht mehr zu wachsen. Für diese Entscheidung gab es verschiedene Gründe und Motive. Einige Kollegen schätzten die Atmosphäre von Lunar Logic und wollten diese nicht durch Wachstum zerstören. Andere waren der Auffassung, dass die positive Unternehmenskultur in einer größeren Organisation nicht mehr in dieser Form bestehen könnte, und einige Mitarbeiter mochten das Büro von Lunar Logic, das für ein größeres Unternehmen nicht ausreichend gewesen wäre.

Außerdem ist der kulturelle Wandel, den das Unternehmen durchläuft, in einer überschaubaren Gruppe einfacher als in einer größeren Organisation. So stand am Ende die kollektive Entscheidung, nicht mehr zu wachsen.

Pawel wurde stark durch die Berichte über selbstorganisierte Firmen inspiriert, wie sie in Lalouxs Buch *Reinventing Organizations* beschrieben sind. Gleichzeitig glaubt er nicht, dass Teal-Unternehmen (die sich durch Selbstorganisation, Ganzheitlichkeit und einen evolutionären Zweck auszeichnen) die Zukunft sind. Er hält diese Art der Organisation vielmehr für eine Nische – eine Nische, für die Lunar Logic sehr dankbar ist und in der das Unternehmen sich gerne befindet.

Warum wird Teal sich nicht als Modell für die breite Masse der Unternehmen etablieren? Für Pawel liegt das an der Art, wie unsere Gesellschaften organisiert sind: Wir sind alle in einem hierarchischen Gefüge sozialisiert worden und akzeptieren das hierarchische Modell von Organisationen.

Wenn die Menschen die Schule verlassen, sind sie an dieses Modell gewöhnt und erkennen es als die Art und Weise an, Gruppen zu strukturieren. Wir alle sind für einen Großteil unseres Lebens diesem Muster ausgesetzt.

Für Pawel steht im Kern dieses Managementmusters die hierarchische Beziehung zwischen Vorgesetzten und Untergebenen.

Mit allen anderen Modellen haben die Menschen einfach wenig Erfahrung. Für die meisten Organisationen sind diese Alternativen schwer zu nutzen, stellen sie vor Herausforderungen und erfordern viel Veränderung. Damit dieser Wandel erfolgreich verläuft, braucht es große Anstrengung und Fokus über einen langen Zeitraum.

Aus diesem Grund, glaubt Pawel, werden besonders die großen Organisationen beim »alten« hierarchischen Modell bleiben oder nach einigen Experimenten dorthin zurückkehren.

Wie trifft Lunar Logic Entscheidungen?

Das Unternehmen nutzt eine Methode des konsultativen Fallentscheids ähnlich dem Modell der niederländischen Organisation Buurtzorg, beschrieben in *Reinventing Organizations*.

Innerhalb bestehender Grenzen (zum Beispiel dem Gesamtbudget) darf jeder jede Entscheidung treffen, allerdings unter der Bedingung, dass 1. Kollegen mit Expertise und 2. von der Entscheidung Betroffene befragt werden.

Das bedeutet nicht, dass Menschen versuchen müssen, die anderen ins Boot zu holen oder Zustimmung zu erhalten. Man kann also auch gegen die Mehrheit der Kollegen entscheiden. Dieses Vorgehen bildet den Rahmen, wie über Entscheidungen nachgedacht und diese letztendlich getroffen werden können.

Der Umfang dieser Art der Entscheidungsfindung hat sich im Laufe der Zeit stark ausgeweitet. Am Anfang konnten Kollegen lediglich über Elemente von Produkteigenschaften entscheiden oder die Frage, in welchem Projekt und in wie vielen Projekten sie mitarbeiten möchten. Das Leitkriterium lautete hier: Optimiere auf Kundenzufriedenheit.

Später durften die Mitarbeiter bei Lunar Logic zuerst über kleinere Ausgaben entscheiden, dann über größere Investitionen. Diese Entwicklung fand nun ihren Höhepunkt darin, dass jeder eigenständig über sein Gehalt entscheiden darf und die Strategie der Firma verändern könnte. Das heißt, es gibt nun so gut wie keine Beschränkungen mehr und jeder kann in der Tat zu allem eine Entscheidung treffen.

Autonomie führt zu Motivation

Die Prozesse und die Struktur von Lunar Logic geben jedem in der Organisation große Autonomie. Daniel Pinks Denken folgend, sieht Pawel Autonomie als einen zentralen Treiber, um Engagement in Organisationen zu schaffen. Darüber hinaus ist es wichtig, dass es einen Zweck/Grund gibt, warum jemand täglich Zeit in einer Organisation verbringt. Es braucht außerdem die Möglichkeit, qualitativ hochwertige Ergebnisse in der Arbeit schaffen zu können. Menschen streben nach Könnerschaft in für sie interessanten Bereichen.

Entschließt sich ein Unternehmen, diesen Schritt zu wagen und wirklich so viel Autonomie zu gewähren, sieht es sich zwei Herausforderungen gegenüber:

- Personen, die bisher in einer Machtposition waren, können nur schwer loslassen.
- Unerfahrene Kollegen machen Fehler und treffen schlechte Entscheidungen. Wenn die Autonomie ernst gemeint ist, gibt es niemanden, der dagegen ein Veto einlegen könnte.

Rückblickend betrachtet, haben Kollegen Entscheidungen getroffen, die Pawel für schlecht hält. Für ihn war es damals schmerzlich zu sehen, dass diese trotzdem getroffen wurden.

Allerdings war es keine Option, wieder in die alten Machtmuster zurückzufallen, nur um diese schlechten Entscheidungen zu verhindern. Man musste konsistent bleiben und sicherstellen, dass die Menschen lernen und sich verbessern.

Interessanterweise ist das Organisationsmodell von Lunar Logic nun zu einem Verkaufsfaktor geworden und ein Grund, warum viele der Kunden mit dem Unternehmen zusammenarbeiten.

Selbstorganisation im gesamten Unternehmen

Viele »agile« Softwareunternehmen experimentieren mit Selbstorganisation auf dem Level einzelner Teams. Auf dieser Ebene hat Selbstorganisation allerdings eine nur begrenzte Wirkung.

Um eine größere Wirkung zu erzielen, muss Selbstorganisation nach Pawels Meinung skaliert werden. Je größer diese Skalierung ist, umso größer wird die Wirkung. Dies verlangt erstens verteilte Autorität und zweitens Zugang zu relevanten Informationen, damit vernünftige Entscheidungen getroffen werden können. Aus diesem Grund ist Transparenz ein zentrales Element der Selbstorganisation. Ohne gute Informationen und Zugang zu diesen werden Menschen schlechte Entscheidungen treffen. Transparenz braucht jedoch immer auch Autorität, damit Menschen am Ende auch handeln können.

Darüber hinaus müssen Menschen üben und ab und zu auch scheitern!

Wie betreibt Lunar Logic Innovation?

Als Unternehmen, das hauptsächlich im Kundenauftrag Projekte durchführt, ist der Einfluss von Lunar Logic auf die Gestaltung der Produkte des Kunden begrenzt. Momentan entwickelt sich das Unternehmen zu einem Beratungsunternehmen für die Produktentwicklung.

Felder der Innovation sind das eigene Organisationsmodell und Technologien, die für Kundenprojekte genutzt werden. Aufgrund der Autonomie, über die jeder Mitarbeiter verfügt, können die Menschen Neues ausprobieren.

Zum Zeitpunkt des Interviews war Lunar Logic zum Beispiel dabei, ein halbkommerzielles Projekt in Bezug auf die Technologie durchzuführen, die im Projekt zum Einsatz kommt.

Anstelle der typischen Lösung (Ruby on Rails und Javascript) kam eine alternative Möglichkeit zum Einsatz (Elixier und Phoenix). Die Entwickler waren der Auffassung, dass eine andere Programmiersprache vermutlich das nächste große Ding werden könnte. Nach einer internen Diskussion ging das Unternehmen offen auf den Kunden zu und schlug ein halbkommerzielles Projekt vor: Lunar Logic möchte damit etwas

Umsatz generieren und gleichzeitig mit der Technologie experimentieren. Der Kunde zeigte sich offen für dieses Vorgehen.

Daraufhin beurteilten und besprachen die Entwickler, wie viel Zeit und Geld (in Form verlorener Einnahmen aus anderen Projekten) Lunar Logic investieren könnte. Dieses Projekt erlaubt es der Organisation nun, eine neue Technologie zu erlernen und Experimente in einem kommerziellen Umfeld durchzuführen. Es stellte sich heraus, dass das Setup sehr gut funktioniert. Darüber hinaus kann ein Teil des Projektes nun genutzt werden, um ein MVP (Minimum Viable Product) für ein neues Produkt zu erstellen.

Man sollte also nicht nach Konsens streben, wenn es darum geht, Entscheidungen zu treffen. Am Ende gibt es immer eine Person, die entscheiden muss. Allerdings müssen die Menschen den konsultativen Prozess nutzen, was nicht bedeutet, einer Meinung sein zu müssen. Man kann auch gegen die Mehrheit entscheiden.

Eine Schlüsselerkenntnis bei Lunar Logic ist, dass die Selbstorganisation des Unternehmens sehr wahrscheinlich zu höherer Innovationskraft führt.

Die Kreativitätsforscherin Teresa Amabile hat in ihrer Arbeit gezeigt, dass engagierte und motivierte Menschen ein wesentlicher Antrieb für Innovation sind. Sie wies außerdem nach, dass der Schlüssel für das Engagement der Menschen die Frage ist, ob diese an für sie relevanten Themen Fortschritte erzielen können. Lunar Logic stellt das auf sehr schöne Weise sicher.

Ist Lunar Logic ein Modell für andere?

Pawel ist der Auffassung, dass das Modell seines Unternehmens gut bei anderen kleinen Unternehmen funktionieren kann. Es wird jedoch mit ziemlicher Sicherheit in großen Organisationen scheitern, weil zu viele Dinge offen und ohne Einschränkung gelassen werden. Das Modell ist nach wie vor einer Evolution unterworfen: Dinge, die funktionieren, werden beibehalten. Was nicht funktioniert, wird verworfen.

Kodifizierte Systeme der Selbstorganisation wie Holacracy geben Rollen eine explizit definierte Einflusssphäre mit expliziter Autorität und bewussten Grenzen. Lunar Logic funktioniert umgekehrt: Es gibt erst einmal keine Einschränkungen und die Menschen finden die Grenzen im Prozess heraus. Dieses System funktioniert gut mit einer kleinen Gruppe und Pawels Führungsstil. Das Vorgehen skaliert jedoch schlecht, weil es zu informell ist.

Sowohl formelle als auch informelle Systeme geben Menschen wirkliche Autorität. Die Holacracy ist formell mit Grenzen für jede Rolle. Lunar Logic hat so gut wie keine Grenzen. Die Ausbildung von Regeln, die dann für alle gelten, findet ebenfalls auf selbstorganisiertem Wege statt.

5. Fallstudie Matt Black Systems

Matt Black Systems (MBS) ist ein britisches Unternehmen aus der Flugzeugindustrie, das Paneele, Tastaturen, Schalter und ähnliches herstellt.

Die Firma besteht zum Zeitpunkt des Interviews aus neun Mitarbeitern. Vor einigen Jahren waren es noch über 30. Obwohl die Anzahl der Mitarbeiter gesunken ist, ist die Produktivität im gleichen Zeitraum um über 300 Prozent gestiegen.

Die Umsätze mit neun Mitarbeitern sind nun höher als früher mit 30. Vor seiner großen Transformation wurde MBS von seinen Kunden regelmäßig als mangelhafter Lieferant bewertet. Nun erhält das Unternehmen Auszeichnungen und Bestnoten.

Für diese Fallstudie sprach ich mit Julian Wilson, einem der Eigentümer von MBS oder »Vermieter«, wie er sich selbst nennen würde. Seine Sichtweise und Praktiken im Hinblick auf Selbstorganisation gehören sicherlich zu den radikaleren unter den in diesem Buch vorgestellten.

Die Arbeit mit Julian für dieses Buch war von allen Fallstudien definitiv am intensivsten. Er war sehr großzügig mit seiner Zeit und seiner Bereitschaft, detaillierte Einblicke zu gewähren.

Damit diese Fallstudie nicht zu sehr aus dem Rahmen fällt, habe ich sie stark gekürzt, obwohl mir bewusst ist, dass damit nicht alle Fragen beantwortet werden, die mancher Leser haben dürfte. Trotzdem ist es die mit Abstand längste Fallstudie.

Ich habe über verschiedene Quellen von MBS erfahren. Eine davon ist ein schöner Artikel auf dem *Corporate Rebels*-Blog[48]. Ich empfehle den Artikel, um eine andere Perspektive und weitere Informationen zu MBS, seiner Geschichte und seinem System der Selbstorganisation zu erhalten.

Historie: Bewusste Anomalien

Das Unternehmen wurde 1971 von Julians Vater gegründet. Im Jahr 2002 steckte es in einer tiefen Krise. Von Kunden als miserabel bewertet, waren die Produktivität niedrig und die Liefertreue gering.

Zu dieser Zeit brachte Julian Andrew an Bord, einen ehemaligen kaufmännischen Direktor in einem großen internationalen Unternehmen. Er ist nun Miteigentümer von MBS.

Julian war der Ansicht, dass Andrew ein positiver Einfluss auf sein strauchelndes Unternehmen sein könnte. Nachdem er mehrere Jahre vergeblich versuchte, Produktivität und Liefertreue zu verbessern, hoffte Julian, dass Andrews Fähigkeiten systematisch einen professionellen Wandel herbeiführen könnten.

Gleich zu Beginn legten die beiden fest, was »Erfolg« bedeutet. Zusammen einigten sie sich auf vier einfache Kriterien, die auf englisch mit QDP&C abgekürzt werden.

- Q steht für Qualität (ausgedrückt in Kundenreklamationen)
- D für Delivery, also Liefertreue (pünktlich und vollständig)
- P für Profit (Rendite auf investiertes Kapital)
- C für Compliance (Einhaltung von rechtlichen, regulatorischen und vertraglichen Vorgaben)

Diese vier Schlüsselkriterien haben auch heute (2017) noch Gültigkeit, obwohl in der Zwischenzeit viele Veränderungen im Rest der Organisation stattgefunden haben.

Um erfolgreich zu sein, mussten sich die Werte aller vier Kriterien verbessern. QDP waren dabei einfach zu messen. Lediglich das Compliance-Kriterium ist etwas aufwändiger zu bewerten. Um diese Bewertung zu ermöglichen, wurde ein reguläres Audit etabliert, bei dem die Daten erhoben werden.

Nach dieser Grundlagenarbeit hatte MBS nun ein Cockpit, welches den Erfolg der Veränderungsbemühungen anzeigen würde.

2003 initiierte man eine Reihe von Veränderungsprogrammen, um die Leistung zu steigern. Man begann mit den üblichen Verdächtigen: Teamkommunikation, Training der einzelnen Mitarbeiter, Etablieren von Arbeitsstandards, Automatisierung, Lean, Engpasstheorie, Nutzung von IT zur Planung und Überwachung. Und natürlich wurden dafür Berater engagiert.

Außerdem versuchte man es mit mehr Management: Zuerst mit einem hochkarätigen Manager, der dann später durch vier Manager ersetzt wurde, die sich jeweils auf einen separaten Arbeitsbereich konzentrierten.

Jedes Programm brachte Veränderungen. Wurden diese jedoch anhand der vier Erfolgskriterien bewertet, zeigte sich, dass die Verbesserung in einem Kriterium zu Schwierigkeiten in den anderen Kriterien führte. Insgesamt verbesserte sich also nichts. Schlimmer noch: Nachdem ein Veränderungsprogramm sein Ende erreicht hatte, ebbten die Verbesserungen schnell ab und alles kehrte wieder in den ursprünglichen Zustand zurück.

Julian und Andrew bemerkten außerdem, dass die Organisation zunehmend veränderungsmüde wurde. Sie stoppten ihre Bemühungen, obwohl eine Veränderung wichtiger war denn je. Wie sie sich selbst eingestehen mussten: »*Wir hatten eindeutig keine Ahnung, was wir taten, und machten die Lage immer schlimmer.*«

»*Es war ein kostspieliges Experiment und ein kompletter Fehlschlag. Wir kehrten immer wieder zu unseren ursprünglichen Fehlfunktionen zurück. Es war wie mit einem Pendel: Zuerst schafften wir ein paar Verbesserungen auf Kosten von anderen Leistungskriterien. Wenn dann das Veränderungsprogramm zum Ende kam, kehrten die Dinge wieder in den schlechten Ursprungszustand zurück.*«

Julian und Andrew verbrachten viele Stunden damit, ihre Veränderungsprogramme zu analysieren und nach den Gründen für das Scheitern zu suchen.

Die gute Nachricht war, dass über die Jahre eine Menge Daten zusammenkamen, die nun analysiert werden konnten.

Schließlich entdeckten sie eine interessante Anomalie: Die Daten zeigten verspätete Lieferungen in 83% der Fälle, und zwar konsistent. Das war ganz eindeutig eine Anomalie, weil die Projekte vom Umfang her sehr unterschiedlich waren. Eine konsistente Verspätungsrate aufrechtzuerhalten, bedeutete, dass die Produktivität so angepasst werden musste, dass die Verspätung konsistent auf diesem Wert blieb.

Das Ausmaß der Verspätung war genau so hoch, dass Überstunden notwendig wurden, aber nicht hoch genug, um eine Neueinstellung auszulösen. Als sie nun die Lohnauswertungen der einzelnen Mitarbeiter betrachteten, stellten sie eine gleichmäßige Bezahlung fest: Die Organisation passte irgendwie die Produktivität so an, dass maximale Überstundenzahlungen die Folge waren, ohne den Prozess einer Neueinstellung auszulösen.

Noch interessanter war die Tatsache, dass MBS auf drei Fabriken verteilt war. Die Wahrscheinlichkeit, dass es sich bei all dem um eine koordinierte Verschwörung handelte, war sehr gering.

Die Belegschaft passte das individuelle Verhalten nach den für alle geltenden Regeln an. Dies führte zu einer sehr ausgeklügelten »Optimierung«. Nicht nur passten die Menschen sich den unterschiedlichen Projektvolumen an, sie schafften es sogar, die »Optimierung« während des Sturms aller Veränderungsprogramme aufrechtzuerhalten.

»Clearly there was no incentive for the employees to get rid of the backlog. In fact, it was the opposite! Managing the backlog provided them with precise control over their own salaries. It was a clever response to the structure Julian and Andrew had put in place: earning a constant bonus based on their overtime. Julian realized that there were two kinds of Management Teams at work at Matt Black Systems: the formal one operating from their offices and an informal one operating on the factory floor. Obviously, the informal one was winning big time.« (Corporate Rebels Blog, *http://corporate-rebels.com/matt-black-systems/*, Stand April 2017)

Radikale Experimente

Nachdem nun eine mögliche Erklärung gefunden worden war, begann MBS mit einer Reihe von Experimenten, um die Hypothese zu testen. Man entwickelte ein Experiment, das weder Auswirkungen auf die Mitarbeiter oder die Organisation noch auf die Kunden hatte: MBS würde Überstunden verbieten und den bisherigen Betrag für Überstundenzahlungen als Bonus für das Erreichen der Produktionsleistung auszahlen. Um die Zustimmung der Mitarbeiter zu bekommen, beschloss man, das Experiment für sechs Monate durchzuführen und dann das Team entscheiden zu lassen, ob es wieder zum alten Schema zurückkehren möchte.

Nach sechs Monaten gingen die meisten abends nach Hause, ohne Überstunden zu leisten. Es gab keine Gewinnsteigerung für das Geschäft (QDP&C), es wurde die gleiche Menge an Gütern produziert und es wurden die gleichen Gehälter bezahlt. Außerdem lieferte das Unternehmen meist immer noch zu spät aus. ABER die Produktivität stieg sprunghaft an. Man erreichte dasselbe Arbeitsergebnis nun mit 20% weniger Zeiteinsatz.

Dies schaffte man in nur sechs Monaten, ohne ein einziges Pfund in den Wandel zu investieren und eine einzige Anweisung zu erteilen, was genau zu verändern sei. Das Verhalten hatte sich gewandelt und blieb so ohne weiteres Zutun.

Dieser Ansatz funktionierte dadurch, dass das »informelle Managementteam« beeinflusst und an den Bedürfnissen der Organisation und des Kunden ausgerichtet wurde.

Laut Julian besitzt jede Organisation ein solches informelles Managementteam. Traditionell bezahlen Organisationen auch ein offizielles Managementteam, bedenken dabei aber oft nicht, dass das eine Team nicht mit dem anderen übereinstimmt. Dies führt dann zu Spannungen, Frustrationen und Verschwendung.

Von dieser Warte aus betrachtet, sind alle Unternehmen bereits selbstorganisiert! Die Menschen in der Organisation passen sich den Umständen an. Das entspricht der menschlichen Natur. Die zentrale Frage lautet nun: Sind die internen Strukturen an den Bedürfnissen der Kunden ausgerichtet oder vor allem an den Bedürfnissen der Organisation und ihrer Individuen? Eine solch eigennützige Ausrichtung führt unweigerlich zu Fehlfunktionen.

Im Rückblick wird die Gemeinsamkeit aller bisherigen Veränderungsprogramme bei MBS klar: Sie veränderten nichts an der Struktur. Alle Programme waren Versuche, die Prozesse innerhalb der bestehenden Strukturen zu verändern und zu optimieren. Es waren jedoch die Strukturen, welche die Leistungen konstant (schlecht) hielten.

Laut Julian sind die Strukturen der Schlüssel, um das Verhalten in menschlichen Systemen zu beeinflussen. Menschen passen sich der Struktur an: »*Wenn Ihr Unternehmen in Schwierigkeiten ist und Fehlfunktionen zeigt, dann liegt das unausweichlich daran, dass die Strukturen nicht angemessen sind. Die Anpassung der Menschen an die gegebenen Strukturen führt zu verzerrenden Verhaltensweisen. Geben Sie also nicht den Menschen die Schuld, sondern den Strukturen.*«

Das richtige Umfeld schaffen

Mit dieser Erkenntnis und dem Ergebnis des Experiments bestand das Ziel nun darin, gezielt Veränderungen an den Strukturen vorzunehmen, um alle vier Erfolgskriterien zu verbessern. Der Ansatz sah vor, diejenigen Regeln abzuschaffen, die zu einer Verzerrung des informellen Managementteams führten. Diese wurden durch Vorgehensweisen ersetzt, die speziell dafür entworfen wurden, eine gemeinsame Ausrichtung zu ermöglichen und förderliches Verhalten entstehen zu lassen.

Der Fokus lag nun darauf:
- Dinge abzuschaffen, die zu Fehlausrichtungen führten und alte Verhaltensweisen stabilisierten.
- Vorgehensweisen zu schaffen, die eine gemeinsame Ausrichtung ermöglichten.
- Es den einzelnen Personen zu überlassen herauszufinden, wie sie ihr Verhalten den neuen Strukturen anpassten (Selbstorganisation).

- Ein Bewusstsein und eine Verantwortlichkeit bei den Mitarbeitern zu schaffen für den Wert, den sie zur Organisation beitragen, indem ihr Wertbeitrag positiv mit ihrem Einkommen gekoppelt wird.

Der Fokus lag auf dem Umfeld (den Strukturen und Prozessen), welches Verhaltensweisen beeinflusst. Dieses Umfeld sollte mit den Bedürfnissen der Organisation und der Kunden in Einklang stehen.

Eine Organisation muss aufpassen, nicht der westlichen Logik zu folgen, dass die Kontrolle über den Prozess dasselbe ist wie die Kontrolle über das Ergebnis. Julian hält das für Quatsch! Für MBS war es unsinnig, weil der Input in die Prozesse viel zu variabel war. Die Prozesse müssen der dynamische Bestandteil sein, der auf Veränderungen der Nachfrage und des Angebots reagiert.

In einer Welt der Unbeständigkeit muss der Prozess mit Varianz umgehen können. Seine Fähigkeit, mit Abweichungen klarzukommen, ist das Vorhersagekriterium für dessen Stabilität (oder sogar Anti-Fragilität, wie es Nassim Taleb[49] nennen würde). In einer Welt der Abweichungen brauchen Organisationen Systeme, die damit umgehen können. Aus diesem Grund ist ein standardisierter Betriebsablauf keine gute Idee[50]. Eine sich verändernde Welt braucht flexible Strukturen.

Als ausgebildeter Ingenieur plädiert Julian nicht dafür, Prozesse komplett abzuschaffen. Es gibt jedoch immer eine Grenze dessen, was ein definierter Prozess leisten kann: »*Es ist gut, einen Prozess zu haben. Dieser muss jedoch kombiniert werden mit einem Element, das mit Abweichungen umgehen kann. Der Mensch ist genau so ein Element. Er überbrückt die Lücke zwischen einem festen Prozess und der Realität. Ein Prozess ist wie eine Leiter, die nie wirklich hoch genug ist. Das einzige, was diese Lücke schließen kann, ist der Mensch.*«

Als sich die Zuversichtlichkeit durch die ersten Veränderungen immer weiter steigerte, setzte sich MBS das Ziel, sich komplett auf das informelle Managementteam (= die Mitarbeiter) zu verlassen und das formelle Managementteam und alle damit verbundenen Kosten abzuschaffen.

Kreisverkehr versus Ampelsystem

Was bedeutet es nun in der Praxis, Strukturen zu schaffen, die eine dezentralisierte Form der Organisation ermöglichen, die es den Menschen erlaubt, sich ohne die Kontrolle durch ein formelles Managementteam selbst zu organisieren? Es handelt sich genau um das Gegenteil des zentral gesteuerten Vorgehens der meisten Organisationen.

Julian betont, dass es außerhalb von Unternehmen viele Beispiele für diesen dezentralen Ansatz gibt. Es existieren Strukturen und Rahmenbedingungen, die es den Menschen in einer Stadt erlauben, sich wirtschaftlich zu organisieren. MBS wandte nun die gleiche Logik der Außenwelt im Inneren des Unternehmens an.

Eine Analogie, welche verdeutlicht, dass wir im Prinzip bereits mit zentral und dezentral organisierten Systemen vertraut sind, ist die Unterscheidung zwischen einem Kreisverkehr und einem Ampelsystem.
Traditionelle Unternehmen sind wie Ampelsysteme. Selbstorganisierte Unternehmen sind wie Kreisverkehre.

Ein Kreisverkehr ist ein kompaktes Einbahnsystem mit einer Reihe von Abzweigungen.
Ein Kreisverkehr funktioniert gut, erlaubt 40% mehr Verkehr als ein Ampelsystem, verringert die Anzahl an Unfällen und die Unfälle, die passieren, sind weniger schwerwiegend. Außerdem sind die Betriebskosten deutlich niedriger.
Die Fahrer in einem Kreisverkehr steuern den Verkehrsfluss durch ihre Interaktion mit den anderen Fahrern im Kreisverkehr selbst. Deshalb kann man Kreisverkehre als selbstorganisierte Kreuzungen bezeichnen.

Traditionelle Firmen funktionieren wie Ampelsysteme. Die Ampellichter entsprechen dem Managementteam, das Anweisungen ausgibt und den Fluss der Aktivitäten steuert. Die Fahrer sind die Arbeiter im Unternehmen, sie folgen den Anweisungen. Alles sollte nach Plan und Anweisung funktionieren.

Ampelsysteme nutzen Sensoren, um Daten an die Kontrollbox am Straßenrand zu schicken. Diese Box stellt das Gehirn dar, das Entscheidungen trifft.

Einige Firmen nutzen ein ERP-System, das als Gehirn fungiert. Die meisten Firmen haben jedoch ganz altmodisch einen Boss, der einen Plan im Kopf hat und die finale Kontrolle übernimmt.

Das Ampelsystem nutzt für die Autofahrer das Ordnungsmodell »Befehl und Kontrolle«. Es baut darauf auf, dass die Fahrer sich konform im Sinne der Anweisungen verhalten. Dieses Ordnungsmodell funktioniert auch tatsächlich.

Ein Kreisverkehr überträgt dieses vorgeschriebene und kontrollierte Verhalten in ein deutlich dynamischeres und flüssigeres System von Fahrer-Interaktionen, die durch ein intelligentes Straßenlayout (= Struktur) beschränkt werden. Dieses System arbeitet sogar effizienter als all die Technologie der Ampelsysteme. Das heißt jedoch nicht, dass das Design dieses Layouts trivial wäre.

Ein Kreisverkehr ist nicht chaotisch. Das hat vor allem mit seiner Struktur zu tun.

Für Julian »*ist der Schlüssel zu einem selbstorganisierten System seine Struktur, innerhalb derer die Selbstorganisation stattfindet, wie im Layout eines Kreisverkehrs. Um ein funktionierendes selbstorganisiertes Unternehmen zu haben, müssen Sie die Unternehmensstrukturen so umgestalten, dass diese Selbstorganisation sowohl fördern als auch begrenzen.*

Zuerst müssen Sie ein Kreisverkehrdesigner werden und dann ein Baumeister. Besonders wichtig ist es, die momentane Ampelkreuzung in einen Kreisverkehr zu verwandeln, ohne dass Chaos entsteht.«

Wir benötigen ein klares Bild davon, wie und wo die Mitarbeiter sich selbst und ihre Arbeit durch gegenseitige Koordination verwalten. Die Strukturen müssen dies sowohl ermöglichen als auch das Risiko für verschiedene Fehler reduzieren. Die Strukturen eines Kreisverkehrs sind keine Zauberei, es gibt jedoch einen Zauber, den jeder einzelne Fahrer mitbringt.

Eine Organisation als Ökosystem für Treuhänder von Kapital

Julian glaubt, dass eine Organisation den in ihr tätigen Individuen helfen muss, sich selbst zu verwirklichen (angelehnt an den Begriff von Abraham Maslow). Für Julian bedeutet dies, dass Menschen die Freiheit bekommen, ihre persönliche »Magie« in der Arbeit zu entfalten, besonders ihre sechs zentralen menschlichen Fertigkeiten:

1. **Neugier**: Der Wunsch zu lernen und aus verschiedenen Bereichen Informationen zu sammeln. Dies ermöglicht es den Menschen, Ideen aus verschiedenen Gebieten zusammenzubringen.
2. **Vorstellungskraft**: Sich neue Ergebnisse vorstellen – eine Zukunft, die anders ist als die Gegenwart. Dazu gehört, im Kopf einen Zielzustand zu erschaffen und dann die Lücken vom Jetzt zu diesem Zielzustand zu identifizieren.
3. **Kreativität**: Die Fertigkeit, Lösungen zu finden, mit denen Hindernisse und Schwierigkeiten auf dem Weg zum Zielzustand beseitigt werden.
4. **Kooperation**: Die Fähigkeit von Menschen, ihre Anstrengungen zu kombinieren. Die Leistungsfähigkeit einer Organisation leitet sich aus der Fähigkeit der Menschen zur Zusammenarbeit ab.
5. **Selbstdisziplin**: Einhalten, was man versprochen hat, nicht aufgrund externer Zwänge, sondern aufgrund des eigenen Willens. Wenn Menschen offen und verlässlich sind, entsteht Vertrauen.
6. **Realisierung**: Der Unterschied zwischen Denken und Tun. Es bedeutet, Konzepte umzusetzen und sie »real werden zu lassen«.

»Diese Schlüsselfertigkeiten sind essenziell für den kontinuierlichen Erfolg einer Organisation. Weil diese Fertigkeiten jedoch sehr persönlich sind, liegt ihre Anwendung völlig im eigenen Ermessen. Man kann ihren Einsatz nicht befehlen. Im Gegenteil, je mehr diese angeordnet werden, desto mehr werden Menschen diese zurückhalten.«

Ein zentrale Frage lautet nun: Wo setzen die Individuen ihre Fertigkeiten ein?

Für Julian ist die beste Antwort: »*Setze sie für etwas ein, das deinem sich ändernden Zweck entspricht.*«

Das heißt, eine Organisation sollte ein Ort sein, der es Menschen erlaubt, ihre sechs Schlüsselfertigkeiten für etwas einzusetzen, das zu ihrem persönlichen Zweck passt:

»Das entspricht dann sehr dem, was Menschen tun, wenn sie nicht in der Arbeit sind. Sie geben ihr Geld aus für ihre Interessen, Werte, Bedürfnisse und Ziele. Durch diese drücken sie ihre sechs Schlüsselfertigkeiten aus.«

Strukturen schaffen ein Umfeld, in dem Menschen Ressourcen zur Verfügung gestellt bekommen können, welche sie dann einsetzen können, gekoppelt mit der Freiheit zu entscheiden, welche Aktivitäten sie verfolgen.

So beginnt die Arbeit dem zu ähneln, was die Menschen außerhalb der Arbeit gewohnt sind.

Was unterscheidet das Leben in der Arbeit nun davon?
»Für einen Menschen in der Arbeit besteht der einzige Unterschied darin, dass er seinen persönlichen Zweck mit dem Geld anderer Leute verfolgt.«

Das klingt toll. Allerdings gibt es gibt kein Patentrezept für das Gelingen: Diese Ermutigung, ihre Schlüsselfertigkeiten einzusetzen, wird manche Menschen veranlassen, sich unverantwortlich zu verhalten. Deshalb sind passende gegenseitige Kontrollen als der Teil der Strukturen wichtig, um dieses Risiko zu begrenzen.

Dies führte MBS zu einer interessanten Sichtweise, wofür ein Unternehmen eigentlich existiert. Menschen arbeiten nicht in einem Unternehmen, um dort eine vordefinierte Tätigkeit zu erledigen, einen vorgegebenen Zweck zu verfolgen oder einen Plan zu erfüllen. Sobald sie eingestellt sind, werden die Angestellten zu Treuhändern für das ihnen anvertraute Kapital. Je mehr sie sich als zuverlässige Treuhänder erweisen, desto mehr Freiheit und Autonomie erhalten sie, das Kapital zur Verfolgung ihres persönlichen Zwecks einzusetzen. Schließlich, als vollwertige und ausgebildete Treuhänder, können sie innerhalb des gesetzlichen Rahmens so ziemlich alles machen, was sie möchten.

Die Strukturen der Organisation dienen dabei als Verhaltensgrenzen, um kurzfristigen Schaden vom eingesetzten Kapital fernzuhalten. Langfristig wird durch den großzügigen Einsatz der sechs Schlüsselfertigkeiten für Nachhaltigkeit gesorgt.

Ein wichtiger Faktor ist, dass mit der Autonomie für den Einzelnen die Möglichkeit entsteht, seine Fertigkeiten für Probleme einzusetzen, die er selbst als sinnvoll erachtet, die also seinem persönlichen »Zweck« entsprechen.

Zur Klarstellung: MBS versteht unter einem Zweck eine Kombination von Interessen, Werten, Bedürfnissen und Zielen.

Ein Individuum hat einen Zweck und eine Organisation hat einen Zweck, der entsteht, wenn man alle individuellen Zwecke zusammenfasst.

Julian ist der Ansicht, dass eine Organisation ihren Mitgliedern keinen »Zweck« vorgeben kann. Würde das versucht, dann müsste es sich hierbei um die Interessen, Werte, Bedürfnisse und Ziele einer mächtigen Person handeln. Deshalb ist der Organisationszweck dann meist der des Chefs, der allen anderen aufoktroyiert wird. Julian glaubt, dass dies sehr schwer – wenn nicht unmöglich – ist, ohne dabei Spannungen zu erzeugen wie in jeder sozialen Beziehung. Das Ergebnis ist dann häufig ein mangelhafter Kompromiss oder sogar Ablehnung. Dies führt dazu, dass die Menschen ihre Schlüsselfertigkeiten nicht mehr einsetzen. Gleichzeitig zeigt eine Organisation paradoxerweise schnell Fehlfunktionen und zerstörerische Verhaltensweisen, wenn es:

- keinen klaren und expliziten Zweck gibt oder
- eine schrankenlose Organisation ohne Grenzen gibt oder
- Führungskräfte sich entgegen dem kommunizierten Zweck verhalten.

Deshalb ist bei MBS im Endeffekt jeder Mitarbeiter ein Unternehmer mit Kapital, das er im Sinne seines eigenen Zwecks einsetzen kann.

»*Die Vereinbarung ist, dass MBS ein Umfeld schafft, das dem Individuum unternehmerische Chancen bietet. Im Gegenzug erhält das Unternehmen eine Rendite auf das Kapital und einen Teil der Erlöse. Wir koppeln Erfolg an das Einkommen. Es handelt sich um eine Meritokratie.*«

Auf meine Frage, ob jemand, der im Technologieunternehmen MBS arbeitet, eine Kleiderlinie starten könnte, meinte Julian, dass Menschen dies in der Tat könnten, wenn sie es für eine gute Idee hielten. Jedoch: »*Wenn die Menschen zu uns kommen, haben sie normalerweise ein großes Interesse an Entwicklung und Konstruktion.*«

MBS hat tatsächlich Mitarbeiter, die ihre Schlüsselfertigkeiten nutzten, um neue Produkte zu entwickeln, die nun unter anderen Marken vertrieben werden. Ein Beispiel ist die Marke South Custom Reels[51]. Diese profitable Marke und ihre Produkte wurden mit dem Kapital geschaffen, das MBS zur Verfügung stellte. Sie wurden jedoch nicht kontrolliert, freigegeben oder irgendwie beeinflusst außer vom Ideengeber, seiner Motivation und seiner Historie als zuverlässiger Treuhänder.

Bis hierhin habe ich mich vor allem auf das Erleben des Individuums konzentriert. Dadurch entsteht vielleicht der Eindruck, dass MBS lediglich eine Ansammlung von Individuen ist, die miteinander nicht viel zu tun haben. So ist es jedoch überhaupt nicht, wie Julian betont.

Bei der Einführung des Systems zeigte sich in der Tat ein kurzzeitiges Auflösen von bisherigen Gruppen, weil die bisher festgeschriebenen Beziehungen gelöst wurden. Dabei handelte es sich jedoch nur um eine Phase. Sobald die Kultur sich weiter entwickelt, finden sich viele Menschen wieder zu Gruppen zusammen und zwar in Form von extremfunktionalen freiwilligen Beziehungen, basierend auf unternehmerischer Klugheit. Sie sind erfolgreicher, wenn sie Wertschöpfungsketten und Projektteams bilden, um eine gemeinsame Gelegenheit zu verfolgen.

Aus einer losen Ansammlung von Menschen entstanden so Netzwerke, einerseits, weil dies in ihrem eigenen Interesse lag, und andererseits, weil Menschen soziale Wesen sind und Kooperation ein Teil dessen ist, was Menschsein bedeutet.

Die Komplexität dieses Netzwerks, seine Flexibilität und Dynamik, ist das Geheimnis von MBS. Dadurch schafft es das Unternehmen, seine Ressourcen effizient einzusetzen, während Angebot, Nachfrage, Technologien, Produkte und Prozesse ständiger Fluktuation unterworfen sind. Die Organisation re-optimiert seine Ressourcen und damit seine Reaktionen auf sich verändernde interne und vor allem externe Umfelder kontinuierlich. Es verhält sich wie mit den wirtschaftlichen Aktivitäten in einer Stadt.

Ziel von MBS ist es, ein Modell zu schaffen, von dem alle mehr haben: die Aktionäre, die Mitarbeiter und die Kunden. Dies geschieht, indem anstelle der kostspieligen Kontrolle durch Manager die Prinzipien einer freien Marktwirtschaft mit selbstorganisierten Einheiten zum Einsatz kommen.

Die Details des MBS-Systems

Julian betont immer wieder, dass eigentlich alles ganz einfach ist.
Als Eigentümer eines eigenen Unternehmens war ich nun sehr begierig darauf, mehr zu verstehen. Julian hat recht; wenn man es einmal verstanden hat, sieht alles ganz einfach aus. Ich brauchte jedoch mehr Details, um ein einigermaßen vollständiges Bild in meinem Kopf entstehen zu lassen.

Das MBS-System schafft einen Rahmen für marktwirtschaftliche Transaktionen innerhalb einer Organisation, genauso wie diese mit externen Lieferanten stattfinden.
In seine Strukturen sind Kontrollmechanismen eingebettet, die einen Missbrauch der Freiheiten verhindern, um Kollegen, Anteilseigner, Lieferanten und Kunden zu schützen.

Zusammenarbeit wird durch individuelle Verträge organisiert
Bei MBS wird jeder Mitarbeiter als eine einzelne Geschäftseinheit behandelt, verantwortlich für Gewinne, Verluste und alle strategischen Entscheidungen. Jeder Mitarbeiter wird wie ein eigenes Ein-Personen-Unternehmen betrachtet. Es handelt sich dabei natürlich um virtuelle Unternehmen, setzt aber die Erwartung, dass ein Unternehmen profitabel sein muss, um weiter existieren zu können.
Jedes Mikro-Unternehmen hat eine eigene Gewinn- und Verlustrechnung und eine Bilanz. Auf diese Weise lässt sich der (monetäre) Wert ermitteln, den jeder Einzelne zur Gemeinschaft beiträgt. Damit können sich die Individuen anhand ihrer eigenen Leistung belohnen.

Julian unterstreicht, dass es sich bei diesen virtuellen Unternehmen nicht um wirklich separate Unternehmen handelt. Jeder Mitarbeiter ist mit allen Rechten eines Arbeitnehmers bei MBS angestellt. Die Zahlen der individuellen Gewinn- und Verlustrechnungen sowie der Bilanzen sind allerdings sehr real. Um nun eine Gewinn- und Verlustrechnung und eine Bilanz für MBS als Unternehmen zu erstellen, werden die Inhalte der virtuellen Unternehmen einfach zusammengefasst.

Wie werden Ressourcen verteilt und Aktivitäten gesteuert?

Dies erfolgt wie in jeder Wirtschaft: Ein Individuum entscheidet sich dafür, seine Ressourcen im Austausch für Produkte und Dienstleistungen von anderen Individuen oder Gruppen einzusetzen.

Diese einfachen Austauschbeziehungen werden mit individuellen Verträgen zwischen Marktteilnehmern geregelt und bilden komplexe Netzwerke aus Kunden-Lieferanten-Beziehungen. Güter und Dienstleistungen fließen in die eine Richtung, Geld fließt in die andere Richtung. Nach jeder Transaktion bleibt ein bisschen Geld als Profit übrig und bei jedem Austausch werden einige Ressourcen verbraucht.

Um all diese Verträge zu verfolgen, hat MBS seine eigene Softwarelösung geschaffen. Julian beschreibt es so: »*Unser Ziel war es, ein SAP für das Ein-Mann-Unternehmen zu schaffen.*« Die Software hält alle Verträge und Vereinbarungen fest, die Individuen eingehen. Wenn jemand einem Rezept (siehe unten) folgt, wird ein Eintrag angelegt. Dann können Menschen diesen Eintrag als Nachweis nutzen, dass sie ihre Vereinbarung eingehalten haben.

Die Kapitalstruktur
Julian unterscheidet zwei Arten von Geld im System von MBS:

- Handelserlöse
- Verfügbares einbehaltenes Kapital

Das meiste Geld innerhalb von MBS sind Handelserlöse. Geld fließt vom Kunden durch die Organisation zu den Lieferanten (inklusive der Mitarbeiter). Im Gegenzug für diese Handelserlöse fließen Güter und

Dienstleistungen von den Lieferanten durch die Organisation zu den Kunden.

Den Weg, den die Handelserlöse sowie die Güter und Dienstleistungen dabei nehmen, wird durch eine Vielzahl einfacher Kunden/Lieferanten-Entscheidungen innerhalb des Unternehmens gesteuert.

Zusammen entsteht so ein optimierter Fluss. Für jedes Individuum bildet die gegebene Autonomie, Entscheidungen zu treffen, die Grenze der Kontrolle, die es über andere ausüben kann.

Damit dieses System funktioniert, ist es entscheidend, die Transaktionskosten zu senken.

Bei MBS war der Einsatz eines IT-Systems erforderlich, um diese Transaktionen so günstig und reibungslos zu gestalten, dass ein interner Markt auch für eine relativ kleine Anzahl von irregulären Transaktionen funktionieren kann. Die IT bietet laut Julian hier eine Chance, die es bisher in dieser Form wohl noch nicht gegeben hat.

Das meiste Geld, das durch die Organisation fließt, sind Handelserlöse. Die meisten der Entscheidungen im operativen Tagesgeschäft werden durch dieses System des freien Marktes getroffen. Die erzielten Profite repräsentieren die Handelsmargen, die einbehalten werden, anstatt diese direkt an die Lieferanten durchzureichen.

Die Profite werden in fünf gleichwertige Teile aufgesplittet und folgendermaßen verteilt:

- 20% erhält der jeweilige Mitarbeiter, der sie generiert hat (zusätzlich zu seinem regulären Gehalt)
- 20% gehen an die Anteilseigner des Unternehmens (die kein Gehalt beziehen)
- 20% werden für Steuern zurückgelegt
- 20% werden einbehalten und auf ein virtuelles Konto für jedes Individuum gebucht (dieses Konto erscheint auch in der Bilanz). Das Geld auf dem Konto kann von jedem nach freiem Ermessen eingesetzt werden (verfügbares einbehaltenes Kapital)

- 20% zählen ebenfalls als einbehaltenes Kapital, das auf ein Gemeinschaftskonto gebucht wird. Dieses Geld wird für Gemeinschaftsinvestments eingesetzt und nicht für Vorhaben des Einzelnen.
Ein Beispiel für so eine gemeinschaftliche Anschaffung ist ein neues Telefonsystem, auf das sich die Gemeinschaft der Mitarbeiter einigt. Für diese Art von Anschaffungen wird Konsens als Entscheidungsmethode genutzt. Obwohl Konsens langsam und mühsam ist, stellt er hier die richtige Art dar, eine Entscheidung herbeizuführen.

Beide Arten von Kapital, Handelserlöse und verfügbares einbehaltenes Kapital, können durch Zusammenarbeit der einzelnen Mitarbeiter zusammengelegt werden. Zum Beispiel kann eine Gruppe von Kollegen zusammenlegen, um bei Zulieferern Mengenrabatt zu erhalten. Sobald die Bestellung eintrifft, wird sie nach einem vereinbarten Schlüssel verteilt.

Auf die gleiche Weise können mehrere Personen Teile ihres verfügbaren Kapitals für andere Investitionen nutzen, vielleicht weil sie alleine nicht über ausreichend Mittel verfügen oder weil sie das Risiko mit anderen teilen möchten.

MBS selbst hat keinen gemeinschaftlichen Kapital-Topf. Das würde nach Julians Auffassung zur Tragödie der Allmende führen: »*Menschen übernutzen gemeinsame Ressourcen. Soziale Verträge funktionieren nicht gut, wenn diese implizit über Vertrauen funktionieren, besonders in großen Gruppen.*«

Bei MBS hat jeder einen begrenzten individuellen Geldtopf, gleichzeitig hat jeder größte Freiheit, sein Kapital einzusetzen.

Gemeinschaftliche Ausgaben benötigen Konsens für jede einzelne Transaktion, es handelt sich hier nicht um eine gemeinsame Ressource, auf die Leute Zugriffserlaubnis haben.

Die Logik der Kooperation lautet:
Entweder: Ich bezahle dich für deine Dienstleistung und du hilfst mir.
Oder: Du investierst Kapital und kommst bei Erfolg in den Genuss einer Rendite.

Wie in der Welt außerhalb des Unternehmens bilden die Gewinn- und Verlustrechnung sowie die Bilanz eine gute Grundlage, um sich über die finanzielle Leistungsfähigkeit zu informieren, so wie etwa Investoren die Leistungsfähigkeit eines Unternehmens beurteilen würden.

Rezepte als Bausteine
Die Mitglieder der Organisation führen täglich verschiedene Aktivitäten durch. Einige davon sind Verpflichtungen (wie rechtliche und regulatorische Anforderungen), bei anderen handelt es sich um freiwillige Vereinbarungen.

Ähnlich wie beim bekannten amerikanischen Tomatenverarbeiter Morning Star ist Kooperation bei MBS durch Verträge zwischen einzelnen Personen formalisiert. Es gibt keine Stelle, die zentral Entscheidungen trifft, keine Kontrollschleifen wie in zentral organisierten Systemen. Kontrolle geschieht durch gegenseitigen sozialen Druck von Menschen, die etwas vereinbart haben.

Für MBS lautet das Leitprinzip, dass Mitarbeiter mehr Wert schaffen sollen als sie verbrauchen.

In der MBS-Struktur müssen alle Verpflichtungen einzeln aufgelistet, die Voraussetzungen festgehalten und eine Form des Nachweises erbracht werden.

So eine Struktur kann sehr aufwändig sein. Um zu funktionieren, sollte sie daher sehr preisgünstig darstellbar sein und nur die wirklich essenziellen Verpflichtungen beinhalten (wie die gesetzlichen Bestimmungen).

Das Gute ist, dass diese grundlegenden Verpflichtungen sowieso bereits in jedem Unternehmen Kosten verursachen.

Andrew erklärt, dass jeder individuelle Baustein einer Verpflichtung bei MBS »Rezept« genannt wird. Ihre »Struktur« ist das Rezeptbuch.

Zusammen mit diesen verpflichtenden Rezepten gibt es eine kleine Auswahl an Rezepten, welche die freiwilligen Vereinbarungen und Abmachungen zwischen Individuen als Kunden und Lieferanten abbilden. Diese Rezepte beziehen sich auf Aktivitäten wie Verkauf, Design, Produktion und Kontrolle.

Es handelt sich im Vergleich zu den rechtlichen und regulatorischen Verpflichtungen um Mehrwertaktivitäten. Bei MBS wurden erstaunlich wenige solcher Mehrwertrezepte identifiziert.

Die Rezepte halten die Vereinbarungen, die die Menschen treffen, in Form von QDP&C fest. Am Ende wird ein Eintrag erstellt, was in Hinblick auf QDP&C wirklich erreicht wurde, so dass das Ergebnis mit der ursprünglichen Vereinbarung verglichen werden kann.

Die Rezepte enthalten keinerlei Anleitung, wie man die Vereinbarung erreicht. Sie gehen davon aus, dass die Menschen bereits einen Plan haben.

Typischerweise decken die Rezepte alle täglich anfallenden taktischen und operativen Vereinbarungen eines Unternehmens ab.

Der Zweck eines jeden Rezepts wird explizit formuliert, damit die Menschen nicht nur verstehen, was das Rezept tut, sondern auch, was es verhindern soll.

Nach Julians Auffassung unterscheidet sich MBS von den meisten anderen Firmen und auch anderen Teal-Organisationen (um Lalouxs Begriff zu nutzen) darin, dass es die Interessen der Mitarbeiter im Unternehmen an die Interessen der Investoren und Kunden angleicht.

Gleichzeitig – und das ist entscheidend – erlauben die Strukturen einen leichten Wettbewerb der Mitarbeiter im Unternehmen ohne die typischen Begleiterscheinungen. So kontrolliert bei MBS niemand bestimmte Ressourcen auf Kosten anderer.

Diese Fehlfunktion tritt bei den meisten Unternehmen auf, weil die Treuhänder-Performance der Mitarbeiter nicht bewertet und gemessen wird. Diese Messung ist jedoch ganz wichtig für die Organisation als Ganzes.

Bei MBS ist diese Messung möglich und sie macht laut Julian einen entscheidenden Unterschied.

Nach Julians Auffassung würde die Teal-Denkweise die inhärente Tendenz von Menschen zum Wettbewerb wegargumentieren.

Die sich wandelnde Rolle des Chefs

Nun, da ihr Unternehmen wirklich selbstorganisiert ist, haben Julian und Andrew andere Rollen. Keine davon ist in das aktive operative Tagesgeschäft involviert.

Julian sagt: »*Ich bin der Vermieter. Mir gehört die Marke und ich statte die Menschen mit IT und Kapital aus. Mein Hauptprodukt ist eine IT-Lösung, die ich prinzipiell an jeden verkaufen kann. Alle selbstorganisierten Firmen, die ich kenne, haben mit einem IT-Paket begonnen: Morning Star, Holacracy One, Buurtzorg. Die IT-Plattform erlaubt eine preisgünstige Kommunikation in Echtzeit der Mitarbeiter einer Organisation.*«

Für Julian ist eine der Anforderungen an ein selbstorganisiertes System, dass die ehemaligen Führungskräfte des Unternehmens am Ende des Projektes überflüssig sind. Das Managementteam (Julian und Andrew) ist nun für die Struktur des Rezeptbuchs verantwortlich. Sie sind weder für die Rezepte selbst zuständig noch dafür, wie sie zusammenpassen. Sie stellen lediglich wie ein Verleger das Buch zur Verfügung.

Innovation bei MBS

Wie zu erwarten, ist Innovation für MBS wichtig – genau wie für die gesamte Industrie. Und wie funktioniert Innovation bei MBS?

Es gibt keine spezifische Innovationsstrategie, die vorgibt, welche Themen die Leute verfolgen sollten, sondern es bleibt den Mitarbeitern überlassen, ihren eigenen Fokus zu setzen. Wie bereits erwähnt, kann jeder auch Bereiche erkunden, die im Moment überhaupt nicht im Fokus des Unternehmens stehen, solange er genug Kapital auftreiben kann, um das Ziel zu erreichen.

Wenn jemand eine Idee hat, liegt es völlig an ihm oder ihr, diese Idee weiterzuverfolgen.

Für viele Ideen benötigen die Mitarbeiter Unterstützung von anderen Kollegen. Eine Person mit einer Idee kann diese ihren Kollegen vorstellen. Benötigt sie zum Beispiel die Fertigkeiten eines Kollegen zur Umsetzung, können die beiden eine Vereinbarung treffen, gemeinsam an der Idee zu arbeiten. Dieser Vertrag kann dann so formuliert sein, dass der angefragte Kollege sofort für seine Leistung bezahlt wird oder einen Anteil am Gewinn erhält, wenn die Umsetzung der Idee erfolgreich ist.

Ist Kapital erforderlich, kann ein Mitarbeiter die Idee den Kollegen schmackhaft machen und Geld von deren Investment-Konten anfordern. Falls dieses Kapital nicht reicht, kann man sich an die Eigentümer von MBS wenden. Deren Geld ist allerdings am teuersten. Deshalb kommt es selten vor, dass sie um Investments gebeten werden – bisher ist das nur im Fall von Softwareentwicklung geschehen. Es handelt sich dann um eine Investmentscheidung der Eigentümer.

Rezepte für Innovation

Es gibt auch Rezepte mit Bezug auf Innovation, die die Mitarbeiter von MBS nutzen können. »*Innovation als Ganzes wird vermutlich einige Dutzend miteinander verknüpfte Rezepte beinhalten. Diese begleiten eine Person durch den gesamten Prozess von der Ableitung von Kundenbedürfnissen bis hinzu konkreten Ergebnissen.*«

Wie bereits beschrieben, muss jeder Prozess flexibel genug sein, damit der Mensch diesen beeinflussen und vervollständigen kann: »*Vor einigen Jahren haben wir abgeleitet, dass so ziemlich alle Wertschöpfungsprozesse eine Box in ihrem Flussdiagramm haben, die lautet: ‚Und dann passiert ein Wunder'*«.

In einem Rezept für Problemlösung gibt es ganz klar eine Zeit, bevor jemand eine Lösung hat, und eine Zeit, nachdem er diese gefunden hat. Man kann beide Ereignisse im Prozess festhalten, nicht jedoch den Moment, in dem die Lösung gefunden wird. Dieser passiert im Kopf einer Person. Das ist die Magie, die nur ein Mensch in das Rezept einbringen kann.

Das Problem von »agil«

In unseren Gesprächen zum Thema Innovation erwähnte Julian mehrmals, dass agile Methoden aus seiner Sicht nicht gut für Innovation geeignet sind. Er unterscheidet dabei zwei Arten von Vereinbarungen: Soziale Vereinbarungen (zwischen Menschen) und kommerzielle Verträge (die wirtschaftliche Seite).

Agile Methoden erhöhen die Geschwindigkeit und die Flexibilität des kommerziellen Vertrags, indem sie eine Serie von schnellen Iterationen nutzen. »*Praktiker agiler Methoden nutzen häufig den Begriff ‚evolutionärer Prozess' um zu implizieren, dass die Natur so arbeiten würde. Die Natur arbeitet jedoch nicht alleine auf diese Weise.*«

Die Natur nutzt eine Kombination aus Iterationen und einer Masse von parallel verlaufenden Projekten. Jedes Projekt hat einen anderen Fokus (wie die Spezies in der Natur). Die Natur betreibt großen Aufwand, um zwei Arten von Varianz zu erzeugen: Varianz innerhalb einer Spezies und Varianz in Form von konkurrierenden Spezies. Die Natur nutzt außerdem einen sehr harten Prozess, um die nicht wettbewerbsfähigen Spezies von den wettbewerbsfähigen zu trennen. Die nicht angepassten Spezies sterben aus.

Wenn also Iterationen alleine funktionieren würden (wie in agilen Methoden), dann wären die Dinosaurier immer noch hier, sie hätten sich einfach evolutionär in die richtige Richtung weiter entwickelt.

»*Die Natur schneidet Sackgassen jedoch einfach ab. Agile Vorgehensweisen wären wirtschaftlich nicht sinnvoll, wenn hunderte von möglichen Lösungen gleichzeitig vorangetrieben würden.*«

Agile Methoden sind gute Werkzeuge für Iterationen. Das Problem ist, dass sie laut Julian nicht dabei helfen vorherzusagen, welche Idee eine wirtschaftlich gute Lösung sein wird. Das Team trifft eine Annahme und beginnt mit der Umsetzung. Annahmen basieren meist auf verborgenem Wissen, das den Menschen nicht immer bewusst ist. Das ist ein großes Problem für Experten. Sie handeln oft unbewusst, basierend auf ihrer Erfahrung. Aufgrund dieses verborgenen Wissens übersehen sie oft sowohl Hürden als auch Chancen.

Konfrontiert mit einer Entscheidung, werden Experten immer den Pfad nehmen, der nach ihren Erfahrungen mehr Erfolg verspricht.

Laut Julian führt dies häufig in eine ähnliche Richtung wie bei früheren Entscheidungen.

Jeder Sprint (ein Begriff aus dem Scrum) läuft immer auf einen bestimmten Zielbereich zu und schließt dabei andere Bereiche aus. Falls das Team zu einem bestimmten Zeitpunkt feststellt, dass die Lösung sich außerhalb ihrer Erwartung befindet, müsste es wieder von vorne beginnen, dieses Mal in Richtung des Bereichs, in dem es eine Lösung vermutet.

Auf einer höheren Ebene wird die soziale Vereinbarung (agil als schneller Weg zu einer Lösung) zwischen dem Kunden und dem Lieferanten gebrochen. Das Vorgehen bürdet dem Kunden die Rechnung für die Zeit auf, die das Team benötigt, um seine verborgenen Annahmen zu verifizieren. Oder aber das Team erreicht nur eine unvollständige Lösung, weil das Zeitbudget ausgeschöpft ist. Der Kunde zahlt laut Julian für das Ver-Lernen.

Agil funktioniert gut für Projekte, bei denen es um kleine Veränderungen an Lösungen geht, die das Team gut kennt. Das heißt, die neuen Lösungen liegen nahe bei den bestehenden innerhalb des existierenden Lösungsraums.

Agil tendiert dazu, zu viel zu versprechen, wenn es um Innovation geht und die Lösung weit entfernt von der jetzigen Lösung ist.

Die Natur muss sich darum keine Gedanken machen. Sie lässt hunderte verschiedene Projekte einfach parallel laufen. Für Julian sind agile Arbeitsweisen mächtig, weil sie keine komplexen bewussten Analysen im Vorfeld der Arbeit voraussetzen. Sie nehmen an, dass Iterationen ein geeignetes Mittel darstellen, um die Kosten und die Langsamkeit von bewussten Analysen zu umgehen. Der Nachteil ist, dass die unbewusste Analyse von Menschen mit Erfahrungen trotzdem stattfindet und diese meist in Richtung vorheriger Lösungen geht.

»*Jede Entscheidung schließt andere Lösungen aus. Wenn sich die Idee als Sackgasse herausstellt, dann geht man einfach ein paar Schritte zurück und fängt von vorne an. Der Kunde zahlt jedoch für all die aufgewendete Zeit.*

Auf diese Weise wird die soziale Vereinbarung mit dem Kunden verzerrt. Es ist eine tolle Vorgehensweise für die Softwareindustrie, weil sie das Projekt in kleine Teile zerlegen kann und gleich loslegen kann und Sie dabei jede Stunde berechnen können. Die früher durchgeführte Systemanalyse war langsam, teuer und verzögerte meist den Start des Projekts. Der Kunde änderte dann oft seine Anforderungen, weil die Analyse bestimmte Herausforderungen oder Chancen offenbarte. Diese Entscheidungen des Kunden führten dann manchmal die ganze bisherige Analyse ad absurdum und das Team musste von vorne anfangen. Iterationen scheinen eine Lösung darzustellen. Allerdings kann man die Zukunft nicht vorhersagen. Um ein stabiles und robustes System zu haben, braucht es Vielfalt innerhalb des Systems. Agil nimmt leider oft Vielfalt heraus, um das Projekt zu bereinigen und zu vereinfachen. Dieses Vorgehen wiederum senkt die Erfolgswahrscheinlichkeit von Iterationen.«

Die MBS-Fallstudie ist sicherlich die längste und ausführlichste in diesem Buch, obwohl ich sie bereits erheblich gekürzt habe. Trotzdem war es für mich wichtig, die obigen Details aufzuführen, damit das MBS-Konzept ansatzweise verständlich wird. Wie Julian immer sagt: Es ist alles ziemlich einfach, sobald man es mal verstanden hat. Es unterscheidet sich jedoch stark von den meisten anderen Organisationen und wir sind nicht gewohnt, im Unternehmenskontext so zu denken. Gleichzeitig regt das MBS-Beispiel zum Nachdenken an und enthält viele Elemente, die anderen Organisationen als Inspiration dienen können.

6. Fallstudie Mayflower

Mayflower ist ein Unternehmen für Softwareentwicklung und IT-Beratung, das maßgeschneiderte Lösungen für seine Kunden entwickelt. Beispiele sind eine Software für DriveNow, die die internationale Expansion des Car-Sharing-Angebots ermöglicht oder eine Gaming-Plattform für die ProSiebenSat.1 Media AG.

Mayflower hat zum Zeitpunkt des Interviews 75 Mitarbeiter (intern Crewmitglieder genannt), verteilt auf die zwei großen Standorte München und Würzburg sowie das neu eröffnete Büro in Berlin.

Für diese Fallstudie habe ich mit Albrecht Günther gesprochen, einem von drei Geschäftsführern des Unternehmens. Er arbeitet gerade als Scrum Master »unter« einem Projektmanager in einem Entwicklungsteam.

Die Entwicklerteams bei Mayflower sind zum großen Teil selbstorganisiert. Die Rollen innerhalb der Teams werden diskutiert und das Team wählt seine Mitglieder selbst. Die Teams betreuen direkt die Kunden und kümmern sich um die Projekte. Neben den Entwicklerteams gibt es einige zentrale Dienste wie Marketing oder Administration, die allen Teams zuarbeiten.

Prinzip Eigenmotivation

Die Arbeit bei Mayflower ist geprägt von Freiwilligkeit und Eigenmotivation. Dies äußert sich zum Beispiel darin, wie Projekte angenommen werden. Sobald eine Projektanfrage an Mayflower herangetragen wird, wird diese in einer regelmäßig stattfindenden Freitagsbesprechung vorgestellt. Dann wird geprüft, ob sich eine ausreichende Anzahl von Entwicklern dafür interessiert.

Albrecht selbst arbeitet zum Zeitpunkt des Interviews an einem Projekt in Nürnberg. Alle an diesem Projekt beteiligten Entwickler sind freiwillig dabei. Sie nehmen die Pendelei von den Standorten nach Nürnberg auf sich, weil sie das Projekt spannend finden und dafür Verantwortung übernehmen möchten.

Innovation bei Mayflower: Do-cracy

Albrecht erzählt, dass die Mayflower-Kultur auf Lernen und Innovation ausgelegt ist. Innovation bedeutet bei Mayflower die Entwicklung neuer Lösungen, die jedoch nicht strategisch geplant werden.

Mayflower legt großen Wert darauf, Formate zu schaffen, die Freiraum, Vernetzung und Kommunikation zwischen Kollegen und auch externen »Friends & Family« ermöglichen. Es gibt beispielsweise einen Donnerstagsvortrag, bei dem Themen rund um Webentwicklung und agiles Management diskutiert werden. Dort sind auch externe Teilnehmer in großer Zahl vertreten.

Einmal im Monat gibt es einen Freitagsworkshop, bei dem Sachen trainiert, praktisch ausprobiert und intensiv diskutiert werden.

Jeden zweiten Freitag findet ein Slackday[52] statt, der intern »Mayday« heißt. Es gibt nur zwei Leitlinien, welche Projekte und Aufgaben durchgeführt werden: Weiterentwicklung und Innovation. Entwicklung wird dabei sehr breit aufgefasst. Das kann persönliche Weiterentwicklung und Weiterbildung sein, wie etwa der Besuch eines Kanban-Workshops. Arbeit an Innovation heißt dabei meist Programmierung. Ziel des Mayday ist neben der Entwicklung konkreter Ergebnisse vor allem das Lernen mit und von den Kollegen – von den Kollegen in Form von Workshops und Trainings, mit den Kollegen, indem ein Team gemeinsam mit neuen Themen und Technologien experimentiert.

Bei Mayflower war der Mayday eine bewusste Entscheidung gegen individuelle Ideenzeit, die jeder selbst nehmen kann, wann er möchte. Stattdessen wollte man auf die Wirkung einer konzentrierten Teamleistung an einem einzigen Tag setzen. Dieser Tag steht für alle Mitarbeiter im Unternehmen fest im Kalender und wird bei Kundenprojekten eingeplant. Das mindert die Gefahr, dass jemand aufgrund des operativen Tagesgeschäfts nicht dazu kommt, sich mit neuen Ideen auseinanderzusetzen. Trotzdem passiert es auch bei Mayflower manchmal, dass einige Kollegen aufgrund dringender Kundenprojekte einmal nicht teilnehmen können. Doch auch diese Entscheidung treffen die Kollegen selbst. Das Team entscheidet sich für das, was es im Moment für am sinnvollsten erachtet.

Der Mayday ist ein bewusster Versuch, jedes Crewmitglied an Innovationen zu beteiligen. Man wollte diese Aufgabe explizit nicht an einen gesonderten Forschungs- & Entwicklungsbereich abgeben, während alle anderen im Tagesgeschäft produktiv am Projekt arbeiten.

Alle Mitarbeiter können sich als Interessenten vorab für ein Thema eintragen. Die Themen werden in einem Wiki gesammelt, so dass jeder Zugriff und Einblick hat. Dabei können pro Mayday gut und gerne mehr als zehn verschiedene Themen zusammenkommen. Für viele Themen wird eine Entwicklungsumgebung benötigt. Diese wird, wenn möglich, vorher in Eigenarbeit aufgesetzt, um am Mayday möglichst wenig Zeit mit der Konfiguration zu verlieren und gleich inhaltlich loslegen zu können.

Der Mayday selbst startet um 9 Uhr mit einer Konferenzschaltung zwischen den Standorten. Ein Facilitator sorgt dafür, dass alle Projekte von ihren Inhabern kurz und prägnant vorgestellt werden. Anschließend suchen sich alle Teams einen Raum, in dem sie an ihrem Projekt arbeiten. Es ist auch möglich, alleine an einem Projekt zu arbeiten. Die Intention des Maydays ist es jedoch schon, bewusst Menschen mit unterschiedlichen Profilen in Teams zusammenzubringen.

Um 16 Uhr finden sich alle wieder zusammen, um den Kollegen und Kolleginnen die Ergebnisse des Tages zu präsentieren. Dieser Abschluss, bei dem alle Kollegen noch einmal vorstellen, was sie erreicht haben, ist ganz wichtig.

Häufig kommt es dabei vor, dass ein Projekt sich über mehrere Maydays erstreckt, da die Zeit in einem Arbeitstag nicht ausreicht, um das Thema zur Reife zu führen. Es liegt dann in der Verantwortung der Teams, sich so zu organisieren, dass sie die Arbeit an ihren Projekten nach zwei Wochen Pause wieder aufnehmen können.

Das Besondere am Mayday ist, dass alle Projekte auf kompletter Freiwilligkeit beruhen. Man darf an einem Projekt mitarbeiten, muss aber nicht. Zu Beginn gab es durchaus Diskussionen, ob so viel Freiheit nicht nur dazu führt, dass manche Kollegen sich einfach einen lockeren Tag machen. Möglich wäre es, in der Praxis hat Mayflower das bisher aber nicht beobachten können, im Gegenteil: Die Crew ist mit viel Spaß und Engagement dabei. Zu Beginn braucht es jedoch den Mut, als Unternehmen loslassen zu können und auf die Motivation der Kollegen zu vertrauen.

Nach einem Mayday werden die Ergebnisse ebenfalls wieder im Wiki festgehalten, als Dokumentation und Lernmöglichkeit für andere.

Organisches Vorgehen

Aus den Maydays sind bereits viele neue Projekte, Produkte und andere Ergebnisse entstanden.

Aus der Beschäftigung mit Big Data im Rahmen der Maydays hat sich zum Beispiel ein neues Kundenprojekt entwickelt.

Ein anderes Beispiel ist das Open Device Lab Würzburg[53]. Hierbei handelt es sich um ein kostenfrei nutzbares Labor mit alten und neuen Smartphones in den Büroräumen von Mayflower. Jedes Unternehmen in der Region kann dieses nach Voranmeldung nutzen, um Websites und Apps simultan auf unterschiedlichen mobilen Endgeräten zu testen. Der komplette Raum wurde vom Projektteam selbst gestaltet, die notwendige Software und Infrastruktur getestet und vorbereitet. Mayflower hat eine Reihe von Endgeräten gekauft und bekommt auch Spenden von Geräten, etwa direkt von den Kollegen oder von anderen Unternehmen. Das Team hat den Raum selbst eingerichtet und sogar die Schreinerarbeiten selbst ausgeführt. Die Frage, ob die Kollegen den Raum dafür nehmen können, wurde in einer Standortversammlung vorgebracht, diskutiert und entschieden.

Ein anderes Beispiel, das aus einem Mayday entstanden ist, ist ein neues Gehaltsmodell. Die Teilnehmer der Gehaltsgruppe gründeten einen Geheimbund der transparenten Gehälter. In diesen Bund ist dann die Mehrzahl aller Kollegen eingetreten, um einander die Gehälter zu offenbaren. Dies bildete den Anstoß, den bestehenden Gehaltsworkflow zu ändern. Wenige Monate später lag ein neues Modell zur Gehaltsfindung als Vorschlag auf dem Tisch. Schließlich wurden eine Widerstandsmessung durchgeführt und das neue Modell angenommen.

Wenn aus diesen Maydays etwas Substanzielles entsteht, versucht das Unternehmen, mit kleinen Experimenten herauszufinden, wie viel Potenzial wirklich darin steckt. Dazu gibt es unter anderem im Sommer eine Woche Barcamp. Die Zeit dort kann genutzt werden, um Ideen gezielt voranzutreiben und zur Reife zu bringen.

Projekte werden aber auch wieder abgebrochen, weil sie den »Chasm[54]« nicht überspringen: »*Wir haben gute Ideen, für die es eine gewisse Anfangseuphorie gibt. Wenn diejenigen, die es treiben, irgendwann die Lust verlieren, stirbt die Idee.*«

Albrecht bezeichnet Mayflower als Projektunternehmen, nicht als Produktunternehmen. Experimente bedeuten in diesem Kontext, herauszufinden, ob ein Kunde für ein Projekt begeistert werden kann. Dabei gibt es bei Mayflower jedoch keine festen Bewertungskriterien, wann ein Projekt abgebrochen wird. Grundsätzlich sollte es einen Nutzen intern oder beim Kunden bringen.

Damit gibt es bei Mayflower auch keinen expliziten Innovationsprozess: Die Dinge folgen mehr dem Prinzip der Begeisterung. Wenn jemand von etwas überzeugt ist, versucht er, andere dafür zu begeistern.

Was bringt das?

Zahlengetriebene Manager könnten sich nun fragen, ob sich der ganze Aufwand denn rechnet. Hierzu schreibt Björn Schotte, ein weiterer Geschäftsführer bei Mayflower in einem Blogbeitrag[55] für das Magazin impulse: »*Ist es als Unternehmer nicht riskant, hier so viel freie Hand zu lassen, insbesondere in einem so häufigen Rhythmus wie zweimal im Monat? Vor über drei Jahren, als wir den Mayday einführten, war ich sehr skeptisch.*

Doch die Skepsis legte sich sehr schnell, als ich sah, mit wie viel Begeisterung die Kolleginnen und Kollegen ans Werk gingen. Dieses für uns sehr große Investment in Form von Personalkosten und entgangenem Gewinn lohnt sich – in Wahrheit ist es eine Investition in Gewinne der Zukunft.

Als Unternehmer glauben wir also sehr fest daran, dass dies eine äußerst sinnvolle Investition in das Unternehmen und unsere Crew ist.«

Das Format bringt neue Themen hervor, die das Unternehmen vorantreiben. Manche davon wirken sich positiv auf das aktuelle Geschäft aus. Andere lassen neue Ideen für künftige Geschäfte entstehen. Ganz zentral ist, dass der Mayday alle Kollegen einbindet und die Eigenmotivation der Kollegen fördert und unterstützt.

Das ist aus meiner Sicht eine große Stärke des Formats. Neues entsteht dann am einfachsten, wenn Menschen das Gefühl haben, an für sie individuell sinnvollen Themen Fortschritte machen zu können. Genau dies ermöglicht der Mayday.

7. Fallstudie Partake

Partake ist ein »Company Builder« aus Berlin. Das Unternehmen ist eine Art Gründungsschmiede, die kontinuierlich neue Unternehmen hervorbringt, an denen es selbst beteiligt ist. In der Selbstbeschreibung heißt es: »*Wir bauen gemeinsam mit unseren Kunden Gründungsunternehmen auf, die keinen Marktschreier brauchen, weil der Markt nach ihnen schreit.*«

Für diese Fallstudie habe ich mit Dr. Jürgen Erbeldinger gesprochen, dem CEO von Partake.

Bei Partake arbeiten circa zehn Personen »am Prozess«, d.h. sie liefern zentrale Dienste, die allen Gründungsunternehmen zur Verfügung stehen. Dazu gehören zum Beispiel die IT-Abteilung und die Buchhaltung.

Die Anzahl der Kollegen »im Prozess« in den Startups variiert je nach Anzahl und Größe der Startups.

Alles außer Hierarchie

Partake lebt nach der Philosophie, dass innovative und disruptive Geschäftsideen nur dann entstehen »*wenn bestehende Denk- und Arbeitsweisen in die Kiste gepackt werden und wir anfangen, aus der Box zu denken.*«

Es gibt bei Partake keine formalen Hierarchien mehr. Das Unternehmen glaubt, dass es mit einem agilen Management (in der Projektorganisation) und Selbstorganisation (in der Aufbauorganisation) produktiver ist als mit vorgegebenen Hierarchien.

Im Interview sagt Jürgen, dass nicht jeder ohne formale Hierarchien zurechtkommt und die Einführung der Selbstorganisation anfangs auch zu Fluktuation geführt hat. Innerhalb der Projektteams entscheiden die Beteiligten selbst, wie sie sich organisieren möchten.

Es wird bewusst so gehandhabt, dass Menschen, die den Partake Company Builder durchlaufen, nach drei Jahren wieder aus dem Company Builder aussteigen sollen, etwa weil sie in einem nun etablierten ehemaligen Startup arbeiten, das aus dem Prozess entstanden ist.

Der Innovationsprozess

Partake ist anders als die anderen Fallstudien in diesem Buch, weil das Unternehmen eine Plattform und Infrastruktur bietet, um ständig neue Unternehmen zu gründen. Die Ausgründung und der Innovationsprozess dahinter sind Kern des Geschäftsmodells und zentrales Wertangebot von Partake.

Dazu nutzt Partake einen iterativen Stage-Gate-Prozess, der sich am Design Thinking orientiert[56] (siehe Abbildung). Dieser Prozess stellt die Projektorganisation dar, mithilfe derer Ideen zur Marktreife entwickelt werden. Der Prozess bietet eine explizite Struktur, an der sich die Innovationsaktivitäten orientieren können.

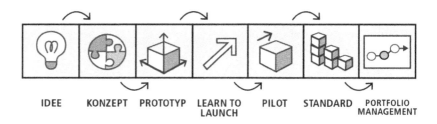

IDEE   KONZEPT   PROTOTYP   LEARN TO LAUNCH   PILOT   STANDARD   PORTFOLIO MANAGEMENT

Jedes Team muss den definierten Stage-Gate-Prozess durchlaufen. Bestehende Ideen werden jedoch auch an der richtigen Stelle im Prozess eingefügt und es ist möglich, dass eine Idee je nach Stand des Projektes weiter hinten im Prozess einsteigt.

Dazu bewerben sich Teams oder Einzelpersonen (die Kunden von Partake) mit ihrem Projekt und Partake entscheidet, ob ein Projekt in den Company Builder aufgenommen wird. Als Aufnahmekriterium gilt dabei unter anderem das Triple-P-Konzept: »*People, Planet, Profit – ist unser Maßstab für die Bewertung und Auswahl von Innovations- und Gründungsprojekten. Wir suchen neue und bessere Lösungen mit starkem Impact, denen eine ökologische, ökonomische und soziale Balance zugrunde liegt.*«

Sobald ein Projekt aufgenommen worden ist, formiert sich ein interdisziplinäres Team, welches das Projekt durch den Prozess treibt. Dabei kann das ursprüngliche Team mit Personen von Partake angereichert werden.

Der Prozess sieht dabei folgendermaßen aus (siehe Visualisierung):

Von Idee zu Konzept:
- Wie mache ich meine Marke zu einem investierbaren Asset?

Von Konzept zu Prototyp:
- Wie realisiere ich die Idee?

Von Prototyp zu Learn to Launch:
- Wie verkaufe ich das Produkt auf dem Markt?

Von Learn to Launch zu Pilot:
- Funktioniert das Produkt in der Praxis?

Von Pilot zu Standard:
- Wie kann ich mein Geschäft effizienter machen?

Von Standard zu Portfolio-Management:
- Welche Geschäftsmodelle rentieren sich?

Während des Prozesses gibt es einen Baukasten an geeigneten Kreativtechniken und Methodiken im Rahmen eines sogenannten Innovation Labs. Dieser Baukasten unterstützt ein Team beim erfolgreichen Durchlauf des Prozesses. Zusätzlich dazu fungieren die Partake-BeraterInnen im Prozess als Coaches.

Jemand, der den Prozess durchlaufen möchte, muss die Idee vor mindestens acht Leuten präsentieren, die nicht aus dem Projektteam stammen. Diese achtköpfige Jury setzt sich aus Mitgliedern anderer Teams sowie den Partake-Geschäftsführern zusammen. Eine Idee braucht 100% Zustimmung, um aufgenommen zu werden. Die beiden Vorstände von Partake können im Prozess an jedem Gate ein Veto einlegen.

Dann wird das Projekt entweder beendet oder verändert. In der Praxis »*müssen wir das Vetorecht gar nicht ausüben. Die Teams kontrollieren sich sehr stark selbst. Im Vorfeld der Präsentation wird sehr stark darüber gesprochen. Die Infodichte vorab ist sehr hoch und es wird im Vorfeld sehr viel miteinander gesprochen.*« Teilweise sind die Vorstände auch Teil der Projektteams.

Das Durchlaufen des gesamten Prozesses dauert mindestens 180 Tage und sollte nach drei Jahren abgeschlossen sein.

Die Entstehung des Systems

Das jetzige Organisationssystem von Partake wurde selbst entwickelt. Es entstand, als Jürgen im Jahr 2008 ein Projekt im Design-Thinking-Umfeld durchführte. Dabei stellte er sich die Frage, wie Partake einen Wettbewerbsvorteil erzeugen könnte. Ein zentraler Aspekt war es, Erfolg über Eigenmotivation zu ermöglichen. Auf dieser Grundannahme entstand das jetzige System.

Für jedes Projekt, das den Prozess durchläuft, haben die Menschen in der Organisation volle Freiheit zu entscheiden, ob sie an ihm mitarbeiten möchten oder nicht. »*Auch ich als Eigentümer muss mich bewerben und werde gefragt, wie ich mich einbringen kann.*« In der Praxis fällt es manchen Kollegen jedoch schwer, Nein zu sagen, etwa weil sie bereits überlastet sind.

Für Jürgen als Eigentümer und Gründer von Partake kann es in diesen Strukturen dann auch passieren, dass er in einem Projektteam einen Chef hat: »*Für mich ist das total schön, mal nicht in der Verantwortung zu stehen. Für andere ist es eher schwierig, mein Chef zu sein. Wir haben zum Beispiel ein App-Projekt, bei dem meine Assistentin im Lead ist und offiziell meine Chefin ist. Hier arbeiten wir auf Augenhöhe.*«

In der Praxis fühlt sich die Arbeit dann nicht viel anders an als in anderen Unternehmen.

Die Projektteams entscheiden selbst, wie sie sich organisieren. Manche Teams sind dabei klassisch hierarchisch, andere sind wirklich selbstorganisiert. Partake möchte hier bewusst nicht vorschreiben, wie die

Teams organisiert sein sollen. Es müssen sich jedoch alle Teams an den Prozess halten und diesen durchlaufen.

Es gibt es also mehrere Ebenen, die in ihrer Gesamtheit das jetzige erfolgreiche System ergeben:

- das selbstorganisierte System des Company Builders
- eigenständige Projektteams innerhalb des Company Builders, die selbstorganisiert oder klassisch organisiert sein können
- einen definierten Innovationsprozess in der Ablauforganisation, den alle Projektteams durchlaufen.

Das Prinzip, sehr stark auf die Eigenmotivation der Menschen zu setzen, deckt sich dabei mit anderen für dieses Buch interviewten Unternehmen und erhöht aus meiner Sicht die Wahrscheinlichkeit, dass die Teams den Prozess erfolgreich durchlaufen.

8. Fallstudie Spindle

Spindle ist ein Softwareunternehmen aus den Niederlanden, das Open-Source-Software entwickelt, die hilft, »Konversationen zu starten«. Die Firma ist eine drei Jahre alte Ausgründung des niederländischen Telekommunikationsunternehmens Voys. Voys verkaufte früher Telefone und entwickelte dazu eine eigene Software. Diese Software war so erfolgreich, dass auch andere Telekommunikationsunternehmen (inklusive der Mitbewerber) diese nutzen wollten. Deshalb wurde ein eigenes Unternehmen – nämlich Spindle – ausgegründet, das diese Software entwickelt.

Spindle entwickelt Produkte wie Voice-over-IP-Cloud-Telefonplattformen und einen automatischen Assistenten für CRM- (Customer Relationship Management) Systeme. Diese Produkte helfen den Kunden, auf eine »offene, schlanke und effektive« Art zu kommunizieren.

Zum Zeitpunkt des Interviews beschäftigte das wachsende Unternehmen 45 Mitarbeiter. Für diese Fallstudie sprach ich mit Joris Engbers, der seit der Ausgründung dabei ist. Joris hat einen Hochschulabschluss in Geschichte und ist nun Softwareentwickler. Vor seiner Zeit bei Spindle arbeitete er in ganz traditionellen Organisationen, unter anderem der niederländischen Post und einem anderen Softwareunternehmen. Einen Abschluss in Geschichte zu haben und dann bei Spindle Software zu entwickeln, scheint auch für andere Kollegen ein guter Weg zu sein[57]. Spindle ist ein holakratisch organisiertes Unternehmen. Joris füllt Rollen im Bereich der Backend-Programmierung, der Infrastruktur und der Entwicklung von Holacracy in der Organisation.

Seit der Gründung nutzt Spindle Holacracy als System, um sich zu organisieren und zu verwalten. Die Illustration zeigt die momentane holakratische Struktur.

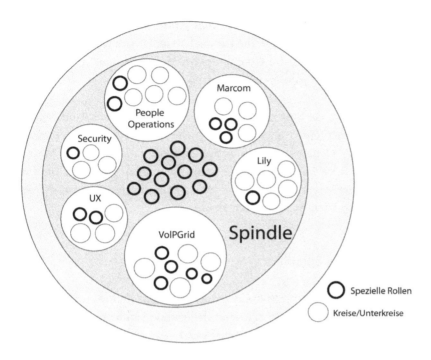

Spindle nutzt agile, auf Scrum basierende Prozesse der Softwareentwicklung. Diese Prozesse erlauben es den Teams, kontinuierliche Build-Measure-Learn-Zyklen zu durchlaufen. Ein Stück Software wird auf der Grundlage expliziter Annahmen und Anforderungen entwickelt (=build). Dann werden die Auswirkung und die Kundenreaktion gemessen (=measure), um dann Lernergebnisse daraus abzuleiten (=learn).

Mit Holacracy kann Spindle diese Zyklen auch in allen anderen Bereichen der Organisation durchlaufen, nicht nur in der Softwareentwicklung. Das funktioniert laut Joris deshalb, weil implizite Erwartungen expliziert und in sogenannte »Verantwortlichkeiten« formalisiert werden. Damit lässt sich dann messen, ob die Erwartungen wirklich erfüllt wurden. Basierend auf den Lernergebnissen kann die Organisation die Erwartungen durch Governance-Besprechungen aktualisieren.

In der Praxis bedeutet dies, dass Erwartungen alle paar Wochen aufgrund früherer Ereignisse leicht verändert werden.

»*Holacracy erlaubt es uns agil zu sein, außerhalb der Softwareentwicklung.*« Joris betont, dass dies in der Theorie auch in jeder anderen Organisation möglich ist. Der explizite Charakter von Holacracy macht Gespräche über Erwartungen jedoch deutlich einfacher.

Mit Holacracy als System gibt es keinen Scrum Master und keinen Product Owner (eine Rolle in Scrum) mehr. Der Product Owner wurde durch einen Meilensteinplanungsprozess ersetzt. Den Scrum Master braucht man im holakratischen System nicht mehr, weil klar ist, wer was von wem erwarten kann, und daher keine Rolle nötig ist, die ein Team von anderen Stakeholdern abschirmt.

Innovation bei Spindle

Innovation bedeutet für Spindle, neue Softwareprodukte zu entwickeln und neue Technologien in existierende Produkte zu bringen. Das kann dann bedeuten, dass neue Produkte entstehen, von denen die Nutzer vorher nicht wussten, dass sie diese benötigen würden, wie im Falle des CRM-Systems (Push-Ansatz). Oder es kann bedeuten, auf Kundenanforderungen und -anfragen zu reagieren (Pull-Ansatz).

Die Art, wie neue Ideen entstehen, ist bei Spindle ähnlich wie bei Springest (eine weitere Fallstudie in diesem Buch): Innovation wird innerhalb existierender Rollen initiiert und/oder vorangetrieben. Das kann entweder eine Idee sein, die mit einer Rolle in Zusammenhang steht, die bereits jemand füllt. Oder eine Idee führt dazu, dass Menschen den Governance-Prozess der Holacracy nutzen, um eine Rolle zu schaffen, die sich um die Idee kümmert.

Von jedem Rolleninhaber wird erwartet, dass er innerhalb des Zwecks seiner Rollen und seines Kreises innoviert. Wenn jemand eine Idee hat, die seine Rolle direkt betrifft, kann er sofort handeln. »*Wenn ich etwas habe, das außerhalb meiner Rolle liegt, dann werde ich diese 'Spannung' an jemanden geben, der etwas damit anfangen kann.*« Natürlich ist diese Person nicht verpflichtet, die Idee zu nutzen oder umzusetzen. In dieser Hinsicht ist Spindle vergleichbar mit traditionellen Organisationen: Wenn jemand eine Idee hat, die außerhalb seines

Tätigkeitsbereichs liegt, kann er jederzeit einen »Verantwortlichen« ansprechen. Es liegt dann jedoch im Ermessen der anderen Person zu entscheiden, wie es weitergeht. Wie in jeder Organisation können die Dinge dann angenommen oder abgelehnt werden, je nach Sichtweise der verantwortlichen Person.

Ein zentraler Unterschied in einer holakratischen Firma wie Spindle besteht darin, dass jede Rolle in der einer speziell für holakratische Unternehmen entwickelten Software festgehalten und ausformuliert ist. Das vereinfacht es den Mitarbeitern, die richtige Rolle und damit Person zu identifizieren. In traditionellen Organisationen wissen die Leute oft nicht, wen sie mit ihrer Idee ansprechen sollen. Aus diesem Grund gibt es in vielen zentral organisierten Unternehmen ein Ideenmanagementsystem für kleine inkrementelle Ideen. Jede Idee, die dort eingegeben wird, wird zentral angeschaut und dann zu einem verantwortlichen Beurteiler weitergeleitet. Dieser bewertet die Machbarkeit der Idee und gibt eine Rückmeldung in das zentrale System zurück.

Holakratische Unternehmen unterscheiden sich nun besonders im Hinblick auf Ideen, die zu keiner existierenden Rolle oder Funktion passen. In einer traditionellen Organisation würde man damit zu seinem Chef laufen und hoffen, dass er weiß, was man nun tun könnte. Meistens wird die Idee dann fallen gelassen, weil es niemanden gibt, der dafür verantwortlich ist. Wenn bei Spindle jemand eine Idee hat, die für den gesamten Kreis (das kann ein Unterkreis oder die gesamte Organisation sein) relevant ist, kann er diese in eine Governance-Besprechung einbringen und eine Rolle schaffen. Aufgabe der Rolle ist es dann, sich um die Idee zu kümmern. Der Prozess der integrativen Entscheidungsfindung in der Holacracy ermöglicht es, einen Vorschlag abzulehnen, wenn dieser der Organisation Schaden zufügen würde und nicht sicher genug ist, um ihn auszuprobieren. Meistens wird der Vorschlag, eine Rolle zu schaffen, die eine Idee treibt, den Prozess überleben. Es gibt dann niemanden, der die Schaffung der Rolle blockieren könnte, weil ihm die Idee nicht gefällt.

Joris sagt: »*Es ist fast unmöglich, einen Vorschlag einfach so abzulehnen, weil dies bedeuten würde, dass eine Spannung einer Person nicht angesprochen wird. Was stattdessen oft passiert, ist, dass der Einwandgeber feststellt, dass ein wahrgenommener Einwand eigentlich einen anderen Vorschlag darstellt, oder dass die Spannung bereits vor dem Einwand bestand.*«[58]

In normalen holakratischen Organisationen (das heißt, wenn die Autorität des Lead Links nicht verändert wurde) obliegt es dann dem Lead Link eines Kreises zu entscheiden, ob eine Rolle auch tatsächlich von einer Person gefüllt wird und wie viele Ressourcen in die Rolle investiert werden.

In diesem Fall ist der Lead Link in einer Machtposition, weil es an ihm liegt zu entscheiden, ob weitere Energie in die Idee und damit die Rolle gegeben wird. Führung kann also hier eine wichtige Rolle spielen, und das ist auch bei Spindle so. Joris betont jedoch: »*Bei Spindle haben die Lead Links äußerst selten bis gar nicht ihre Macht genutzt. Das wird sich vielleicht einmal ändern. Im Moment ist es bei uns wahrscheinlicher, dass Entscheidungen über die Vergabe von Ressourcen gemeinsam getroffen werden.*«

Das holakratische Unternehmen VSE (ebenfalls eine Fallstudie in diesem Buch) hat sich bewusst dazu entschieden, den Einfluss der Führung auf die frühen Phasen der Innovation zu minimieren. VSE erlaubt es Menschen, im Rahmen einer spezifischen Innovationszeit an Ideen außerhalb ihrer Rollen zu arbeiten.

Spindle nutzt das Standardvorgehen in der Holacracy und überlässt es dem Lead Link, am Ende eine Entscheidung über die Befüllung einer Rolle zu treffen. Bis jetzt funktioniert das gut. Genauer gesagt: Es gab bisher einfach sehr wenige Spannungen, die sich auf die Zuteilung von Ressourcen bezogen haben. Stattdessen wurden die Mittel organisch zugeteilt und die Macht, die ein Lead Link innehat, ist bisher nur eine theoretische geblieben. Wie ein Lead Link seine Rolle füllt, ist wiederum eine Frage des persönlichen Stils. Bis jetzt gibt es keine spezifischen Entscheidungskriterien für den Umgang mit Ideen, wie diese in vielen Stage-Gate-Innovationsprozessen existieren.

Entscheidungsfindung

Manchmal können Ideen zu neuen Rollen in der Holacracy führen. Bei laufenden Projekten nutzt Spindle Vorgehensweisen der Priorisierung, wie die MoSCoW-Methode[59], um zu entscheiden, welche Themen umgesetzt werden. Für Projekte gibt es einen Prozess und definierte

Meilensteine. In jedem Projekt existieren dann mindestens fünf verschiedene Rollen, die sich regelmäßig treffen, um Meilensteine zu priorisieren. Dieser Priorisierungsprozess nutzt dann ebenfalls die integrative Entscheidungsfindung wie in holakratischen Governance-Besprechungen.

Wenn eine Rolle den Eindruck hat, dass ein Thema neu priorisiert werden muss, macht die entsprechende Person einen Vorschlag, der die Spannung lösen würde. Sollte jemand einen Einwand haben, muss dieser in der Einwandrunde vorgebracht werden. Ansonsten gilt der Vorschlag als angenommen.

Der Zweck der Organisation als Leitstern

Spindle hat keine spezifische und separate Innovationsstrategie. Ähnlich zu den Aussagen von Ruben Timmerman von Springest glaubt Joris auch, dass Innovation Teil der DNA der Organisation sein sollte und nicht als separate Aktivität betrachtet werden darf.

Innovation bei Spindle speist sich aus zwei Hauptquellen:

Zum Einen gibt es eine Roadmap für neue Entwicklungen mit Meilensteinen. Diese unterstützt die inkrementelle Innovation für bestehende Produkte und Dienstleistungen.

Wichtiger noch ist die zweite Quelle, der Zweck der Organisation: *»Wir bauen Komponenten für offene Kommunikation«*. Dieser Zweck dient als Denkrahmen für alle Mitarbeiter des Unternehmens.

Momentan werden Ideen, die nicht dem Zweck dienen, von Spindle nicht weiterverfolgt. Joris erwähnt im Interview jedoch, dass Spindle in Zukunft möglicherweise einen breiteren Zweck benötigen wird. Google, jetzt Alphabet, hat seinen Zweck in der Vergangenheit ebenfalls erweitert, was unter anderem zur jetzigen Organisation führte.

Zusammenfassend lässt sich sagen, dass Spindle im Rahmen der Holacracy Innovation betreibt. Aufgrund der Größe von »nur« 45 Mitarbeitern bedarf es im Moment keiner weiteren Praktiken.

9. Fallstudie Springest

Springest ist eine Online-Vergleichsplattform für Trainings und Weiterbildung für verschiedene Länder und Sprachen in der Europäischen Union. Das Unternehmen unterstützt Menschen beim lebenslangen Lernen.

Springest erlaubt es Weiterbildungsanbietern, ihre Angebote auf der Plattform bereitzustellen. Nutzer haben die Möglichkeit, Angebote anzuschauen und zu vergleichen und so ihren idealen Kurs, ein E-Learning-Angebot, einen Coach oder eine Fortbildung zu finden.

Die Firma startete darüber hinaus Springest Go, eine Lernplattform zur internen Nutzung für Firmen. Das Produkt erlaubt es Angestellten, für sie passende Kurse zu finden und zu buchen. Gleichzeitig entlastet es die Personalabteilung von den administrativen Aufgaben und gibt die Kontrolle für ihr Lernen an die Mitarbeiter zurück.

Springest wurde 2008 von Ruben Timmerman gegründet, den ich für diese Fallstudie gesprochen habe. Das Unternehmen hatte zum Zeitpunkt des Interviews knapp 50 Mitarbeiter.

Seit 2012 nutzt Springest Holacracy als ein System, um schnell und einfach ohne bürokratische Hürden wachsen zu können.

Ruben besetzt bei Springest verschiedene Rollen, darunter die des Evangelisten, der Springest nach außen bekannter machen soll. Er coacht Kollegen und bewertet die Eignung potenzieller neuer Mitarbeiter für Springest. Er hat keine Rollen inne, die Verträge oder Gehälter berühren.

Innovation bei Springest

Ruben hat eine sehr klare Meinung zu Innovation und wie Innovation betrieben werden sollte. Er hält es nicht für sinnvoll, Innovation und Tagesgeschäft zu trennen: »*Ich hasse das Wort Innovation. Das ist keine Hexerei. Es ist Teil aller Dinge. Es ist das einzige, das wir tun und das wir tun sollten. Wir müssen einen Mehrwert für die Gesellschaft schaffen.*«

Deshalb gibt es bei Springest keine mentale Trennung zwischen dem, was die Leute täglich tun, und Innovation. Natürlich gibt es operative Tätigkeiten, die erledigt werden müssen und auch erledigt werden.

Er zieht den Vergleich zwischen Microsoft und Apple. Während Microsoft offiziell x Milliarden in Innovation investiert, investiert Apple offiziell gar nichts, weil alles, was Apple tut, Innovation ist.

Auf der Ebene des Geschäftsmodells wandelt sich Springest zum Beispiel gerade von einem werbefinanzierten Modell zu einem E-Commerce-Modell.

Für Ruben ist eine Voraussetzung für Innovation außerdem, dass ein Unternehmen auf der Ebene der Organisation innovativ ist. Dies war einer der Gründe für die Einführung von Holacracy bei Springest.

Springest sieht keinen Nutzen darin, Innovation offiziell zu verwalten. Laut Ruben brauchen die meisten Menschen ein Gefühl von Sicherheit und Verbindlichkeit. Viele Firmen suggerieren fälschlicherweise Sicherheit, indem sie einen offiziellen Prozess schaffen, der Innovation verwalten soll.

Bei Springest werden die Leute ermutigt, diese Angst loszulassen: »*Wir wissen, dass ganz wenige Dinge gewiss sind. Wir wissen, dass die Dinge nicht verwaltet werden sollten, sondern standardmäßig erlaubt sein sollten. Wir wollen sicherstellen, dass die Dinge vernünftig funktionieren.*«

Dies heißt nun nicht, dass es keinen Bedarf für Prozesse und Hierarchie gibt. Die Holacracy stellt beides zur Verfügung. »*Wir vertrauen einander. Wenn Fehler passieren, dann müssen wir diese ausbessern. Holacracy bedeutet dabei, etwas hinzuzufügen, damit die Dinge nicht im Chaos enden.*«

Um auf neue und radikale Ideen zu kommen, hat Springest ähnlich wie die Firma Mayflower (siehe Fallstudie) einen monatlichen Hack Day eingeführt[60]. Es gibt dabei nur eine Regel: Man darf an nichts arbeiten, was bereits geplant ist.

Dieser Logik folgend, gibt es bei Springest auch kein separates Innovationsprogramm.

Wie werden neue Entwicklungen angestoßen?

Innovation sollte immer in Verbindung zu Rollen stehen, die im Unternehmen existieren. So gibt es etwa Rollen, die sich explizit damit befassen, Dinge zu verbessern.

Springest versucht, sich auf Schmerzpunkte von Nutzern und Kunden zu konzentrieren, um neue Entwicklungen anzustoßen. Dies kann dann zu neuen Produkten oder aber auch zu neuen Geschäftsmodellen führen. Gleichzeitig ist alles sehr datengetrieben. Man muss Daten vorlegen können und Entwicklungen anhand konkreter Daten bewerten. Auf diese Weise entscheidet Springest, ob Ideen weiter vorangetrieben oder abgebrochen werden. Springest folgt dabei einem Vorgehen, das in vielen IT-Firmen üblich ist. Für neue Ideen werden MVPs (Minimum Viable Product) gebaut, dann werden Daten gesammelt, um die Sinnhaftigkeit einzuschätzen. Basierend auf den Daten wird dann entschieden, ob die Idee weiter verbessert oder abgebrochen wird. Am Ende entscheidet eine Person mit der entsprechenden Rolle.

»*Wir sind sehr auf nächste Woche, nächsten Monat und die nächsten Jahre konzentriert. Daher ist bei uns niemand nur mit dem Status Quo beschäftigt. Deshalb braucht es auch keine separate Innovationszeit, weil wir uns die ganze Zeit mit der Zukunft beschäftigen.*«

Woher wissen die Menschen, was relevant für die kommenden Wochen und Monate ist? Um dies festzulegen, nutzt Springest wie viele Softwarefirmen und holakratische Unternehmen das OKR-Vorgehen (siehe Kapitel 7): »*Die Art, wie wir arbeiten, funktioniert nur, wenn jeder ein klares Bild von der Zukunft hat.*« Dieses Bild wird gebraucht, damit die Menschen »unzufrieden« mit dem Status Quo werden und beginnen, die Lücke zwischen dem Jetzt und der Zukunft zu schließen. Aus diesem Grund ist der Zweck der Organisation für Ruben extrem wichtig. Wenn es einen starken und überzeugenden Zweck gibt, werden die Menschen innovativ sein, weil sie diesen Zweck ausdrücken möchten.

Aufgrund dieses starken Zwecks benötigt Springest keine Innovationsstrategie. Der Zweck und die OKRs zeigen den Weg – auch für die Innovation.

In vielen traditionellen Firmen ist es für die Menschen oft unklar, wohin die Organisation strebt. Für Ruben ist dies ein Grund für die Trennung von Innovation und Tagesgeschäft. Wenn nicht klar ist, wo es hingehen soll, dann ist es auch schwierig, Lösungen für die Zukunft zu entwickeln.

Rollen mit Innovationsbezug

Als holakratische Organisation hat Springest mehrere explizite Rollen mit Bezug zur Innovation. Es gibt Rollen, die sich mit der Produktentwicklung beschäftigen, und andere, die sich um die Geschäftsmodellentwicklung kümmern.

Wenn neue Ideen verfolgt werden, dann passiert dies immer im Kontext spezifischer Rollen. In dieser Hinsicht ist Springest vergleichbar mit Spindle, aber anders als VSE. Beide Unternehmen sind ebenfalls holakratisch. Bei VSE darf außerhalb bestehender Rollen an Ideen gearbeitet werden. Wenn es bei Springest etwas gibt, das erledigt werden muss, dann sollte dafür eine Rolle mit entsprechendem Zweck geschaffen werden. Für Ruben sollte alles im Kontext einer Rolle stattfinden und nicht im Graubereich zwischen den Rollen.

Wenn eine Idee in den Bereich einer bestehenden Rolle fällt, dann liegt es am Rollenfüller zu beurteilen, ob die Idee aufgegriffen wird. Entscheidet er sich dagegen, bleibt die Idee liegen. Bei Springest vertraut man auf das Urteil des Einzelnen: »*Diese Art von Verhalten ist gut in der Holacracy, aber schlecht in der traditionellen Struktur.*«

Werkzeuge zur Ideenentwicklung

Für größere Herausforderungen nutzt Springest Werkzeuge für Kreativität und Ideenentwicklung. Es ist jedoch eine Rolle nötig, die eine Herausforderung bewältigen möchte. Diese Rolle kann dann zum Beispiel eine Brainstorming-Session einberufen. Diese Person ist dann auch dafür verantwortlich, die Ergebnisse zu verfolgen.

Springest hat sicherlich eine sehr spezifische Sicht auf die Unterscheidung zwischen Innovation und Tagesgeschäft. Gleichzeitig wird Innovation dadurch entmystifiziert und gilt als normale Aktivität, der Menschen täglich nachgehen sollten. Ich glaube, dass es sehr wichtig ist, eine Rolle zu haben, welche die Eignung neuer Mitarbeiter für diese Art des Denkens beurteilt. Menschen können sich hinter Rollen verstecken und ich glaube, dass eine gewisse Haltung erforderlich ist, um die Philosophie »Innovation ist das einzige, was wir tun« wirklich zu leben.

10. Fallstudie Swisscom

Für diese Fallstudie eines Teilbereichs der Swisscom sprach ich mit Daniel Sigrist. Er ist dort seit 2013 beschäftigt und hat die holakratische Entwicklung des Bereichs mit vorangetrieben. Das erste Interview fand im Mai 2016 statt. Da sich innerhalb eines Jahres viele Änderungen ergaben, führten wir im Mai 2017, kurz vor der Fertigstellung des Buchmanuskripts, ein zweites Gespräch. Wenn Sie das Buch in den Händen halten, wird sich wieder einiges verändert haben. Das ist die besondere Dynamik in selbstorganisierten Unternehmen oder Unternehmensbereichen.

Die Swisscom hat circa 20.000 Mitarbeiter in der Schweiz und in Italien und bietet verschiedene Telekommunikations- und IT-Dienstleistungen an.

Dieses Beispiel ist besonders interessant, weil es inzwischen in immer mehr Konzernen Experimente mit Selbstorganisation gibt. Meist handelt es sich dabei um einzelne Inseln innerhalb der Konzernstrukturen, ähnlich wie bei diesem Beispiel.

Der Bereich von Daniel ist hauptsächlich in der Personal- und Organisationsentwicklung des Unternehmens angesiedelt und umfasst seit kurzem mehr als 30 Personen.

Alles begann mit einem Kernteam von fünf Personen, die für einige Zeit in ihrem Team verschiedene »Prototypen« der Selbstorganisation ausprobierteb und seit 2016 holakratisch organisiert sind.

Wie auch bei anderen in diesem Buch vorgestellten Unternehmen waren die Klarheit und der Prozess, das System dynamisch zu verändern, ein wichtiger Grund, es mit Holacracy zu versuchen. »*Vor Holacracy hatten wir die Rollen nicht klar definiert, jeder hat einfach alles gemacht. Das hat mit fünf Personen noch gut geklappt, ab sieben Personen wurde es dann aber schwieriger, insbesondere auch, wenn neue Personen zum Team kamen. Um Selbstorganisation quasi zu skalieren und mehr Klarheit in den Rollen zu haben, haben wir uns damals in diesem Kernteam für Holacracy entschieden.*«

Im Juni 2016 schloss sich die hierarchisch darüber liegende Abteilung an und führte ebenfalls Holacracy ein, so dass sich der Personenkreis auf 30 Personen erweiterte.

Nach einer ersten Phase des »Abtastens«, die zwei bis drei Monate dauerte, wurden größere Bewegungen im System wahrnehmbar. Das Organigramm hat sich seither ständig angepasst. Es wurden neue Rollen und Kreise erstellt, bestehende Rollen gelöscht, Kreise umbenannt und Rollen verschoben. Spannend daran: *»Wenn wir heute das Organigramm anschauen und vergleichen mit der Holacracy-Startstruktur vom 1.6.2016, dann ist der Unterschied gewaltig. Gefühlt hat es aber nie eine Veränderung gegeben. Durch die ständigen Anpassungen in kleinen Schritten nimmt man das ganz anders wahr.«*

In diesem konkreten Beispiel der Swisscom, wie auch in einigen anderen Konzernen, die mir bekannt sind, gibt es ein Netzwerk von Andersdenkenden. Es gibt verschiedene Teams, die mit Selbstorganisation experimentieren.

Mittlerweile gibt es im Unternehmen bereits mehrere Teams. Im April 2017 startete eine Einheit von 120 Personen mit Holacracy, im Mai 2017 eine weitere Einheit mit 65 Personen.

Bezüglich Holacracy kamen die Pioniere im Unternehmen aus den Bereichen Personal- und Organisationsentwicklung, Training sowie Eventmanagement und nicht wie sonst oft aus der Softwareentwicklung. Einige Softwareentwickler tun sich in Daniels Wahrnehmung manchmal sogar schwer zu erkennen, wo die Grenzen von Scrum sind und was Systeme der Selbstorganisation wie Holacracy ihnen noch an Mehrwert bieten könnten.

Es gibt im Konzern eine agile Gilde von Software-Entwicklern und neben einigen Scrum-Teams auch jene, die ähnlich wie Spotify[61] arbeiten. Daniel glaubt, dass der Markt im Moment agile Methoden (in der Projektorganisation) braucht. Dies lässt sich bei ganz vielen traditionell organisierten Unternehmen beobachten.

Diese agilen Methoden befeuern meiner Meinung nach das Interesse an selbstorganisierten Organisationsformen. Haben die Menschen einmal durch agile Methoden erlebt, wo das Potenzial liegt, wollen sie oft mehr. Damit entsteht nun in vielen traditionellen Unternehmen eine Debatte über Selbstorganisation in der Aufbauorganisation.

Auch bei der Swisscom gibt es ein erstes Team von Softwareentwicklern, das mit dem Spotify-Ansatz als Squad gearbeitet hat und nun als nächsten Schritt Holacracy einführen will.

Viele Menschen innerhalb und außerhalb des Konzerns, mit denen Daniel in Kontakt ist, teilen den Wunsch nach einer Unternehmenskultur, die ähnlich ist, wie die der im Buch *Reinventing Organizations* beschriebenen Firmen.

Bedingt durch seine Rolle in der Personalentwicklung hat Daniel viel Kontakt mit Top-Entscheidern. Durch Veranstaltungen für diese Personengruppe innerhalb des Unternehmens lernen diese die selbstorganisierte Arbeitsweise des Bereichs kennen. Ihnen persönlich ist oft deutlich bewusst, dass die Prozesse und Strukturen im Unternehmen anders laufen könnten. Es gibt viel »Konzernwahnsinn«, der das Top-Management stresst und belastet. Gleichzeitig können sie momentan kollektiv durch die vorgegebenen Strukturen nicht anders handeln.

Daniels Bereich bringt jedoch bewusst Methoden aus seiner Arbeit in Veranstaltungen des Top-Management ein, um die Teilnehmer diesen auszusetzen und ein Bewusstsein zu schaffen, wie sie wirken können. Im letzten Jahr arbeitete Daniel zum Beispiel bei einer Veranstaltung mit hohen Führungskräften mit Methoden von Art of Hosting wie »Collective Story Harvesting«.

Wie Neues geschaffen wird

Bei Innovation denken die meisten Menschen ja vor allem an neue Produkte, Dienstleistungen oder Geschäftsmodelle. In einem Konzern und speziell in diesem holakratisch organisierten Konzernbereich kann Innovation jedoch auch bedeuten, nach innen gerichtete Prozesse zu verändern. In diesem Fall sind die Produkte des Bereichs Lern- und Veranstaltungsangebote für die Führungskräfte.

So ist in den letzten Jahren eine Leadership Academy entwickelt worden, in der es verschiedene Labore gibt.

- Ein Community Lab, in dem sich Führungskräfte zu einer Art Camp treffen, um Fragen der Zukunft zu besprechen.
- Ein Personal Lab, in dem Führungskräfte über ihre Rolle reflektieren.
- Ein Team Lab, in dem die Teilnehmer gemeinsam über Führung nachdenken und überlegen, wie Führung anders aussehen könnte. Hierbei wird das Konzept von Führung von einer festen Führungsperson getrennt. In diesem Format wurde dann auch die konkrete Ausgestaltung des Labs selbst in einem Co-Creation-Format mit Prototyping erarbeitet, ein bisher eher unübliches Vorgehen im Konzern in diesem Bereich.
Dazu wurden Workshopformate mit Stakeholdern durchgeführt, um daraus wiederum neue Formate zu entwickeln. Diese wurden dann in Form von Prototypen mit neuen Gruppen getestet und angepasst. Die Innovationsfähigkeit des Teams liegt in der Vorgehensweise, in kleinen Schritten jedes Mal neue Veränderungen vornehmen zu können und nicht ein fertiges Konzept umsetzen und ausrollen zu müssen.

Daniel beschreibt das Klima im Team als seit jeher sehr vertrauensvoll. Holacracy als Organisationsprinzip brachte eine größere Klarheit und Rollenverteilung, von der das Team sehr profitiert hat. Diese Rollenklarheit führte vor allem dazu, dass nicht immer alle fünf Leute im Team alles besprechen, sondern sich einzelne Personen entsprechend ihren Rollen treffen. Dies wiederum erhöht die Arbeitsgeschwindigkeit des Teams. Die Teammitglieder können leichter bestimmen, wo sie involviert sein müssen und wo nicht.

Möglicherweise trug dies mit dazu bei, dass sich der übergeordnete Bereich des Konzerns ebenfalls entschloss, auf Holacracy umzustellen.

Einbettung in die Konzernstrukturen

Die Einbettung eines selbstorganisierten Bereichs in einen traditionellen Konzern lief dabei erwartungsgemäß nicht immer ganz reibungslos. Die Hierarchen erwarten bei teamübergreifenden Besprechungen die Anwesenheit eines Teamleiters. Den gibt es in diesem Sinne aber nun gar nicht.

Außerdem wurde entgegen dem holakratischen Vorgehen versucht, dem Team von außen gewisse Rollen aufzudrücken. Das ist per se in Holacracy nicht möglich, in einem traditionellen hierarchischen Konzern jedoch schon.

Außerdem wollte das an KPIs und Reportings gewohnte Umfeld gerne bestimmte Kriterien für den Betrieb der Labs vorschreiben. Ein kontinuierlicher iterativer Prozess, wie ihn Daniels Bereich nutzt, würde diese Kriterien allerdings ständig verändern und ist entsprechend schwer mit den KPIs und Reportings zu vereinbaren.

Das klassische Management denkt eher in den Kategorien Konzeption und Betrieb. Sobald die Konzeption einmal abgeschlossen ist, sollte der Betrieb standardisiert sein und möglichst nicht verändert werden. So wurde anfangs dem Team von außen vorgeschrieben, dass es einen Verantwortlichen braucht, der für den Betrieb der Labs zuständig ist. Auch die Vorstellung, wie ein Betrieb auszusehen hat, ist aus Daniels Warte sehr mechanistisch. Dies äußert sich darin, dass es ein durchgetaktetes ausgeschriebenes Kursprogramm geben muss. Das entspricht wiederum nicht der Arbeitsweise und dem Innovationsprozess von Daniels Team. Damit muss das Team nun jedoch leben. Es scheint der Preis dafür zu sein, als Insel in einem traditionellen Konzern zu existieren.

Während unseres zweiten Gesprächs im Mai 2017 berichtete Daniel, dass sich die Situation bereits zum Positiven verändert hat, da nun der gesamte Bereich holakratisch strukturiert ist.

Das Vorgehen des gesamten Unternehmens ist aus meiner Sicht praktikabel, um mit sehr überschaubarem Risiko Selbstorganisation testen zu können. Es handelt sich um einen Bereich, dessen Veränderung nicht sofort den gesamten Konzern »in Mitleidenschaft« zieht, der jedoch sichtbar genug ist, dass andere es ebenfalls sehen.

Es bietet sich – wie auch in Daniels Fall – für einzelne Bereiche und Teams an, von unten her eine Veränderung herbeizuführen, auch wenn damit einige Begrenzungen einhergehen. Leider gibt es andere Konzerne, die verdeutlichen, wie schnell so ein Experiment wieder beendet sein kann, sobald ein Machtträger nicht mehr mitspielt.

Wie kann ein solches Experiment der Selbstorganisation in einem klassischen Konzernumfeld gelingen?

Nach Daniel ist die wichtigste Voraussetzung, dass die Führungsperson, die ihre Autorität in ein selbstorganisiertes System abgibt, wirklich und aus voller Überzeugung daran glaubt. Diese Person wird oft auf die Probe gestellt und dann ist es wichtig, nicht in die »Chef-Falle« zu tappen. Wahrscheinlich werden alte Muster noch lange im System bestehen bleiben. Die Führungsperson ist hier entscheidend, indem sie zum Beispiel direkt reagiert, wenn jemand sie als ehemaligen Chef anspricht und etwa eine Entscheidung von ihr erwartet. Sehr förderlich wäre hier zum Beispiel, wenn die ehemalige Führungsperson dann gleich zurückfragt: »Welche meiner Rollen sprichst du genau an?« und dann allenfalls »Da habe ich gar keine Autorität, du kannst das in deiner Rolle selbst entscheiden.« Dies dürften laut Daniel Schlüsselmomente sein, in denen spürbar wird, ob ein Wechsel von einem System mit zentrierter Macht zu einem System mit verteilter Autorität gelingt.

Als zweite zwingende Voraussetzung im Konzernumfeld sieht Daniel die Unterstützung der vorgesetzten Stelle, also der Person, die der selbstorganisierten Insel übergeordnet ist. Das heißt, wenn Person A als Chefin einer Abteilung ihre Verantwortung an die Holacracy-Verfassung abgibt, dann muss Person B als Chefin von Person A dies unbedingt mittragen – idealerweise setzt sie bei der Ratifizierung der Holacracy-Verfassung ihre Unterschrift gleich mit unter das Dokument. Das ist nicht nur ein starkes Symbol für alle Mitarbeitenden, sondern auch wichtig als Rückhalt, wenn dann einmal schwierigere Zeiten kommen – und die kommen nach Daniels Erfahrung bestimmt.

Zudem lohnt es sich, genügend Zeit in Trainings zu investieren, in denen die Mitarbeitenden die Regeln der Selbstorganisation (im konkreten Fall von Holacracy) erlernen können. Wichtig ist es, das Team auch nach der Einführung noch intensiv zu begleiten.

Und schließlich muss man sich darüber im Klaren sein, warum ein Team/ein Bereich überhaupt Selbstorganisation einführt. Gerade wenn andere Konzernbereiche vielleicht eher kritisch eingestellt sind, müssen die selbstorganisierten Bereiche Argumente bereithalten, weshalb sie nun selbstorganisiert sind.

11. Fallbeispiel: TELE Haase

TELE ist ein österreichischer Hersteller von Zeit- und Überwachungsrelais mit 90 Mitarbeitern.

In seiner Selbstdarstellung charakterisiert sich TELE als »*solider Überwachungsspezialist und verrücktes Innovationslabor. Mit viel technischem Know-how und Menschen, die Spaß an ihrer Arbeit haben. TELE verknüpft Technologien. Kooperiert mit anderen. Frei von klassischen Hierarchien. Dafür mit viel Freiraum für eigenverantwortliches Engagement und außergewöhnliche Ideen. TELE entwickelt und produziert Lösungen für eine bessere Welt.*«

TELE verzichtet auf klassische Betriebshierarchien und nutzt stattdessen ein selbstentwickeltes demokratisches System der Selbstorganisation.

Für dieses Fallbeispiel traf ich mich mit Markus Stelzmann, einem der Geschäftsführer.

Gremien und Arbeitsgruppen

Das Unternehmen ist nach Prozessen organisiert und kennt wie in anderen Unternehmen auch wichtige Bereiche wie zum Beispiel Entwicklung & Konstruktion, Produktion oder Qualitätsmanagement. Jeder Prozess hat einen gewählten Prozessverantwortlichen ohne Weisungsbefugnis, der mehr wie ein Coach agiert. Außerdem besitzt jeder Prozess einen Personalverantwortlichen, der nicht aus dem eigenen Prozess kommen darf. So ist bei TELE zum Beispiel eine Controllerin Personalverantwortliche für den Bereich Produktion.

Es gibt zwei wichtige Gremien, ein Gremium namens **Geschäftsplan** und ein Gremium namens **Organisation**. Diese setzen sich jeweils aus 11 Personen zusammen, den Prozessverantwortlichen und den Personalverantwortlichen der jeweiligen Prozesse. In diesen beiden Gremien werden die meisten wichtigen Entscheidungen für das Unternehmen getroffen. Dabei hat jedes Mitglied eine Stimme und es wird nach einfacher Mehrheit entschieden. Es wurde bewusst auf eine ungerade Zahl von Mitgliedern in jedem Gremium geachtet, um Patt-Situation zu verhindern. Interessant ist hier, dass TELE mit Mehrheitsabstimmungen arbeitet und nicht auf Konsent oder gar Konsens pocht.

Zu jeder Gremiumssitzung gibt es eine Woche zuvor eine für alle einsehbare Agenda und ein Protokoll, das ebenfalls für alle einsehbar ist.

Um zu vermeiden, dass die Gremien sich zu Tode diskutieren, können Vorbereitung und Ausarbeitung einzelner zu diskutierender Agendapunkte an Arbeitsgruppen ausgelagert werden.

Jeder kann sich beteiligen

Jeder Mitarbeiter hat die Möglichkeit, den Gremiumssitzungen beizuwohnen, dort zuzuhören und zu diskutieren. Es gibt jedoch kein Wahlrecht für die Besucher.

Diese Praxis unterscheidet sich deutlich von klassisch hierarchischen Unternehmen. Hier läuft es meist so, dass Manager eine Entscheidung treffen, die dann nach unten kommuniziert wird. Auf der nächsttieferen Ebene wird dann diskutiert, wie die Entscheidung wohl gemeint ist. Fast wie bei der Stillen Post ist es möglich, dass auf den unteren Rängen etwas ganz anderes ankommt als die Intention und Bedeutung der ursprünglich getroffenen Entscheidung. Traditionell gibt es eine Entscheidung und je nach Größe und Tragweite erfolgt dann eine strategische Change-Kommunikation, um die zu Verändernden einzubinden und abzuholen.

TELE geht einen anderen Weg und nimmt sich deutlich mehr Zeit für den Weg bis zur Entscheidungsfindung. Hier werden viele Menschen gehört und jeder hat die Möglichkeit, sich einzubringen. Ist eine Entscheidung dann einmal gefallen, gibt es nach Aussage von Markus Stelzmann so gut wie keine Diskussion mehr darüber, da alle die Möglichkeit hatten, im Verlauf des Entscheidungsprozesses Gehör zu finden, sei es in Form von Arbeitsgruppen oder als Besucher der Gremiumssitzungen.

Seit vier Jahren auf der Reise

Die ersten 50 Jahre seiner Unternehmensgeschichte war TELE ein ganz klassisch hierarchisch organisiertes Unternehmen. Vor vier Jahren entschlossen sich Christoph Haase und Markus Stelzmann (der offizielle Geschäftsführer oder Regisseur, wie er intern genannt wird), den Sprung in eine neue Organisationsstruktur zu wagen.

Ausgangspunkt und Initialzündung für die Entwicklung des jetzigen Organisationsmodells war der Wunsch, »über den Tellerrand zu schauen«.

Die beiden wollten eine Firma haben, in die man als Verantwortlicher jeden Morgen mit Spaß und Freude geht. Es sollte eine Firma sein, welche die Herausforderungen der Zukunft besser bewältigen kann, die sich durch Agilität, Spaß an der Arbeit und neugierige Mitarbeiter auszeichnet. Dazu war eine klassisch hierarchische Organisation ihrer Meinung nach nicht gut genug geeignet.

In den letzten vier Jahren hat sich bei TELE viel getan, es wurde viel ausprobiert und verändert. In den ersten beiden Jahren war dieser Wandel zeitlich sehr aufwändig, das Unternehmen musste sich selbst erst einmal erklären, wie es funktioniert, und den Umgang mit sich selbst erlernen. Besonders für die Mitarbeiter, die schon lange dabei sind, war dieser Prozess eine Umstellung. Wir von creaffective wissen aus eigener Erfahrung mit Beratungsprojekten bei Kunden, dass sich bei Mitarbeitern ohne Führungsposition oft eine altersbedingte Linie ziehen lässt zwischen eher älteren Mitarbeitern, die klare Ansagen schätzen und es für gefährlich halten, wenn »jeder machen kann, was er will«, und jüngeren Mitarbeitern, die sich einbringen und verändern möchten. Diese unterschiedlichen Werthaltungen werden in der öffentliche Debatte gerne an den Generationen Y und Z festgemacht.

Agilität = Schnelligkeit?

Mit dem Begriff Agilität assoziieren viele Menschen gleichzeitig Schnelligkeit. Im Gespräch mit Markus Stelzmann kristallisierte sich heraus, dass ein agiles Unternehmen in der Tat besser mit Wandel und Veränderungen umgehen und sich im Hinblick auf Strukturen und Prozesse schneller verändern kann. Gleichzeitig glaubt Markus, dass TELE nach vier Jahren mit der neuen Organisationsstruktur nicht mehr viel schneller werden wird: »*Die Zukunft der Industrie ist Chaos, damit muss umgegangen werden. In großen und hierarchischen Unternehmen wird das bestehende Chaos pseudo-geglättet. Dann wirkt es beherrscht, es ist jedoch trotzdem da! Bei uns werden alle Themen offen diskutiert: Dadurch kommen Ängste und Unruhen ins Unternehmen hinein.*«

Die jetzige Organisationsstruktur mit den Möglichkeiten der Teilnahme erlaubt es dem Unternehmen, mit dem Chaos im Umfeld besser umzugehen und darauf zu reagieren oder pro-aktiv zu handeln. Aufgrund der vielen Veränderungen ist ein Unternehmen vermutlich automatisch gezwungen, manchmal ein wenig Umsetzungsgeschwindigkeit herauszunehmen, um die nächste Kurskorrektur einzuleiten. Schnelligkeit und Häufigkeit der Korrekturen sind jedoch vermutlich deutlich höher als bei anderen Unternehmen.

Voraussetzungen auf Seiten der Mitarbeiter

Aus eigener Erfahrung mit Holacracy bei creaffective weiß ich, dass eine selbstorganisierte Unternehmensform bestimmte Ansprüche an die im Unternehmen arbeitenden Menschen stellt. Man muss mit Selbstorganisation umgehen (wollen) können. Auch Markus Stelzmann bestätigt, dass bei den Mitarbeitern die Fertigkeit zur Selbstorganisation erforderlich ist. Es braucht robuste Menschen, die ein wirtschaftliches Verständnis haben und Dinge verstehen und einschätzen können. In der Konsequenz kann die Organisation den Wandel im Umfeld besser akzeptieren und dann auch damit umgehen.

Methodiken und Fertigkeiten der Selbstorganisation kann man lernen. In selbstorganisierten Unternehmen muss man dies als Mitarbeiter jedoch auch, da ansonsten das ganze Gebilde nicht funktioniert. Jeder muss sich die Frage stellen, wie er oder sie die eigene Meinung vertritt und was Verantwortung für ihn bedeutet.

Markus meint, dass Selbstorganisation den Mitarbeitern generell mehr abverlangt. Ein Dienst nach Vorschrift und Ansage ist schwierig, da es zwar grundlegende »Vorschriften« gibt, jedoch weniger Ansagen. Es wird erwartet, dass Mitarbeiter in ein Gremium gehen und sich mit der Organisation beschäftigen.

Selbstorganisation wird von einigen gerne als »Death by Committee« bezeichnet. Markus Stelzmann hält diese »unproduktive Zeit« in einem Gremium trotzdem für produktiv. Wenn die Menschen in einem Unternehmen gelernt haben, damit umzugehen und sich einzubringen, profitiert die Organisation von den Vorteilen.

Diese Möglichkeit nutzen nun auch immer mehr Menschen bei TELE, was per se erst einmal positiv ist. Gleichzeitig führt dieses erhöhte Engagement dazu, dass die Komplexität zunimmt und Leute auf persönlicher Ebene aneinander geraten (können). Mit diesem sogenannten »Tribe Space« muss ein selbstorganisiertes Unternehmen bewusst umgehen. Konflikte auf der zwischenmenschlichen Ebene, die durch die Möglichkeiten der Partizipation erst oft ausgelöst werden, müssen angesprochen werden, da sie sonst zu einer Defokussierung inhaltlicher Themen führen, was die Organisation hemmen kann.

Die besondere Herausforderung besteht für TELE darin, dass die Firma ihr Organisationsmodell selbst entwickelt hat. Folglich gibt es auch keine Blaupause wie bei der Holacracy oder der Sociocracy, der man nun folgen könnte.

Das Interesse anderer Firmen an TELEs ungewöhnlichem Modell ist auf jeden Fall groß. Markus Stelzmann ist als Redner auf Kongressen und Veranstaltungen gefragt, um den TELE-Weg vorzustellen. Das Interesse von anderen Unternehmen daran ist inzwischen sogar so groß, dass TELE momentan auch vor der Frage steht, ob Innovation sich nur auf Produkte bezieht oder ob nicht auch aus dem Organisationsprinzip des Unternehmens ein Angebot entstehen könnte.

Produktinnovation – extern getriggert

Neben der Chance, nun ein neues Angebot in Richtung Organisationsberatung zu entwickeln, bedeutet Innovation bei TELE vor allem Produktinnovation. Der Innovationsprozess ist auf den ersten Blick nicht weit entfernt von anderen mittelständischen Unternehmen dieser Größe.

Mit 90 Mitarbeitern ist das Unternehmen kaum in der Lage, eigenständige Forschungsprojekte voranzutreiben. Die gute Auftragslage des Unternehmens bindet nämlich alle Ressourcen derart, dass hierfür wenig Zeit bleibt.

Der Anstoß für neue Produkte kommt hauptsächlich von außen durch Anfragen von Großkunden und Herstellern (OEMs) für die Relais von TELE. Hier werden ganz klassisch ein Lastenheft und ein Pflichtenheft als Basis für den Produktentwicklungsprozess definiert.

Abgeleitet aus diesen Auftragsentwicklungen für OEMs entstehen dann eigene TELE-Produktlinien. Auch diese entwickeln sich meist aus einem konkreten Bedarf, den die Vertriebsleute auf dem Markt erkennen.

TELE nutzt seine Kompetenzen, um auf sehr flexible Art und Weise Know-How und Technologien für den Kunden zu kombinieren. Die Vision des Unternehmens ist es, hier zu einem Problemlöser für die Kunden zu werden.

Auch diese Vision folgt jedoch dem Ansatz von TELE, auf Bedarf und Anfragen zu reagieren und nicht von sich aus eigene, nicht angefragte Produkte auf den Markt zu bringen.

Im Gespräch erläuterte Markus Stelzmann dies am Beispiel von Produkten für den chinesischen Markt: »*Wir sind dann innovativ, wenn zum Beispiel ein Kunde sagt, dass er ein Produkt für den chinesischen Markt haben möchte. Dann sind wir gut darin, eines zu entwickeln. Wir würden aber nicht von uns aus sagen, dass wir auf den chinesischen Markt gehen möchten.*«

Der Produktentwicklungsprozess – Simultaneous Engineering

In den letzten Jahren erfährt das nutzerzentrierte Innovationsvorgehen des Design Thinking große Aufmerksamkeit in den Medien. Neben dem Fokus auf den Nutzer als Startpunkt des Prozesses sind der Einsatz von gemischten Teams und das gemeinsame Durchlaufen des Innovationsprozesses als gemischtes Team weitere Kernprinzipien des Design Thinking. Ziel ist es, das Silo-Denken und -Handeln von Firmen aufzubrechen. Stattdessen sollen Produkte entwickelt werden, die wirklich die Kundenbedürfnisse befriedigen. Wichtig ist dabei, dass alle am Produkt Beteiligten wissen, was der Nutzer wirklich braucht. Statt einer sequenziellen Produktentwicklung (wie dies oft in großen, etablierten Unternehmen der Fall ist) mit definierten Übergaben des Projekts an den nächsten Bereich gibt es im Design Thinking ein Kernteam, das von Anfang bis Ende an dem Prozess beteiligt ist. So kann sichergestellt werden, dass alle Bereiche von Anfang an ihre Stimme einbringen können.

Ganz ähnlich läuft die Produktentwicklung bei TELE. Eine neues Produkt steht im Hinblick auf die involvierten Personen auf einer breiten Basis.

Im Sinne des Simultaneous Engineering werden alle am Produkt Beteiligten gleich mit eingebunden. Dies führt dazu, dass im vorderen Teil des Innovationsprozesses sehr viel und sehr ausgiebig diskutiert wird, was erst einmal aufwändig ist. Außerdem folgt das Unternehmen hierbei keinem speziellen Vorgehen.

Im Gegensatz zu sequenziellen Vorgehensweisen, wie ich sie bei vielen creaffective-Kunden sehe, sind bei TELE Entwickler vor Ort beim Kunden, um dessen Anforderungen und Bedürfnisse zu verstehen. Im traditionellen Vorgehen würde dieser Schritt von der Marktforschung oder dem Vertrieb erledigt und dann in Form von Zahlen, Daten und Fakten an die Entwicklung übergeben werden. Oft sind diese Daten für die Entwicklung nicht wirklich brauchbar und aussagekräftig. Bei TELE sollen auch die Entwickler verstehen, was beim Kunden vor Ort passiert. Das erhöht erst einmal den wahrgenommenen Druck auf die Entwickler.

Der positive Effekt ist jedoch laut Markus Stelzmann, dass »*es nach hinten raus richtig gut wird. Es wird nicht passieren, dass die Entwicklung Produkte entwickelt, die nachher in der Produktion Probleme machen. Es ist immer eine gemeinsame Entscheidung von allen Beteiligen.*«

Dieses Miteinanderreden muss dabei nicht in Form von langwierigen Besprechungen in einem Besprechungszimmer erfolgen. Während unseres Gesprächs deutete Stelzmann aus dem Fenster auf sechs Personen, die zurück ins TELE-Gebäude kamen. Das waren die sechs beteiligten Abteilungen einer Produktentwicklung, die gerade eine Besprechung am Würstlstand abgehalten hatten.

Verschiedene Impulse möglich

Dem offenen Organisationsprinzip folgend, ist auch der Innovationsprozess bei TELE so offen gestaltet, dass verschiedene Impulse möglich sind. Jeder Mitarbeiter kann kommen, sich beteiligen und mitreden. Niemand wird weggeschickt, weil er doch »gar nicht zuständig ist«.

Produktentwicklungsentscheidungen werden mitunter auch in den zwei bereits erwähnten Gremien von TELE getroffen. Wie beschrieben, darf jeder als Zuhörer in die Gremien gehen, zuhören und sich einbringen.

12. Fallstudie: Voice Systems Engineering (VSE)

VSE ist ein amerikanischer Anbieter und Entwickler von Community-Plattformen. Das Unternehmen gibt es seit über 30 Jahren. Zum Zeitpunkt meiner Interviews hatte es etwas mehr als 100 Mitarbeiter. 2014 führte VSE Holacracy als System der Selbstorganisation ein. Für diese Fallstudie sprach ich mit Scott Kushner, dem Chief Innovation Officer von VSE.

Separates und freiwilliges Innovationsprogramm

Ähnlich wie andere selbstorganisierte Unternehmen wie W.L. Gore, von dem VSE sich hat inspirieren lassen, gibt es bei VSE Zeit für Innovationsaktivitäten. Jeder Mitarbeiter kann bis zu 20% seiner wöchentlichen Arbeitszeit nutzen, um an diesem völlig freiwilligen Programm teilzunehmen. Wer nicht möchte, geht einfach seinen regulären Aufgaben nach. Im Moment nehmen circa 60% der Mitarbeiter aktiv teil.

Im Gegensatz zu anderen holakratischen Fallstudien in diesem Buch bildet VSE dieses Innovationsprogramm nicht innerhalb existierender Rollen in Holacracy ab, sondern lässt es in einem separaten Format außerhalb der Rollenstruktur von Holacracy laufen.

Dies hat zur Folge, dass Menschen an Ideen arbeiten können, die nichts mit den Verantwortungsbereichen ihrer Rollen zu tun haben, die im Moment vom Unternehmen nicht priorisiert wurden oder für die es keine bestehende Rolle gibt.

Innovation ist für dieses Programm definiert als »*alles Neue in Bezug auf ein Produkt, einen Prozess oder eine Dienstleistung. Alles, das Wert für das Unternehmen schaffen könnte.*«

Keine Weisungsbefugnis

Im Gegensatz zum verbreiteten Glauben kennt die Holacracy sehr wohl Weisungsbefugnis und erlaubt es, gewissen Rollen Weisungsbefugnis oder Autorität zuzuweisen. Für das VSE-Innovationsprogramm gibt es jedoch bewusst keinerlei Weisungsbefugnis.

Die Mitarbeiter können frei entscheiden, welche Ideen sie gerne bearbeiten möchten. Jeder kann eine Idee aktiv vorantreiben und damit die Führung übernehmen. Die Menschen sind dabei auch nicht auf ihre Expertise oder ihren Geschäftsbereich beschränkt.

So gab es bei VSE zum Beispiel einen Marketing-Manager, der die Idee einer Benachrichtigungs-App aufgriff. Er hielt diese für interessant und beschloss, daran zu arbeiten.

Es gibt regelmäßig Runden, auf denen Leute ihre Ideen »verkaufen« und Unterstützung von anderen einwerben können. Wer überzeugt wurde, kann sich entscheiden, an der Idee mitzuarbeiten, sich einem Ideenteam anschließen und bis zu 20% seiner Zeit in sie investieren.

Das Programm funktioniert nach dem Prinzip der natürlichen Führung im Gegensatz zur Führung aufgrund der Position in der Hierarchie. Die Leiter eines Ideenteams können dann aktiv in die Organisation gehen und weitere Kollegen für die Mitarbeit im Team rekrutieren. So geschah es auch im Beispiel der Benachrichtigungs-App.

Weitere Ressourcen zur Verfügung stellen

Zum Zeitpunkt des Interviews hatte VSE 50 vielversprechende Ideen identifiziert. Zehn Ideenteams sowie einige Einzelpersonen verfolgten die Ideen.

Um die vielversprechenden Ideen zu identifizieren, führte VSE moderierte Ideenworkshops ab. Diesen folgten Detaillierungsworkshops, in denen die interessanten Konzepte weiter angereichert wurden.

Die in den Workshops vorausgewählten Ideen stellen für die Ideengeber eine Art Crowd-Feedback dar. Unabhängig von der Einschätzung anderer kann jeder immer noch selbst entscheiden, an welcher Idee er arbeiten möchte. Die Rückmeldung der anderen kann jedoch helfen, zu einer Einschätzung zu kommen.

Damit so ein Programm erfolgreich verläuft, bedarf es weiterer Unterstützung durch das Unternehmen – entweder finanzieller oder anderer Natur.

Zur weiteren Unterstützung gehören bei VSE spezielle Workshops und Trainings, in denen Fertigkeiten entwickelt werden, die hilfreich für die weitere Arbeit an Ideen sind. VSE organisiert dazu verschiedene Formate von eintägigen Workshops bis hin zu mehrtägigen Hackathons.

Diese Veranstaltungen enthalten Trainingselemente oder spielerische Wettbewerbe, die die Menschen in den Modus des kreativen Denkens bringen sollen.

Um Ideen umzusetzen, sind üblicherweise auch finanzielle Mittel nötig. Deshalb erhält jeder Mitarbeiter bei VSE 250 Dollar pro Quartal für die weitere Arbeit an Ideen. Er kann mit dem Geld kaufen, was immer er für notwendig erachtet. Die Leute können ihr Geld auch zusammenlegen und gemeinsam investieren.

Darüber hinaus gibt es Forschungsstipendien im Wert von 20.000 Dollar, falls weitere Ressourcen notwendig werden. Über diese Stipendien wird auf ungewöhnliche Weise entschieden: Das Ausfüllen eines Hypothesen-Formulars reicht. Sobald dieses Formular ausgefüllt wurde, ist das Geld automatisch bewilligt. Das Formular wird nicht bewertet oder freigegeben. Warum gibt es dieses dann überhaupt? Die Intention dahinter ist, Mitarbeiter dazu zu bringen, ihre Ideen wirklich genau zu durchdenken, bevor sie weitere Mittel in Anspruch nehmen. Nur wer diese Vorarbeiten geleistet hat, wird in der Lage sein, das Formular auszufüllen und die darauf enthaltenen Fragen zu beantworten. Es geht nicht darum, die Leute zu kontrollieren oder über die Qualität der Ideen zu entscheiden.

Ist noch mehr Kapital notwendig, gibt es die Möglichkeit einer internen Inkubationsfinanzierung. Diese ist vergleichbar dem Crowd-Funding: Die notwendigen Mittel können von verschiedenen Lead Links kommen, die über entsprechende Budgets verfügen. Die Teams können dabei auf unterschiedliche Geldgeber zugehen und ihre Idee anpreisen.

Ein Beispiel ist ein Team, das sich mit Online-Therapie beschäftigte, einem potenziellen neuen Geschäftszweig. Das Ideenteam ging zum Produkt-Kreis, um 75.000 Dollar für Marketing zu bekommen, und zum Technologie-Kreis, um 50.000 Dollar für ein Minimum Viable Product und Landing Pages zu erhalten.

Je nach dem Ergebnis der Anstrengungen kann die Idee zu einem neuen Geschäftsbereich führen oder in bestehende Produkte integriert werden. Beides ist bereits vorgekommen.

Das Innovationsprogramm ist so gestaltet, dass es die Autoritäten bestehender Kreise nicht beeinflusst. Es handelt sich um ein separates Programm, für welches die Mitarbeiter jedoch 20% ihrer Arbeitszeit aufwenden können. Beeinträchtigen die Ideen das laufende Geschäft, benötigen die Ideentreiber die Erlaubnis der entsprechenden Rollen. Diese Erlaubnis können sie erhalten, indem sie ihre Ideen den relevanten Rollen und Personen vorstellen.

Ein Programm wie das oben beschriebene läuft nicht von alleine, sondern ein Unternehmen muss sich aktiv darum kümmern. Aus diesem Grund hat VSE die Rolle des Innovationsstimulators geschaffen, die von einer kleinen Personengruppe gefüllt wird.

Die Aufgabe des Innovationsstimulators besteht darin, die Teilnehmer des Programms zu unterstützen und zu coachen und regelmäßige Veranstaltungen zu organisieren, die den Schwung aufrechterhalten sollen. Obwohl das Programm vor allem von der intrinsischen Motivation der Teilnehmer lebt, braucht es einen begleitenden Rahmen, der das Programm vorantreibt.

Kulturellen Wandel ermöglichen

Das Innovationsprogramm ist Teil der Bemühungen von VSE, um von einer Haltung des »Sag mir, was ich tun soll« zu einer Haltung des »Ich sage mir selbst, was ich tun soll« zu kommen. Besonders das Innovationsprogramm beruht vollständig auf persönlicher Leidenschaft und Inspiration.

Aus diesem Grund achteten die Initiatoren darauf alles zu beschränken, was in irgendeiner Form Hierarchie impliziert, wie zum Beispiel Bewertungsgremien, die über die Qualität der Ideen und damit über das weitere Schicksal des Teams und der Idee entscheiden (ganz abgesehen von der Tatsache, dass solche Gremien oft gar nicht wissen, was genau sie entscheiden).

Stattdessen greifen die Teams auf empirische Bewertungsverfahren zurück, indem sie Hinweise dafür sammeln, ob ihre Idee Erfolg haben könnte. Die Teams entscheiden selbst, wenn eine Idee nicht weiter verfolgt wird. Einige Teams haben ihre Ideen gestoppt, andere haben die Richtung geändert und bewegen sich nun in eine andere Richtung, als ursprünglich angedacht.

Dazu passt die Tatsache, dass das Innovationsprogramm sowohl auf Mut als auch auf konkrete Ergebnisse Wert legt. Dies zeigt sich durch eine Reihe von nicht-monetären Auszeichnungen. Diese sollen einerseits über Aktionen informieren und andererseits Wertschätzung ausdrücken. Es wird bewusst kein Preisgeld verliehen, weil man keinen Wettbewerb zwischen den Teams schaffen möchte, sondern die Preise als Form der Anerkennung verstanden wissen will.

Fast jeder kann in irgendeiner der Kategorien den ersten oder zweiten Platz belegen. Nun könnte man argumentieren, dass Auszeichnungen dafür ja gar nicht gedacht sind. Im Fall von VSE haben diese Preise jedoch eine andere Funktion.

Das Programm hat seine Wirkung nicht verfehlt: Ursprünglich skeptische Manager sind nun offen dafür, Ideen in das Innovationsprogramm zu geben und Leute daran arbeiten zu lassen. Für sie ist das Programm auch ein Weg, um Fortschritte an potenziell interessanten Themen zu machen.

Selbstorganisation ist keine Voraussetzung

Das VSE-Programm kann von jedem traditionell hierarchisch organisierten Unternehmen als ein separates Programm umgesetzt werden. Ein System der Selbstorganisation wie Holacracy ist dabei nicht Voraussetzung. Darin unterscheidet sich das Vorgehen von VSE zu den Praktiken anderer holakratischer Organisationen aus diesem Buch.

Scott argumentiert, dass dieses Innovationsprogramm sogar noch effektiver darin sein könnte, die Einstellung der Leute in Richtung Selbstorganisation zu verändern, als die Holacracy es vermag.

Holacracy schränkt ein, wie viel ein ehemaliger Manager den Leuten vorschreiben kann, und schafft per se nicht automatisch eine Haltung der Selbstorganisation. Die Leute können sich immer noch verstecken. Das Innovationsprogramm dagegen trainiert sie wirklich darin, sich selbst zu organisieren und zu verwalten.

Es gibt keine Möglichkeit, jemandem vorzuschreiben, was man von ihm erwartet. Die Entscheidung kann nur die jeweilige Person selbst treffen.

Die ersten Schritte

Das Innovationsprogramm hat sich in den letzten zwei Jahren kontinuierlich weiterentwickelt. Rückblickend empfiehlt Scott, auf folgende Dinge zu achten:

- Beginnen Sie mit Veranstaltungen wie Workshops oder Hackathons! Veranstaltungen sind wichtig. Individuelle Innovationszeit zu haben, führt noch nicht zu Aktivität.
- Führen Sie die Veranstaltungen für das gesamte Unternehmen durch (alle Besprechungsräume sind während der Veranstaltung reserviert). Während der Veranstaltung sollten sehr wenige andere Dinge im Unternehmen passieren. Dies führt dazu, dass Leute das Gefühl haben, wirklich mitmachen zu dürfen.
- Achten Sie auf regelmäßige Aktivitäten.
- Es sollte immer viel Spaß machen. Während der Events bei VSE gibt es dynamische Musik, Essen und Trinken sowie spielerische Elemente zur Teambildung.
- Ermutigen Sie die Menschen kontinuierlich. Innovation birgt immer auch die Möglichkeit des Scheiterns. »Am Ende jeder Veranstaltung präsentieren die Teilnehmer ihre Fortschritte und wir applaudieren jedem, egal, was herausgekommen ist.«

Liste der Auszeichnungen

1. Größter Beitrag zum Geschäft
2. Größte langfristige Chance
3. Beste Kosteneffizienz (Nutzen für eingesetztes Geld)
4. Höchster Innovationsgrad
5. Größtes Durchhaltevermögen
6. Am schnellsten fertig
7. Längste Reise seit Beginn (höchste Anzahl an Iterationen und Richtungsänderungen)
8. Meiste Lernergebnisse (im Hinblick auf das weitere Geschäft von VSE)

Das Beispiel VSE zeigt ein Vorgehen eines selbstorganisierten Unternehmens, das sich auch in zentral organisierten Firmen umsetzen ließe. Das Innovationsprogramm kann ein guter Einstieg sein, um die Entwicklung einer Kultur der Innovation zu unterstützen.

5 Erkenntnisse aus den Fallstudien

Ich habe mich bemüht, für das Buch Fallstudien von Unternehmen mit agiler Aufbauorganisation aus verschiedenen Branchen, Größen und Ländern zu finden. Dazu sprach ich mit zwölf Unternehmen. Weitere Fallstudien hätten möglicherweise weitere Erkenntnisse gebracht. Gleichzeitig konnte ich bereits bei den zwölf beobachteten Unternehmen viele Muster und Parallelen finden.

Dieses Kapitel geht nun der Frage nach, was sich aus den zwölf Beispielen im Hinblick auf Innovation und Selbstorganisation lernen lässt und was davon auf traditionell-hierarchische Unternehmen übertragbar ist. Grundsätzlich argumentiere ich in diesem Buch, dass eine andere Aufbauorganisation für sehr viele Unternehmen von Vorteil ist, nicht nur in Bezug auf die Innovation. Trotzdem ist dies für viele Organisationen im Moment aus unterschiedlichen Gründen kein gangbarer Weg. Vielleicht sind jedoch einige Aspekte der von mir betrachteten selbstorganisierten Firmen speziell im Hinblick auf Innovation nutzbar. Aus meiner Erfahrung mit unseren meist hierarchisch organisierten Kunden besteht in der Frage der Innovation grundsätzlich eine größere Offenheit.

Dieses Kapitel stellt meine persönliche Synthese aus den Fallstudien dar. Ich habe die Fallstudien bewusst so umfassend dargestellt, damit Sie sich Ihre eigene Meinung bilden können. Falls Sie meine Ableitungen aus diesem Kapitel nicht schlüssig finden, dann haben Sie die Chance, die Fallstudien selbst zu interpretieren.

Als Vergleichsraster werde ich am Ende die in Kapitel 3 vorgestellten zwölf Handlungsfelder für eine Kultur der Innovation heranziehen. Diese wurden ursprünglich mit Blick auf traditionell-hierarchische Unternehmen entwickelt. Es ist interessant, wie sich diese Handlungsfelder für nicht-hierarchische Unternehmen darstellen und wie sie durch Selbstorganisation berührt werden.

Freiwilligkeit als Dreh- und Angelpunkt

Eine zentrale, wenn vielleicht auch nicht überraschende Erkenntnis ist, dass selbstorganisierte Unternehmen dem Prinzip der Freiwilligkeit und Eigenmotivation oberste Priorität einräumen. Dahinter steht sowohl das Weltbild der Verantwortlichen in den Unternehmen als auch die wissenschaftlich nachgewiesene Erkenntnis, dass Begeisterung und Exzellenz nur dann entstehen, wenn Menschen einen eingeschlagenen Weg als sinnvoll erachten, diesen gehen wollen und nicht dazu gezwungen werden.

Daher versuchen die Unternehmen aus den Fallstudien, das sogenannte Pull-Prinzip zu nutzen. Das bedeutet, dass Angebote gemacht werden, es jedoch den Mitarbeitern selbst überlassen bleibt, ob sie diese annehmen. Es besteht keine Verpflichtung dazu, ja nicht einmal eine Erwartung.

Ein Beispiel dafür sind die regelmäßig stattfindenden workshopartigen Tagesformate, wie Hackathons bei VSE und Springest oder Maydays bei Mayflower. Es ist den Kollegen im Unternehmen freigestellt, an welchen Themen sie während dieser Tage arbeiten wollen oder ob sie überhaupt daran teilnehmen möchten.

Ein weiterer Aspekt ist, dass die Menschen neben der Frage, ob und wie sie sich einbringen möchten, dann im weiteren Verlauf sehr autonom in ihren Entscheidungen sind. Menschen bekommen von der Organisation große Entscheidungsfreiheit eingeräumt, welche Ideen sie weiterverfolgen und wie sie diese bearbeiten. Bei der Auswahl wird dabei bewusst auf Konsens verzichtet. Sie entscheiden selbst (oft in Abstimmung mit anderen), wie und in welcher Form sie an einer Idee arbeiten und ein Thema im Unternehmen voranbringen. Dazu schildert Pawel von Lunar Logic die Praxis in seinem Unternehmen: »*Die meiste Zeit ist die Diskussion nicht hitzig, weil wir eine Praxis der autonomen Entscheidungen eingeführt haben. Wir haben aufgehört, nach Konsens zu suchen. Jeder wird ermutigt, seine Meinung zu sagen. Dies bedeutet jedoch nicht, dass jemand darauf hören muss. Auf diese Weise entstehen sehr respektvolle Diskussionen. Anstatt zu sagen, dass eine Idee schlecht sei, sagen Menschen, was sie wahrnehmen und warum sie eine andere Meinung haben und warum sie es anders machen würden.*« Am Ende gibt es immer eine Person oder eine kleine Gruppe von Menschen, die eine Entscheidung hinsichtlich ihrer Ideen trifft. Diese Entscheidung kann auch gegen die Mehrheit getroffen werden.

Die Autonomie bei den Entscheidungen umfasst auch explizit die Frage, mit wem jemand an einer Idee arbeiten möchte. Bei VSE, Mayflower und Partake müssen Mitarbeiter sich ihre Teams für die Arbeit an einer Idee selbst zusammenstellen. Die Mitarbeit in einem Team wiederum basiert auf Freiwilligkeit. Wenn ich niemanden für die Arbeit an einer Idee begeistern kann, dann sollte ich mir überlegen, ob es vielleicht an der Idee an sich liegt. Hat sich ein Team gefunden, liegt es in seiner Verantwortung, sich entsprechend zu organisieren und die Idee voranzutreiben.

Wie viel Freiheit dem Einzelnen hierbei gegeben wird, hängt von der Ausgestaltung des Systems der Selbstorganisation ab und kann festgelegt werden. Das heißt, Unternehmen müssen keine Angst haben, dass ihnen die »Kontrolle« komplett entgleitet, es sei denn, dies wird explizit gewünscht. VSE zum Beispiel lässt das gesamte Unternehmen über Innovationsideen abstimmen. So bekommen die Ideengeber ein Crowd-Feedback zu ihrer Idee. Welche Ideen sie weiter verfolgen, ist immer noch ihnen selbst überlassen, aber sie bekommen zumindest eine Einschätzung der Kollegen. Ab einem gewissen Zeitpunkt wird bei VSE Investmentkapital notwendig. Hierfür müssen Ideenteams dann interne Geldgeber überzeugen. Dies sind die Lead Links, die über Budgets verfügen. In dieser Hinsicht ähneln sie klassischen Führungskräften mit Budgetverantwortung.

Bei beiden Beispielen könnte man auch von einer unternehmensinternen Crowd-Funding-Kampagne sprechen. Ideen werden vorgestellt und die Ideengeber suchen Investoren, die sich mit ihrer Zeit oder mit ihrem Geld an der Idee beteiligen. Dabei kann es im Funding-Prozess Individuen geben, die über mehr Budget als andere verfügen, das sie beisteuern können.

Matt Black Systems (MBS) arbeitet mit individuellen virtuellen Konten, über die Einzelne im Unternehmen frei verfügen können. Diese Konten sind vom erwirtschafteten Umsatz eines Mitarbeiters abhängig. Damit ist einerseits begrenzt, wie viele finanzielle Mittel ein Einzelner einsetzen kann (nämlich so viel, wie auf dem Konto ist), gleichzeitig erhält jeder maximale Freiheit. Ein Mitarbeiter kann frei entscheiden und über seine Mittel verfügen. Der MBS-Ansatz bietet damit auch die interessante Möglichkeit, die Ressourcenplanung für Innovationsprojekte zu dezentralisieren! Bei MBS wird das Innovationsbudget sozusagen auf alle Mitarbeiter verteilt. Wie auf einem Marktplatz müssen sich die Menschen selbstorganisiert koordinieren und entscheiden, wie sie ihr Kapital einsetzen. Hier findet dann gar keine Steuerung mehr statt. Die US-amerikanische Firma Rite Solutions hat mit einem System von virtuellem Spielgeld ein ähnliches Prinzip umgesetzt[62].

MBS geht dabei den Weg, dass zusätzliches Investmentkapitel von den Firmeneigentümern angefordert werden kann, sollte das verfügbare Kapital für eine Idee nicht reichen. Julian, einer der Eigentümer von MBS, berichtete im Gespräch, dass dieser Weg immer erst als letztes gewählt wird, weil das Kapitel der Eigentümer am teuersten ist. Vermutlich wird es ab einer gewissen Menge an benötigtem Kapital immer einige zentrale Gruppen in Unternehmen geben, die über diese Investments entscheiden. Auch bei VSE wird es ab einer gewissen Investmenthöhe erforderlich, mit den wenigen Lead Links zu sprechen, die über weitere Ressourcen verfügen.

Das Prinzip der Freiwilligkeit ist für Jürgen von Partake sogar ein zentraler Wettbewerbsvorteil seines Company-Builders: Erfolg wird durch Eigenmotivation ermöglicht. Partake wurde bei der Gründung bewusst so angelegt, dass Eigenmotivation der zentrale Treiber ist.

Sehr interessant ist aus meiner Sicht dabei noch folgender Aspekt: Die Menschen können einerseits sehr eigenständig entscheiden, wie sie mit finanziellen Mitteln umgehen. Es werden dabei jedoch keine finanziellen Anreize gegeben, um die Motivation der Menschen zu beeinflussen. Die Mitarbeiter bekommen keine Prämien für Ideen und werden auch nicht mit finanziellen Ködern gelockt. Es geht um die ihnen innewohnende Motivation als Antrieb. Das heißt nicht, dass Menschen bei einem Erfolg einer Idee am Ende nicht beteiligt werden können. Bei Partake und MBS ist diese finanzielle Beteiligung am offensichtlichsten. Bei Partake sind die Menschen Teil eines Gründungsteams eines Start-ups. Bei MBS fließt ein gewisser Prozentsatz des erwirtschafteten Umsatzes einer Idee direkt wieder auf das virtuelle Konto derjenigen, die die Idee vorangetrieben haben.

Kurzfristigere Änderungen statt langfristiger Strategie

Ein weiterer auffälliger Unterschied der Unternehmen meiner Fallstudien ist die Rolle der Strategie und speziell der Innovationsstrategie. Keine der Firmen besitzt eine explizite Innovationsstrategie. Die meisten haben generell keine Unternehmensstrategie im klassischen Sinne.

Stattdessen fungiert der Unternehmenszweck, den die meisten selbstorganisierten Firmen sich geben, als strategischer Orientierungspunkt. Dieser drückt wirklich aus, warum das Unternehmen existiert und welches Problem die Mitarbeiter des Unternehmens entsprechend gemeinsam bearbeiten möchten. Ein gut formulierter Zweck oder Treiber (in der Sprache von Sociocracy 3.0) ist handlungsmotivierend. Damit drückt der Zweck auch aus, was die Organisation nicht tut, und erfüllt in der Tat die Aufgaben einer Strategie, die bewusst Handlungsoptionen ausschließen sollte. In den meisten klassisch organisierten Unternehmen gibt es einen solchen Zweck nicht. Stattdessen hat man manchmal eine sehr allgemeine Vision und Mission, aus denen sich jedoch kein strategisches Handeln ableiten lässt, da sie viel zu generisch formuliert sind[63].

Ruben von Springest erachtet den Zweck als ausgesprochen wichtig: Ist er stark und überzeugend, dann führt er mit hoher Wahrscheinlichkeit zu Innovation, weil die Menschen im Unternehmen den Zweck ausdrücken möchten und »genervt« vom Status Quo sind.

Neben dem Zweck als Leuchtturm für das tägliche Handeln nutzen viele der vorgestellten Firmen relativ kurzfristige Ziele, um einen gemeinsamen Fokus für die kommenden Monate zu schaffen. Dies geschieht durch den Einsatz der bereits erwähnten OKR-Methodik (Objectives and Key Results). OKRs werden meist für einen Zeitraum von drei Monaten formuliert, um die Aufmerksamkeit einer Organisation und eines Teams zu konzentrieren. Sie sind damit deutlich kurzfristiger als explizite Strategien, die meist eine Gültigkeit von mindestens einem Jahr, oft auch von mehreren Jahren haben. OKRs sind aus der Annahme heraus entstanden, dass längerfristige Strategien (wenn diese wirklich konkret formuliert sind) meist sowieso von der Realität überholt werden und dann nutzlos sind bzw. das Handeln der Menschen kontraproduktiv beeinflussen. Anstatt also für die nächsten drei, fünf oder zehn Jahre zu planen, konzentriert sich die Organisation lediglich auf die nächsten Monate und nutzt den Organisationszweck als langfristigen Richtungsgeber.

In Technologieunternehmen wie ARCA gibt es trotzdem, wie in klassisch organisierten Unternehmen auch, eine Roadmap für die kommenden Produktgenerationen, um die technische Entwicklung zu fokussieren. Diese Roadmap ist jedoch speziell auf die Weiterentwicklung der Produkte bezogen.

Je größer ein Unternehmen wird, umso wichtiger ist es, trotz des richtungsgebenden Zwecks einer Organisation für den Abgleich und die Koordination der Handlungen der einzelnen Einheiten zu sorgen. Bei Financefox und Gore zeigte sich diese Notwendigkeit zum Zeitpunkt meiner Interviews. ARCA, ein relativ gesehen größeres Unternehmen, hat zum Zweck dieser Koordination einen eigenen Strategiekreis geschaffen. Dieser Kreis ist im allgemeinen Unternehmenskreis angesiedelt und hat das gesamte Unternehmen im Blick. Er sorgt dafür, dass strategische Entscheidungen der einzelnen Kreise abgeglichen und gegebenenfalls angepasst werden.

Im Gegensatz zu den Empfehlungen aus Kapitel 3 zu den zwölf strategischen Handlungsfeldern findet bei keinem der Unternehmen aus den Fallstudien eine bewusste Ressourcenverteilung in unterschiedliche Innovationsarten (inkrementell, semi-radikal und radikal) statt. Dies mag einerseits daran liegen, dass die meisten der betrachteten Firmen mit unter 100 Mitarbeitern zu klein für diese Unterscheidung sind oder dass man sie als Startups betrachten muss (wie Financefox), die mit ihrem Kernangebot bereits als radikal im Markt anzusehen sind und daher erst einmal dafür sorgen müssen, dieses Kernangebot zu etablieren und weiterzuentwickeln.

Für Gore spielt radikale Innovation eine wichtige Rolle. Das Hervorbringen von (semi-) radikaler Innovation ist sogar eine der großen Stärken des Unternehmens, das durch Kulturelemente wie das »Dabbling« gefördert wird. Trotzdem scheint es keine bewusste strategische Verteilung von Budgets vorab in bestimmte Innovationsarten zu geben.

Innovation darf jeder

Ebenfalls auffällig in der Betrachtung der Unternehmen meiner Fallstudien ist, dass bei ihnen jeder Mitarbeiter Innovation vorantreiben darf und soll. Es gibt generell keine in Organisationsstrukturen festgelegte Trennung zwischen Tagesgeschäft und Innovation, etwa dadurch, dass sich einzelne Bereiche nur mit Innovation beschäftigen, während andere nur operativ arbeiten. Diese Sichtweise kam auch während meiner Interviews immer wieder zum Ausdruck. Die Unternehmen bemühen sich aktiv darum, das Unternehmen so zu gestalten, dass diese wahrgenommene Trennung möglichst aufgehoben wird.

Gleichzeitig gibt es natürlich in jeder der Firmen operative, wenig innovative Tätigkeiten, die erledigt werden müssen. Erleichtert wird die Aufhebung der Trennung aus Sicht des einzelnen Mitarbeiters vielleicht dadurch, dass Menschen mehrere Rollen gleichzeitig haben können und somit sowohl operative als auch innovative Tätigkeiten ausüben können. In klassisch strukturierten Konzernen mit selbstorganisierten Bereichen wie im Fall der Swisscom führt dies in der Realität durchaus zu Spannungen, wenn das Management versucht, seine Unterscheidung von Konzeption und Betrieb dem selbstorganisierten Bereich aufzuerlegen, während dieser mit einem kontinuierlichen Iterationsprozess arbeiten möchte.

Bei Mayflower, Springest und VSE äußert sich die Ermutigung zur Innovation in den regelmäßig stattfindenden Veranstaltungen. Der Mayday bei Mayflower ist ein bewusster Versuch, jeden Mitarbeiter an Innovation zu beteiligen und diese Aufgabe explizit nicht an einen gesonderten Forschungs- & Entwicklungsbereich abzugeben. Auch VSE richtet sich mit seinem außerhalb der Holacracy-Strukturen liegenden Innovationsprogramm explizit an alle Leute im Unternehmen. Beide Beispiele achten ganz bewusst darauf, dass sich idealerweise Teams zusammenfinden und nicht Einzelne alleine an Ideen basteln.

Entscheidend für das Entstehen einer Innovationskultur ist, dass all diese Aktivitäten regelmäßig stattfinden und aktiv Zeit dafür eingeplant wird. Die genannten Veranstaltungen finden mindestens einmal pro Monat oder sogar alle zwei Wochen statt. Je nach Umsetzung der Selbstorganisation haben die Menschen dann sowieso innerhalb ihrer Rollen Zeit, sich der Arbeit an Neuem zu widmen.

Der starke Zweck der Unternehmen und der Wunsch der Mitarbeiter, den Zweck auszudrücken, führt zu einer abnehmenden Trennung zwischen Tagesgeschäft und Innovation. Menschen, die einen Zweck ausdrücken möchten, werden im täglichen Tun innovativ sein, um die wahrgenommen Lücken zwischen dem Zweck und dem Status Quo zu schließen.

Da MBS jeden Menschen im Unternehmen als einzelne Geschäftseinheit betrachtet, gibt es dort ebenfalls keine Trennung zwischen Innovation und Tagesgeschäft. Wie ein Freelancer auf dem freien Markt muss jeder einerseits operative Tätigkeiten erledigen und andererseits an den Umsatz von Morgen denken und damit innovativ tätig sein.

Innovationsförderliche Strukturen schaffen

In ihrem Buch *Making Innovation Work* schreiben die Autoren Davila, Epstein und Shelton den schönen Satz: »*How you innovate is what you innovate*«. Das bedeutet, dass gegebene Strukturen und Prozesse einen sehr großen Einfluss auf das Ergebnis von Innovationsaktivitäten haben. Auch Julian von MBS hat in unseren Gesprächen immer wieder betont, dass Unternehmensstrukturen ein zentraler Faktor sind, der das Verhalten der Menschen in Organisationen beeinflusst. Für Julian ist es daher ganz wichtig, immer wieder die Strukturen daraufhin zu überprüfen, ob sie zu gegensätzlichen, nicht abgestimmten Handlungen zwischen den Akteuren im Unternehmen führen und für die Organisation und den Kunden nachteiligem Verhalten sorgen.

In einem Kundenprojekt zum Thema Innovationskultur mit einem 80.000 Mitarbeiter zählenden Unternehmen zeigte sich dieser Effekt einmal ganz deutlich: In einer Mitarbeiterbefragung ging es unter anderem um das Verhalten der Führungskräfte und seine Haltung zu neuen Ideen. Zum einen wurde gefragt, ob und wie gut die Führungskräfte das Entstehen neuer Ideen unterstützen. Zum anderen wollte man wissen, wie gut sie die Umsetzung neuer Ideen förderten. Während auf die erste Frage Bestnoten vergeben wurden, waren fast alle Befragten der Ansicht, dass die Umsetzung von Ideen von den Führungskräften so gut wie gar nicht gefördert würde. Es stellte sich heraus, dass dies keineswegs böse Absicht war oder ein Einstellungsproblem des Führungspersonals vorlag. Stattdessen handelte es sich um ein strukturelles Problem. Die Strukturen im Unternehmen und der vorhandene Einfluss machten es den Führungskräften sehr schwer, trotz guten Willens die Umsetzung der Ideen voranzutreiben. Die Menschen in den Strukturen sind sich der Strukturen durchaus bewusst und leiden unter ihnen. Da sie meist nicht in der Lage sind, die Strukturen zu verändern, handeln sie kollektiv weiter suboptimal.

Ein weiteres Beispiel für den Effekt von Strukturen zeigte sich mir in einem Innovationsworkshop für einen großen Automobilzulieferer, den ich moderiert habe. Er drehte sich unter anderem darum, im Kontext der Digitalisierung in neuen Geschäftsmodellen zu denken. Im Verlauf des Workshops entstand dabei eine vielversprechende Idee, bei der es darum ging, die von den Bauteilen des Unternehmens generierten Daten zu nutzen, um daraus ein neues Angebot für das Unternehmen zu schaffen. In der weiteren Diskussion stellte sich heraus, dass die Umsetzung der Ideen eine koordinierte Zusammenarbeit unterschiedlichster Bereiche des gesamten Unternehmens erfordern würde und der Bereich, für den ich den Workshop moderierte, alleine nicht in der Lage wäre, die Lösung umzusetzen. Obwohl der Bereichsleiter anwesend war, wurde beschlossen, die Idee trotz ihres Potenzials nicht weiterzuverfolgen, weil zu viele Bereiche hätten einbezogen werden müssen und die Überzeugungsarbeit beim Vorstand als zu mühsam erachtet wurde.

Bei beiden Beispielen wurde für mich deutlich, wie bestehende Strukturen Verhalten beeinflussen können und wie es den Beteiligten nicht möglich war, eine Veränderung der Struktur herbeizuführen. In selbstorganisierten Unternehmen ist das deutlich leichter, weil agile Aufbauorganisationen hier mehr Möglichkeiten bieten.

Innovative Strukturen können Innovation in Produkten und Geschäftsmodellen ermöglichen. Diese Auffassung war für Ruben von Springest der Grund, sich für ein System der Selbstorganisation wie Holacracy zu entscheiden.

Besonders bei den holakratischen Unternehmen in den Fallstudien fiel auf, dass die Klarheit, zu der das holakratische Organisationsprinzip führt, ein wesentlicher Grund für seine Einführung war: So erlaubt etwa die klare schriftliche Festlegung von Rollen mit Verantwortlichkeiten und die Protokollierung auf einer zentralen Softwareplattform es den Menschen, einfacher relevante Partner für Ideen zu identifizieren. Außerdem ist explizit festgeschrieben, was jemand von einer Rolle erwarten kann. Das ist in den meisten Unternehmen lediglich implizit der Fall und führt oft zu Diskussionen. Für Joris von Spindle hilft diese Explizitheit sehr bei der Erkenntnis, ob Erwartungen auch erfüllt wurden. Wenn ich gar nicht weiß, was genau ich von jemandem erwarten kann, dann ist es auch schwer zu sagen, ob diese Erwartungen erfüllt wurden. In der Theorie funktioniert dieses Erwartungsmanagement in jeder Organisation. In der Praxis sind die Gespräche in holakratischen Unternehmen einfacher zu führen, weil die Dinge klar sind.

Ähnlich wie der oben genannte Aspekt, die Ressourcenvergabe für Innovationsprojekte zu dezentralisieren, bieten explizite Verantwortlichkeiten das Potenzial, Aktivitäten wie etwa ein Ideenmanagement zu dezentralisieren. Wenn für Menschen klar ist, an wen sie sich mit einer Idee wenden können, braucht es keinen Weg über ein zentrales System, in dem alle Ideen verwaltet werden. Unabhängig davon kann man diese natürlich trotzdem an einem für alle sichtbaren Ort sammeln (zum Beispiel in einer Software), jedoch selbstorganisiert verwalten. Diesen Weg gehen wir etwa bei creaffective. Meiner Meinung nach braucht es jedoch immer einen »Ort« und eine Art Prozess, um Ideen und Projekte zu visualisieren und zu koordinieren, nicht aus dem Aspekt der Kontrolle heraus, sondern um den Menschen die Koordination ihrer Ressourcen zu ermöglichen.

Von den Unternehmen aus den Fallstudien ist Gore das Beispiel, in dem nun behutsam mehr Strukturen eingeführt werden müssen, um besser mit den vielen Menschen und der daraus entstehenden Komplexität klarzukommen.

Wie genau die Strukturen ausgestaltet werden sollten, hängt unter anderem vom Geschäftsmodell und der Größe des Unternehmens ab (siehe Kapitel 6). Firmen wie Mayflower und Partake arbeiten aufgrund der kurzen Wertschöpfungskette zum Beispiel mit parallelen Teams. Für ein Pharmaunternehmen wäre dieses parallele Organisationsprinzip vermutlich weniger sinnvoll. Wie genau die einzelnen Teams organisiert sind, wird dabei den Teams selbst überlassen. Es ist sogar möglich, den klassischen Weg mit einem Teamleiter zu gehen.

Auffällig war in den Fallstudien auch, dass alle Unternehmen mit funktionsübergreifenden Teams arbeiten, wie dies von Methoden wie Design Thinking propagiert wird und wie im Silicon Valley generell gearbeitet wird. Es gibt damit ein durchgängiges Projektteam entlang des Produktentstehungsprozesses. Markus von TELE Haase räumt zwar ein, dass so ein funktionsübergreifendes Team besonders am Anfang viel diskutiert, es aber im Verlauf des Prozesses keine ständigen Richtungsdiskussionen mehr gibt. Ein Team von Anfang bis Ende des Prozesses fühlt sich tatsächlich verantwortlich für das Produkt. Niemand »doktort« an einem Aspekt im Rahmen seiner Aufgabe herum, ohne das Gesamtbild im Blick zu haben.

Firmen wie Lunar Logic und Mayflower gehen bei der Gestaltung ihrer Strukturen von einem Menschenbild aus, das Menschen grundsätzlich erst einmal vertraut. Julian von MBS sieht hier gleichzeitig eine skeptische Komponente: Er glaubt, dass man ein System schaffen muss, das vertrauensvolle Zusammenarbeit ermöglicht, jedoch auch Kontrollmechanismen enthält, um Schaden vom Unternehmen abzuwenden:

»*Um ein funktionierendes selbstorganisiertes Unternehmen zu haben, müssen Sie Ihre Unternehmensstrukturen so gestalten, dass diese einerseits Selbstorganisation fördern, aber dessen Möglichkeiten auch begrenzen.*« Im

Falle von MBS geschieht diese Begrenzung zum Beispiel über die vier Qualitätskriterien, anhand derer Ergebnisse gemessen werden, und das System der virtuellen Konten. Diese begrenzen den Schaden für das große Ganze zu einem gewissen Grad und bieten gleichzeitig für den Einzelnen größtmögliche Freiheit, seine eigenen Entscheidungen zu treffen. Denn wie Julian sagt: »*Kreativität und Problemlösung sind persönliche Fertigkeiten jedes Menschen, über deren Einsatz jeder Mensch völlig frei entscheiden kann. Diese können von niemandem angeordnet werden. Je mehr man diese anordnet, desto eher werden diese zurückgehalten.*«

Strukturen sollten also so gestaltet werden, dass Individuen im Unternehmen Ressourcen einsetzen und dabei selbst entscheiden können, in welche Aktivitäten sie Energie investieren. Dann entspricht die Arbeit eher der Situation, die man außerhalb des Arbeitskontextes gewohnt ist. Hier kann jeder freie Entscheidungen treffen und seine Ressourcen entsprechend einsetzen.

Selbstorganisation macht's möglich

Eine agile Aufbauorganisation übernimmt eine »Enabler«-Funktion für viele Aspekte der Innovation und unterstützt diese damit. Das hinter den meisten Systemen der Selbstorganisation steckende Prinzip des »Safe enough to try« unterstützt eine experimentelle Einstellung und das Durchführen von Experimenten.

Systeme wie Holacracy oder Sociocracy 3.0 gehen davon aus, dass Organisationen sich bemühen sollten, die für den Moment am besten erscheinende Entscheidung zu treffen. Sollte sich die Datenlage kurz darauf ändern, ist es auch legitim, die getroffene Entscheidung entsprechend anzupassen. Diese Einstellung des Ausprobierenkönnens erleichtert Innovation und das Durchführen von Experimenten. Gleichzeitig gibt es Richtlinien, wann etwas nicht »Safe enough to try« ist, und Vorgehensweisen, um dies zu überprüfen.

Diese Einstellung des »Für den Moment gut genug« führt zu einer höheren Flexibilität von selbstorganisierten Unternehmen. Man geht quasi davon aus, dass sich die Richtung im Laufe der Zeit verändern kann. Das gilt sogar für (selbst gegebene) Ziele. Birgit von Gore schilderte, dass jeder seine Ziele selbst festlegt, nicht etwa der Chef (den es ja im klassischen Sinne gar nicht gibt). Damit wird auch nicht auf Halde oder Vorrat gearbeitet. Wenn sich bei jemandem die Prioritäten ändern, muss er dies mit Kollegen besprechen. Dieser Aspekt erklärt auch, warum selbstorganisierte Firmen weniger planen und langfristige Strategien erstellen.

Die Zeit für Experimente muss sich die Organisation natürlich trotzdem nehmen. Bei meinen Fallstudien fiel auf, dass die meisten der beobachteten Unternehmen sehr großzügig Zeit für Innovationsveranstaltungen (wie Barcamps oder Hackathons) sowie Zeit während der Arbeit zur Verfügung stellen. Es werden bewusst »Ineffizienzen« zugelassen und es gibt selten Diskussionen und Berechnungen, wie viele Mannstunden hier nun draufgehen. Die Zeit wird als Investition in die Zukunft und die Motivation der Mitarbeiter gesehen.

Selbstorganisation erleichtert auch den Einsatz von Methodiken wie Design Thinking im vorderen Teil und Scrum im hinteren Teil eines Innovationsprozesses. Die Strukturen sind flexibler und die Bereiche können aufgrund der Selbstorganisation zum Beispiel viel leichter beschließen, in funktionsübergreifenden Teams zu arbeiten. In der klassischen Hierarchie ist dies nur mit expliziter Zustimmung der Führungskräfte möglich.

Grundsätzlich können Methodiken wie Scrum und Design Thinking auch in hierarchischen Organisationen funktionieren, wie unsere Kunden im Falle von Design Thinking zeigen. Dennoch gestaltet sich die Umsetzung meist deutlich schwieriger als in selbstorganisierten Firmen und verlangt oft mehr Überzeugungsarbeit von Entscheidern.

Ein weiterer Aspekt ist, dass sich alle Fragestellungen der Innovation-Governance (also Verwaltung) mit einer agilen Aufbauorganisation einfacher darstellen lassen. So können schnell und einfach neue Rollen, Kreise oder Teams zur Bearbeitung von Ideen geschaffen werden. Damit ist es zum Beispiel auch leichter möglich, einen gewissen Prozentsatz seiner Zeit für die Arbeit in eine Idee zu investieren. Auf Ideen kann schneller reagiert werden. Mitarbeiter können innerhalb eines Kreises

Rollen schaffen, deren Zweck darin besteht, sich um die Umsetzung einer Idee zu kümmern, sofern dies dem Zweck der Kreises (in der Holacracy) entspricht. Damit sind sie deutlich weniger abhängig von Gremienentscheidungen, die einmal alles sechs Monate über Ideen beraten.

Schließlich hat Selbstorganisation positive Effekte auf das Tempo eines Unternehmens. Das Fallbeispiel von ARCA war hier besonders aufschlussreich: Durch Holacracy als Organisationssystem wurde die Entscheidungsbefugnis nun viel weiter nach »unten« verlagert. Das heißt, die meisten Entscheidungen können die betroffenen Kollegen nun selbst treffen, ohne vorher um Erlaubnis fragen zu müssen. Diejenigen, die am Kunden oder am Produkt sind, entscheiden. Das hilft, Tempo aufzunehmen.

Haltung ist wichtiger als Methoden

Peter Drucker wird die bekannte Aussage zugeschrieben, dass Kultur Strategie zum Frühstück isst. Aufgrund der Bedeutung von Strukturen auf das Verhalten kann man sich fragen, inwieweit Strukturen nicht mindestens genauso wichtig sind. Trotz des großen Einflusses von Strukturen und der damit möglich oder unmöglich werdenden Handlungsmöglichkeiten ist die Haltung der in der Organisation arbeitenden Menschen von zentraler Bedeutung. Im Kontext der Selbstorganisation ist diese sogar noch wichtiger als in traditionellen Unternehmen. Selbstorganisation gibt Menschen sehr viel Vertrauen und Freiheit. Dazu braucht es Menschen, die ihre Fertigkeiten im Sinne der Organisation einsetzen und sich nicht in der agilen Aufbauorganisation verstecken. Birgit von Gore betonte in unserem Gespräch immer wieder, wie zentral die »Begegnungsqualität« zwischen den Menschen in einer Organisation für die Innovation ist und beschrieb diese hohe Begegnungsqualität als eine große Stärke von Gore.

Scott von VSE argumentierte in die gleiche Richtung und warnte eben auch davor, dass es in einem holakratischen Unternehmen durchaus möglich sei, sich in den Strukturen zu verstecken und seine Fertigkeiten zurückzuhalten. Auch Julian von MBS betonte, dass man das persönliche Engagement nicht befehlen kann, sondern Menschen dieses freiwillig bringen müssen. Wie bereits am Beispiel der Führungskräfte eines unserer Kunden geschildert, müssen Strukturen zwar bestimmte Haltungen bzw. die daraus resultierenden Verhaltensweisen zulassen. Die vorhandene Grundhaltung der Menschen muss ein Unternehmen jedoch voraussetzen.

Aus diesem Grund ist eine zur Selbstorganisation passende Haltung ein zentrales Einstellungskriterium – wichtiger als Fertigkeiten und Erfahrungen. Ganz nach dem amerikanischen Sprichwort »*Hire for attitude, train for skills*«. Es geht hier nicht nur darum, wie von Robert Sutton propagiert, keine »Arschlöcher«[64] einzustellen, sondern man muss Menschen finden, die bei Vertrauen und Eigenmotivation aufblühen und ihre Tätigkeit nicht lediglich als einen Job betrachten, den sie nach Vorschrift durchführen. Diese Gedanken habe ich in Kapitel 6 bei den Bewertungskriterien für Organisationen noch weiter ausgeführt.

Eine für die Selbstorganisation förderliche Haltung ist auch für die Innovation und den Einsatz von Innovationsmethodiken hilfreich. Man kann sagen, agil ist vor allem auch eine Einstellungssache.

Selbstorganisation kann für eine innovationsförderliche Haltung außerdem noch aus folgenden Gründen hilfreich sein:

- In selbstorganisierten Unternehmen spielen Verhaltensweisen, die vor allem der Sicherung seiner Position in der Hierarchie dienen, weniger eine Rolle. Es geht weniger um Positionen und mehr um Inhalte.
- Generell kann man sagen, dass die Beschäftigung mit Selbstorganisation automatisch zu einer Reflexion auf der Ebene der persönlichen Einstellung von Menschen führt. Die persönliche Haltung kommt in der täglichen Zusammenarbeit stärker zum Vorschein und Konflikte können schneller entstehen. Dementsprechend müssen diese Themen öfter und schneller thematisiert werden. Dies kann ich aus meiner eigenen Erfahrung bei creaffective nur bestätigen.

Innovationsmethoden sind hilfreich

Auch in selbstorganisierten Unternehmen sind Methoden der Innovation hilfreich, um schnell und effektiv von der Idee zur Umsetzung zu kommen. Bei den für dieses Buch beobachteten Firmen fällt auf, dass sie im hinteren Teil des Innovationsprozesses meist sehr strukturiert vorgingen und zum Beispiel in der Entwicklung nach Scrum arbeiteten oder für die Produktentwicklung einen Stage-Gate-Prozess nutzten. Als Innovation Coach bemerkte ich jedoch, dass viele Firmen im vorderen Teil des Innovationsprozesses relativ methodenlos arbeiten. Hier sehe ich Verbesserungspotenzial! Deutlich wird dies im positiven Sinne bei Partake, dessen gesamtes Geschäftsmodell davon abhängt, schnell und effektiv Unternehmensideen zu entwickeln. Daher ist der gesamte Innovationsprozess sehr stark von Design Thinking inspiriert, das seine Stärken besonders im vorderen Teil eines Innovationsprozesses ausspielt. So wie es für Scrum einen Scrum Master gibt, der das Team unterstützt, so sollte es auch für den vorderen Teil des Innovationsprozesses einen Coach geben. Bei Partake, Gore und VSE gibt es diesen. Aus gutem Grund!

Auch ein Modell eines generelleren Innovationsprozesses, der den Verlauf von der Erstidee bis zur Umsetzung strukturiert, ist hilfreich. Dieser ist per se erst einmal völlig unabhängig von der Selbstorganisation. Hier habe ich den Eindruck, dass dessen Vorhandensein bei den von mir beobachteten Unternehmen eher von der Unternehmensgröße abhängt, wie bei klassischen Unternehmen auch. Eher größere Unternehmen sind hier meist gut aufgestellt, weil es ohne einen Prozess fast nicht mehr funktioniert. Kleine und mittelständische Unternehmen haben dagegen oft Nachholbedarf.

Auswirkungen auf die zwölf Handlungsfelder der Innovation

In Kapitel 3 habe ich im Detail zwölf strategische Handlungsfelder vorgestellt, die ein Unternehmen beachten muss, wenn es seine Innovationskraft stärken möchte. Diese Handlungsfelder wurden damals unter der Annahme von Unternehmen mit klassischer hierarchischer Aufbauorganisation entwickelt.

Für selbstorganisierte Unternehmen spielen diese Felder nach wie vor eine Rolle. Durch die agile Aufbauorganisation werden sie jedoch teilweise anders angesprochen. Unten stehend liefere ich meine Einschätzung nach der Auswertung der Fallstudien.

Handlungsfeld	Definition Handlungsfeld	Veränderung	Kommentare
Training von Fertigkeiten	Es bedarf kontinuierlicher Kreativitäts- und Innovationstrainings, die darauf abzielen, die Fertigkeiten der Organisation im Hinblick auf Kreativität, kreative Zusammenarbeit und Innovation zu stärken.	Unverändert relevant Von Selbstorganisation nicht berührt	
Verantwortlichkeit & Anerkennung	Menschen (und besonders Führungskräfte) sind verantwortlich für innovationsförderliche Verhaltensweisen und werden dafür anerkannt.	Wird von Selbstorganisation teilweise beachtet	Menschen können selbst stärker darauf Einfluss nehmen, welche Aufgaben und Ideen sie verfolgen.
Messbarkeitskriterien	Die Organisation versteht, dass Wert geschaffen wird, sowohl durch inkrementelle Verbesserung als auch durch radikale Innovation. Auf beides wird Wert gelegt und man versucht, beides zu messen.	Unverändert relevant	Das Handlungsfeld ist nach wie vor relevant, auch für selbstorganisierte Unternehmen. Je nach Ausgestaltung des selbstorganisierten Systems verläuft das Bereitstellen von Ressourcen anders und dynamischer. Weniger Top-Down und stärker selbstgesteuert.

Handlungsfeld	Definition Handlungsfeld	Veränderung	Kommentare
IT-Unterstützung	Es gibt computergestützte Kollaborationsplattformen, die es Mitarbeitern (und Kunden) ermöglichen, an Prozessen der Ideenentwicklung und Problemlösung teilzunehmen und alle Ideen und Projekte zu dokumentieren und zu diskutieren.	Unverändert. Von Selbstorganisation nicht berührt	
Umfeld	Es gibt bewusst gestaltete Räume und Büros, die mehr Kreativität und bessere Zusammenarbeit fördern.	Unverändert. Von Selbstorganisation nicht berührt	
Experimente	Es gibt die Möglichkeit, schnell und einfach Experimente durchführen zu können.	Wird von Selbstorganisation teilweise beachtet	Dadurch, dass Menschen viel autonomer in ihren Entscheidungen sind, können sie auch selbst mehr Einfluss darauf nehmen, ob und welche Experimente sie durchführen.
Fokus	Es gibt es eine Gruppe im Unternehmen, die dafür verantwortlich ist, eine Kultur der Innovation aktiv zu unterstützen und zu pflegen.	Unverändert relevant	Auch hier hat der Einzelne grundsätzlich mehr Einflussmöglichkeiten. Trotzdem braucht es auch in selbstorganisierten Unternehmen eine Gruppe von Menschen, die bewusst einen Fokus auf das Thema Innovation legt.

Handlungsfeld	Definition Handlungsfeld	Veränderung	Kommentare
Strategie	Es gibt eine konkrete Strategie für die Richtung der Innovation.	Weniger relevant	Längerfristige Strategien sind in selbstorganisierten Unternehmen stärker vom Zweck des Unternehmens beeinflusst. Darüber hinaus werden flankierend kurzfristige Richtungen definiert, zum Beispiel mit OKRs.
Innovationssteuerung	Es gibt einen Innovationsprozess, in den auf nachvollziehbare Art und Weise alle Projekte eingeordnet werden und wo deren Status bestimmt werden kann.	Unverändert relevant	Das Handlungsfeld ist nach wie vor grundsätzlich relevant. Die Ausgestaltung kann sich in der Selbstorganisation jedoch stark von hierarchischen Unternehmenunterscheiden. Zum Beispiel ist es möglich, die Steuerung komplett dezentral zu gestalten und mit dem Pull-Prinzip zu arbeiten.
Führung	Es gibt Führungskräfte, deren Handlungen Unterstützung für innovationsförderliche Aktivitäten demonstrieren.	Weniger relevant	Dadurch, dass hierarchische Führung generell anders umgesetzt wird, wird Führung auch für Innovation weniger zentral. Führung gibt es nach wie vor und es gibt je nach Ausgestaltung der Selbstorganisation Menschen, die einen starken Einfluss auf Entscheidungen im Innovationskontext ausüben. Gleichzeitig steigen die individuellen Einflussmöglichkeiten des Einzelnen.

Handlungsfeld	Definition Handlungsfeld	Veränderung	Kommentare
Exploration	Exploration bedeutet, dass Mitarbeiter Zeit und Freiheit bekommen, kreative Ideen zu verfolgen, die nicht zu ihren Kernaufgaben gehören.	Wird von Selbstorganisation teilweise beachtet	Dadurch dass Menschen stärker Einfluss drauf nehmen können, was sie wann wie tun, können sie sich auch entschließen, Ideen zu verfolgen, die nicht zu den bisherigen Kernaufgaben gehören.
Facilitation	Es gibt Prozessmoderatoren (Facilitator), die eine Gruppe methodisch unterstützen, um zu neuen Lösungen zu kommen.	Unverändert. Von Selbstorganisation nicht berührt	

Was können traditionelle Unternehmen übernehmen?

Einige der hier beschriebenen Aspekte setzen in der Tat eine agile Aufbauorganisation voraus, um von ihnen profitieren zu können. Dennoch gibt es einiges, das klassisch-hierarchische Organisationen ausprobieren können, ohne das ganze Unternehmen umzukrempeln:

- Innovationsaktivitäten könnten als Testbereich für Elemente der Selbstorganisation genutzt werden. Erfahrungsgemäß sind auch traditionelle Unternehmen beim Thema Innovation offener, die Dinge anders zu machen und zum Beispiel mit Selbstorganisation zu experimentieren.
Einer unserer Kunden hat zum Beispiel auf 18 Monate beschränkte Innovationsgruppen, deren Aufgabe es ist, neue Ideen für Produkte und Geschäftsmodelle zu entwickeln. Obwohl das Unternehmen grundsätzlich stark hierarchisch tickt, sind diese Teams komplett selbstorganisiert. Ob diesen Teams dabei dann Vorgaben gemacht werden, an welchen strategischen Suchfeldern gearbeitet werden sollte, oder ob sie komplett frei arbeiten dürfen, liegt im Ermessen des Unternehmens. Wichtig ist, dass der Rahmen klar definiert wird und auch festgelegt wird, was mit den ausgearbeiteten Lösungen passiert. Spätestens an diesem Punkt wird man eine

hierarchische Aufbauorganisation merken. Die Unterstützung von Machtpromotoren wird nun wichtig.
Auch das in der VSE-Fallstudie beschriebene Innovationsprogramm lässt sich in jedem Unternehmen umsetzen, ohne die Aufbauorganisation zu verändern.

- Regelmäßige Innovationsveranstaltungen durchführen, die sich an alle Mitarbeiter richten.
  Viele der vorgestellten Unternehmen führen sehr regelmäßig Veranstaltungen durch, um zum Beispiel neue Ideen zu entwickeln oder zu testen. Dieses Vorgehen ist eins zu eins auch in klassisch organisierten Unternehmen umsetzbar. Die Veranstaltungen sollten sich grundsätzlich an alle interessierten Mitarbeiter richten und damit nicht auf eine bestimmte Zielgruppe beschränkt sein. Außerdem sollte die Teilnahme daran freiwillig sein.
  Ein schönes Beispiel ist das Kickbox-Konzept der Firma Adobe[65].

- Mitarbeiter selbst über Ideen entscheiden lassen.
  Ebenfalls ohne veränderte Aufbauorganisation wäre es möglich, das gesamte Unternehmen darüber entscheiden zu lassen, welche Ideen weiter verfolgt werden. Damit würden die etablierten Stage-Gate-Gremien mit Entscheiderbesetzung abgelöst. Mit diesem Vorgehen experimentiert zum Beispiel Lufthansa Systems[66] seit 2016.

- Das Vorgehen, virtuelle Konten mit Zeit und Geld für jeden Mitarbeiter einzurichten, über welche diese frei verfügen können, wäre grundsätzlich auch in hierarchischen Aufbauorganisationen durchführbar. Für Entscheidungen über Zeit- und Geldeinsatz, die mit diesen virtuellen Konten in Verbindung stehen, bräuchte ein Mitarbeiter dann eben keine Genehmigung seines Chefs mehr.

Es ist also doch einiges auch für traditionelle Unternehmen nutzbar, ohne dabei den Weg einer unternehmensweiten Selbstorganisation gehen zu müssen. Innovation als Feld bietet sich meiner Meinung nach dafür besonders an, wie auch die oben erwähnten Beispiele klassisch-hierarchischer Firmen zeigen.

Sind selbstorganisierte Unternehmen innovativer als klassische?

Kann ich in Zahlen und über wissenschaftliche Vergleichsstudien belegen, dass selbstorganisierte Unternehmen innovativer sind als klassisch strukturierte Unternehmen? Nein, ich kann es nicht. Mir sind keine vergleichenden Studien bekannt, die dies versucht hätten. Es wäre jedoch sicherlich ein Bereich für weitere Forschungen. Hier müsste dann auch nachgewiesen werden, dass eine agile Aufbauorganisation für den Innovationserfolg maßgeblich verantwortlich ist. Am Ende müssen ja viele Faktoren zusammenkommen, damit eine Neuerung erfolgreich ist.

Es ist für mich sehr plausibel und meine Hypothese ist, dass die Wahrscheinlichkeit für Innovation durch Selbstorganisationen steigt, und zwar deshalb, weil Selbstorganisation einige Faktoren positiv beeinflusst, deren Bedeutung für die Innovation als gesichert gilt.

Unternehmen, die nun generell überlegen, wie sie Selbstorganisation in ihre komplette Aufbauorganisation bringen können, finden im folgenden Kapitel Hinweise und Leitlinien für das weitere Vorgehen.

6 Transformation hin zu Selbstorganisation

Wie das Buch hoffentlich zu zeigen in der Lage ist, kann Selbstorganisation in der Aufbauorganisation verschiedene Vorteile für Unternehmen bringen. Der Wandel von einer traditionell eher zentral organisierten Form zu einer dezentralen, selbstorganisierten Form wird für unterschiedliche Organisationen unterschiedlich einfach sein. Im Allgemeinen hat es ein kleines Unternehmen wie creaffective mit unter zehn Mitarbeitern dabei natürlich bedeutend einfacher als ein Unternehmen wie Siemens mit über 200.000 Mitarbeitern. Einige Ansprechpartner für meine Recherchen waren auch der Ansicht, dass man gar nicht versuchen sollte, große etablierte Organisation in dieser Hinsicht zu verändern. Sie hielten es für besser, lieber gleich ein neues Unternehmen zu gründen, das von vornherein selbstorganisiert ist.

Spannend für Organisationen, die sich mit dem Gedanken spielen, ihre Aufbauorganisation zu verändern, ist die Frage, wie bereit ein Unternehmen für eine solche Veränderung ist[67]. Darum soll es in diesem Kapitel gehen. Zuerst schaue ich mir Kriterien an, anhand derer man die Bereitschaft eines Unternehmens zu einem Wandel hin zur Selbstorganisation einschätzen kann. Dann gehe ich der Frage nach, in welcher Reihenfolge eine Transformation ablaufen könnte. Am Ende stelle ich ein Werkzeug vor, mit dem sich Optionen der Selbstorganisation gedanklich durchspielen lassen.

In den Arbeiten für dieses Buch habe ich kein etabliertes Vorgehen gefunden, um die Bereitschaft eines Unternehmens entsprechend zu diagnostizieren. Daher habe ich versucht, ein Kriterienset zu entwickeln.

Dabei habe ich mich folgender Quellen und Vorgehensweisen bedient:

- die für dieses Buch befragten Ansprechpartner und Unternehmen
- die Holacracy-Online-Community mit Hunderten von Mitgliedern
- die Reinventing-Organizations-Online-Community
- die Leadwise-Online-Community
- alle für dieses Buch gelesenen Bücher und Artikel

In den Online-Communitys habe ich meine Frage platziert bzw. recherchiert und erhielt Dutzende von Antworten mit weiteren Recherchetipps und Links.

Schließlich leitete ich Muster aus meinen Interviews und Fallstudien ab und fasste diese zu einem Kriterienset zusammen.

Betrachtungsbereiche

In Kapitel 3 zum Thema Innovation stellte ich zwölf strategische Handlungsfelder vor, anhand derer man eine Organisation im Hinblick auf ihre Organisationsfähigkeit beurteilen kann. Diese wiederum lassen sich nach den vier großen Analysebereichen **Person**, **Prozess**, **Struktur** und **Kultur** ordnen. Diese vier Bereiche nutze ich auch als Orientierungspunkte für ein Kriterienraster zur Beurteilung der Bereitschaft einer Organisation zur Selbstorganisation.

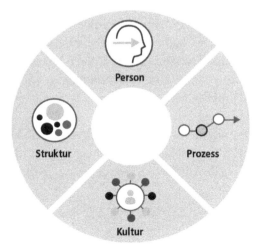

Analysekriterien

Die hier aufgeführten Analysekriterien können Unternehmen meiner Meinung nach einen guten Anhaltspunkt geben, wie bereit eine Organisation ist, ihren Aufbau hin zur Selbstorganisation zu verändern. Die Kriterien lassen sich auf die gesamte Organisation anwenden, aber auch auf einzelne Bereiche oder sogar Teams. Bei creaffective nutzen wir sie im Rahmen von Beratungsprojekten und bei einem Audit-Workshop mit Unternehmen, die sich für Selbstorganisation interessieren.

Die Kriterien lauten folgendermaßen:

1. Fokus und Bereitschaft
2. Verständnis für Selbstorganisation
3. Fertigkeiten hilfreich für Selbstorganisation
4. Eignung von Personen für die Selbstorganisation
5. Transparenz
6. Unterstützende Entscheidungsverfahren
7. Unterstützende Strukturen
8. Vorhandener Unternehmenszweck

Beim genaueren Lesen der Kriterien wird Ihnen vielleicht auffallen, dass keines der Kriterien allein dem Feld Kultur entspringt. Ich gehe hier von der Annahme aus, dass die Kultur nicht allein und direkt verändert werden kann, sondern immer indirekt über die anderen Bereiche beeinflusst wird.

Kriterium	Person	Prozess	Struktur	Kultur
Fokus und Bereitschaft	X			
Verständnis für Selbstorganisation	X			
Fertigkeiten hilfreich für Selbstorganisation	X			X
Eignung der Person für die Selbstorganisation	X			
Transparenz		X	X	X
Unterstützende Entscheidungsverfahren		X		X
Unterstützende Strukturen			X	
Vorhandener Unternehmenszweck			X	

Kriterien Selbstorganisation

Kriterium 1: Fokus und Bereitschaft

Dieses Kriterium hat zwei Ausprägungen:

Fokus des Topmanagements
Die erste Ausprägung ist die Bereitschaft des/der Eigentümer, CEOs oder Geschäftsführung eines Unternehmens. Dieses Kriterium könnte man auch als notwendige, wenn auch nicht unbedingt hinreichende Variable bezeichnen. Das bedeutet, wenn dieses Kriterium nicht erfüllt ist, dann nützt es auch nichts, wenn alle anderen Kriterien erfüllt sind. Es ist am Ende eine der letzten autokratischen Entscheidungen, die in einem zentral organisierten Unternehmen getroffen wird: Die Entscheidung, nicht mehr autokratisch zu sein. Ohne die aktive Unterstützung und Bereitschaft des/der Eigentümer und der Geschäftsführung wird Selbstorganisation in der Aufbauorganisation nicht funktionieren und nicht nachhaltig sein. Frederic Laloux bezeichnet diese Person/Personen auch als »Holder of the Space«. CEO und Eigentümer stellen sicher,

dass die Verfassung einer Organisation selbstorganisiert bleibt. Rechtlich gesehen könnten sie theoretisch jederzeit den Stecker ziehen und wieder zu einem autokratischen System zurückkehren. Ohne ihre Zustimmung und das aktive Vorantreiben mag es zwar in Unternehmen einzelne Inseln der Selbstorganisation geben, jedoch nicht in der gesamten Organisation. Ich habe in der Recherche für dieses Buch einige Konzerne kennengelernt, in welchen einzelne Bereiche/Abteilungen selbstorganisiert sind, allerdings in einem abgegrenzten Rahmen innerhalb der zentral organisierten Gesamtstruktur. Ich habe leider auch das Beispiel eines namhaften deutschen Konzerns kennengelernt, wo das »Experiment« der Selbstorganisation mit einem Machtwort eines Hierarchen von einem Tag auf den anderen wieder beendet wurde. Damit dies nicht passiert und die Menschen nicht auf wohlmeinende Führungskräfte angewiesen sind, die sich entschließen, Teams zu ermächtigen, braucht es Eigentümer und/oder CEOs als Hüter des Rahmens der Selbstorganisation[68]. Frederic Laloux erwähnt in seinem Buch *Reinventing Organizations* das Beispiel der Firma AES, eines Unternehmens mit damals 40.000 Mitarbeitern, das als börsennotiertes Unternehmen jahrzehntelang selbstorganisiert war, dann aber durch eine Übernahme wieder zum klassischen Paradigma wechselte.

Ausreichend Menschen, die Selbstorganisation wollen
Ein zweiter Aspekt ist die Frage, ob es eine »ausreichende« Zahl an Menschen in der Organisation gibt, die mit anderen Formen des Managements und der Zusammenarbeit experimentieren möchten, Menschen also, die unzufrieden mit dem Status Quo sind. Anhaltspunkte dafür könnten Netzwerke von Gleichgesinnten sein, die sich zum Beispiel in größeren Unternehmen in unserem Breiten vermehrt bilden, oder auch die Art der Fragen, die in monatlichen oder jährlichen Firmenveranstaltungen von Mitarbeitern gestellt werden.

Befürworter der integralen Theorie von Ken Wilber entwickelten inzwischen sogar psychometrische Fragebögen, um das Bewusstseinslevel von Menschen in Organisationen zu messen[69]. Die Intention dahinter ist es, vor überhasteten Experimenten mit Selbstorganisation ein Verständnis dafür zu bekommen, wie besonders Führungskräfte ticken. Diese sind ja am stärksten von den Veränderungen betroffen und ihr Verhalten kann zu Beginn des Übergangs viele Herausforderungen mit sich bringen.

Kriterium 2: Verständnis für Selbstorganisation

Wie ich zu Beginn des Buches geschrieben habe, ist Selbstorganisation im Jahre 2017 ein zwar trendiges Thema, bei dem es aber gleichzeitig noch viele Unklarheiten und Missverständnisse gibt. Ähnlich wie Digitalisierung, Agilität und Design Thinking ist Selbstorganisation ein hippes Schlagwort. Das heißt nicht, dass den meisten klar ist, was es eigentlich bedeutet und was die Implikationen für das Unternehmen sind. Gespannt verfolgte ich, wie das amerikanische Unternehmen Zappos mit damals ca. 2.500 Mitarbeitern verkündete, Holacracy einzuführen. Ich kann nicht beurteilen, wie es im Inneren aussah. Die vielen Veröffentlichungen und Kommentare von außen offenbarten jedoch eine Menge Nichtwissen und Halbwissen in Bezug auf Holacracy.

Daher ist es wichtig, vor dem Beginn einer Transformation sicherzustellen, dass möglichst viele Menschen in der Organisation verstehen, was Selbstorganisation wirklich bedeutet und wie sie sich praktisch auswirkt.

Bei creaffective versuchen wir, bei Beratungsprojekten in Form von Vorträgen und kleinen Simulationen und Workshops an diesem Punkt zu arbeiten. Auch hier ist es wieder besonders wichtig, dass die im bisherigen System hierarchisch oben stehenden Personen verstehen, was Selbstorganisation für sie und das Unternehmen mit sich bringt.

Kriterium 3: Fertigkeiten zur Selbstorganisation

Selbstorganisation funktioniert, wenn Menschen eine Reihe von durchaus erlern- und trainierbaren Fertigkeiten besitzen. Diese sollten idealerweise ausgebildet werden, bevor eine Transformation zur Selbstorganisation erfolgt.

Fertigkeiten des Konfliktmanagements

In einem Paradigma der Selbstorganisation gibt es grundsätzlich wenig Möglichkeiten von Machtwörtern und der Eskalation. Daher sind Menschen bei Konflikten auf sich gestellt und müssen lernen, damit umzugehen, sie beizulegen oder gar nicht erst entstehen zu lassen.

Ein Beispiel aus meiner eigenen Organisation: Ziemlich zu Beginn unserer Einführung von Holacracy kümmerte sich eine Kollegin mit einer dafür zuständigen Rolle um die Auswahl eines Stromanbieters für unser neues Büro. Dabei setzte sie ihre Werte als Auswahlkriterium an. Ich als ehemaliger Geschäftsführer und innerlicher Schwabe (obwohl ich ja Münchner bin) hatte nun Angst, dass wir mit dieser Wahl eine für unsere Organisation »zu hohe« Stromrechnung bekommen. Im System der Rollen von Holacracy gab es jedoch für mich keine Rolle, die daran etwas hätte ändern können. Es war die Entscheidung meiner Kollegin. Trotzdem kochte sofort ein kleiner Konflikt hoch, weil meine Kollegin sich zu Recht von mir eingeschränkt fühlte und ich aus meiner Angst heraus dabei war, meine Rolle zu überschreiten. Gleichzeitig war meine Angst damals jedoch auch ganz real vorhanden. Dank unseres Coaches zur Holacracy-Einführung konnten wir die Situation schnell entschärfen. Sie zeigte uns aber auch, wie schnell solche Konflikte entstehen können. Im alten System hätte ich als Geschäftsführer meine Kollegin einfach freundlich überstimmt und das wäre für sie dann auch okay gewesen, wie sie mir sagte. Im neuen System habe ich ihre Rolle unberechtigterweise eingeschränkt. Holacracy hat als System keine Handhabe, mit diesem Konflikt umzugehen.

Nicht ohne Grund arbeiten viele holakratische Organisationen mit dem Vorgehen der gewaltfreien Kommunikation und schulen ihre Mitarbeiter darin, in solchen Situationen schnell für Klärung sorgen zu können. Solche Fertigkeiten kann und muss man lernen, besonders weil sie in unserem Schul- und Ausbildungssystem keine Rolle spielen und wir es meist anders vorgelebt bekommen.

Fertigkeiten des Dialogs: Zuhören können

Zu Beginn meiner Beschäftigung mit Selbstorganisation habe ich viel über diese »weichen« Aspekte gelesen, die schnell in der Kategorie Esoterik landen. Neben der gewaltfreien Kommunikation gibt es Firmen, die verschiedene Formen der Gesprächsführung, der Achtsamkeit etc. zum Einsatz bringen. In *Reinventing Organizations* beschreibt Laloux das Beispiel des Klinikunternehmens Heiligenfeld, das in Besprechungen mit einer Art Achtsamkeitsglocke arbeitet, die immer dann betätigt wird, wenn jemand das Gefühl hat, dass es im Gespräch nun mehr um das persönliche Ego als um die gemeinsame Sache geht:

»In Heiligenfeld wird eine Kombination der vorhergehenden Praktiken angewendet – mit einem kleinen Unterschied. Jedes Treffen beginnt auf drei Arten: eine Minute der Stille; eine Minute der Stille und einem Text; oder eine Minute der Stille und einem Witz. Dann folgt eine rituelle Frage: »Wer läutet heute die Zimbel?« Ein Freiwilliger nimmt sich eine Tingsha, eine tibetische Handzimbel, die einen wunderbaren, kristallklaren Klang von sich gibt. Immer wenn die Person das Gefühl hat, dass die Grundregeln nicht beachtet werden oder dass das Meeting mehr den Egos als dem eigentlichen Sinn dient, dann kann sie oder er die Zimbel erklingen lassen. Die Regel ist dann, dass niemand sprechen darf, bis der Klang der Zimbel nicht mehr hörbar ist – was überraschend lange dauert. Während der Stille können die Teilnehmer über die Frage reflektieren, »Diene ich mit meinen Beiträgen dem Thema, das wir besprechen, und dem Sinn der Organisation?« Für die Mitarbeiter ist diese Praxis nun so selbstverständlich, dass allein schon das Aufnehmen der Zimbel ausreicht, um ein Meeting wieder in die richtige Bahn zu lenken. (Beim Nachdenken über diese Praxis bemerkte ich, dass in den Besprechungen von Führungskräften in herkömmlichen Unternehmen, zu denen ich im Laufe der Jahre eingeladen wurde, nur aus dem Ego gesprochen wurde. Hätten sie diese Praxis genutzt, wäre das einzige Geräusch in der Besprechung der Klang der Zimbel gewesen!)« (Laloux, 2015, Pos. 527.9/1122)

Ich glaube, dass Fähigkeiten des Dialogs mit der Fertigkeit, einander zuhören zu können, wichtig sind für das Gelingen von Selbstorganisation. Das gilt vor allem, weil Menschen eigenverantwortlich Entscheidungen treffen müssen und es weniger Regeln und Vorschriften gibt, wie die Dinge zu laufen haben. Umso wichtiger ist es daher, im Dialog Lösungen zu entwickeln.

Fertigkeiten der persönlichen Arbeitsorganisation

Persönliche Arbeitsorganisation bezeichnet die Art und Weise, wie Menschen ihre Aufgaben organisieren und sicherstellen, zur richtigen Zeit die richtigen Dinge zu tun und einen Überblick über ihre Prioritäten zu haben. Dieser Aspekt ist unter Bedingungen der Selbstorganisation deshalb so wichtig, weil es niemanden gibt (wie zum Beispiel einen Vorgesetzten), der Prioritäten vorgibt oder festlegt, was als nächstes zu tun ist. Jeder Mitarbeiter muss selbstverantwortlich bestimmen, was in welcher Reihenfolge und mit welcher Priorität zu tun ist. Menschen, die sich bisher irgendwie durchgewurstelt haben und sich selbst liebevoll als chaotisch beschreiben, werden in selbstorganisierten Organisationen für sich und andere zur Belastung und gefährden den Erfolg und die Produktivität der Organisation. In einer Diskussion zwischen Brian Robertson (dem Entwickler von Holacracy) und David Allen (dem Entwickler der bekannten »Getting Things Done«-Methodik) sagte Robertson sinngemäß: Wenn er die Wahl hätte zwischen einem traditionellen Unternehmen, in dem die Menschen Getting Things Done wirklich beherrschen, und einem holakratischen Unternehmen mit unorganisierten Mitarbeitern, würde er immer das klassische Unternehmen wählen. Nicht ohne Grund ist die Sprache von Getting Things Done in die Software Glassfrog (zur Verwaltung von holakratischen Unternehmen) eingebaut. Auch hier ist es zu empfehlen, dass die Menschen in einer Organisation vor der Transformation mit solchen Methodiken vertraut sind. Projektmanagementvorgehen wie Scrum helfen hierbei sicherlich, weil sie ebenfalls auf ähnliche Prinzipien zur Priorisierung von Aufgaben basieren.

Kriterium 4: Eignung der Personen für die Selbstorganisation

Wenn ich mit Geschäftsführern und Führungskräften im Gespräch bin und erzähle, wie Selbstorganisation funktioniert und wie gearbeitet wird, dann kommt häufig der Kommentar: »Mit unseren Leuten geht das wohl eher nicht.« In der Tat ist die Frage berechtigt, ob Selbstorganisation für jeden das richtige ist. Man kann hier sicherlich antworten: Nein. Die Frage ist, für wie viel Prozent aller Menschen sie sich nicht eignet. Brian Robertson von HolacracyOne schätzt, dass circa 20% aller Menschen nicht zur Selbstorganisation passen. Diese Zahl ist vermutlich niedriger als erwartet. Die Angabe ist jedoch lediglich das Bauchgefühl eines US-Amerikaners mit IT-Hintergrund. Es gibt hier keine gesicherten forschungsbasierten Erkenntnisse. Sicher ist: Es wird in jedem Unternehmen Menschen geben, die den Weg der Selbstorganisation nicht mitgehen können oder wollen. Diese werden das Unternehmen während der Reise früher oder später verlassen.

Spannend ist die Frage, ob es in verschiedenen Ländern mit ihren jeweiligen nationalen Kulturen hier Unterschiede gibt. Bei meinen Recherchen für dieses Buch bemühte ich mich um Fallstudien aus möglichst vielen Ländern. Dabei habe ich nach mehreren Monaten Recherche in Südostasien nur ein Unternehmen aus Singapur mit lediglich sieben Mitarbeitern entdeckt, dass kürzlich Holacracy eingeführt hat. Auf meinen Geschäftsreisen im chinesischsprachigen Ausland spreche ich mit Vertretern unserer Kunden häufig über das Thema Selbstorganisation. Die Reaktion der Chinesen ist meist ausschließlich negativ: Das passe nicht zur chinesischen Kultur und chinesische Mitarbeiter im allgemeinen seien dafür nicht geeignet. In eine ähnliche Richtung argumentiert Pawel Brodzinski von Lunar Logic aus Polen: Auch er glaubt, dass es in Polen so schnell keine nennenswerte Anzahl an selbstorganisierten Unternehmen geben wird, weil das Land eine tief verwurzelte hierarchische und konformistische Kultur habe.

Don Beck[70], Miturheber der Spiral-Dynamics-Theorie des menschlichen Bewusstseins, die in Kapitel 1 vorgestellt und beschrieben wurde, liefert hierzu erhellende Hintergründe: Mit Spiral Dynamics lassen sich die vorherrschenden und dominanten Bewusstseinslevel ganzer Nationen diagnostizieren. Dies geschieht unter anderem dadurch, dass Menschen gebeten werden, Aussagen darüber zu treffen, was eine gesunde Einstellung ausmacht. Das weltweit (besonders in der Wirtschaft) dominierende Paradigma ist momentan orange mit seinem Fokus auf Leistung, Rationalität und Materialismus. In vielen Ländern herrschen jedoch auch andere Paradigmen in der Gesellschaft vor: Die USA seien stark blau (oder gelb nach Laloux) geprägt mit ihrem Fokus auf Konformismus, Hörigkeit und Gläubigkeit. Dazu gäbe es in den USA einige Inseln, die mit einem humanistischen Weltbild und einer starken Sensibilität für andere grün geprägt seien. In Europa führt er die Niederlande und die skandinavischen Länder als orange-grüne Nationen an. In vielen asiatischen Ländern dominiere ebenfalls das blaue/gelbe Denkmuster und in Afrika sehr stark rot und lila mit einem Fokus auf Stämmen und Ritualen sowie den Glauben an übernatürliche Einflüsse. Nach der Argumentation in diesem Buch wird Selbstorganisation vor allem durch ein grünes oder türkis Denkmuster begünstigt (vgl. Kapitel 1 und 2). Vor diesem Hintergrund ist es nicht verwunderlich, dass die meisten selbstorganisierten Organisationen aus Europa und den USA kommen und sich in anderen Teilen der Welt nur schwer Beispiele finden lassen. Der gesamtgesellschaftliche Nährboden ist schlicht zu wenig vorhanden. Das heißt nicht, dass es solche Firmen nicht trotzdem gibt oder sie entstehen können.

Obige Argumentation gibt auch Hinweise auf die Frage der Eignung von Menschen für ein Organisationsprinzip der Selbstorganisation. In den Niederlanden tut sich ein Unternehmensführer wahrscheinlich leichter mit einer Transformation als in Polen, Ungarn oder Asien.

Ein weiterer Aspekt der Eignung ist die Frage, ob Menschen eigenverantwortlich Entscheidungen treffen wollen. Der Wille dazu ist wichtig, damit Selbstorganisation funktioniert. Auch das ist sicher neben der Persönlichkeit eine Frage der Sozialisierung. Ich glaube, dass besonders in Europa und den USA die Menschen alle wichtigen Entscheidungen ihres Lebens eigenverantwortlich treffen (müssen). Wen heirate ich? Welchen Beruf ergreife ich? Kaufe ich ein Haus oder eine Wohnung? Lediglich im Arbeitsleben bekommen wir es meist schnell abtrainiert, selbst zu entscheiden. Stattdessen müssen wir uns ein Okay des Chefs abholen. Ich glaube, aus dieser Gewohnheit heraus glauben viele Führungskräfte, dass ihre Mitarbeiter gar nicht eigenverantwortlich entscheiden wollten. Die Wahrscheinlichkeit ist jedoch hoch, dass sie es sehr wohl könnten, aber nicht dürfen.

Kriterium 5: Transparenz

Damit Menschen eigenverantwortlich Entscheidungen treffen und sinnvoll entscheiden können, brauchen sie eine Datengrundlage. Dies wiederum bedeutet, dass sie entsprechend Zugang zu den für sie relevanten Daten haben. Um also im Sinne des Unternehmens entscheiden und unternehmerisch denken zu können, benötigen sie Zugang zu den Zahlen des Unternehmens.

Zugang zu Daten
Hier sind es zwei Aspekte, die in den meisten selbstorganisierten Unternehmen eine besondere Rolle spielen:

Erstens müssen die oben erwähnten Daten zu Geschäftsprozessen für die Mitarbeiter zugänglich sein. Dies schließt ganz explizit finanzielle Kennzahlen mit ein. Welche Kosten fallen an? Wie kommen unsere Preise zustande? Wie viel Gewinn entsteht? Wann ist eine Entscheidung ökonomisch sinnvoll? Viele Unternehmen geben Informationen nur im konkreten Bedarfsfall an Mitarbeiter weiter. Meist fehlt den einzelnen Menschen ein Gesamtüberblick über wöchentliche und monatliche Zahlen sowie Wertströme. Die Gründe hierfür sind vielfältig. Teilweise herrscht die Angst, dass »sensible« Informationen unkontrolliert weitergegeben werden oder sie werden aus Gründen von Status und Macht zurückgehalten.

Transparente und faire Gehälter
Zweitens wird in einem selbstorganisierten Unternehmen die Stellung einer Person nicht mehr an der Hierarchiestufe festgemacht. Daraus ergibt sich automatisch die Frage, wie denn nun Gehälter festgelegt werden. Darüber hinaus gibt es meist auch keinen Vorgesetzten mehr, der seine Schäfchen beurteilt und über Gehälter oder Boni entscheidet. Diese beiden Aspekte führen schnell zu dem Punkt, dass Menschen berechtigterweise fordern, auch Gehälter und die Bewertungskriterien offenzulegen. Viele ehemalige Führungskräfte und Eigentümer haben vor diesem Schritt große Angst, vor allem, weil die Gehälter nicht fair sind. Sie waren bisher davon abhängig, wie gut jemand bei der Einstellung verhandelt hat oder wie Menschen von Führungskräften eingeschätzt wurden, obwohl die Führungskräfte gar nicht in der Lage sind, jemanden zu beurteilen, weil sie viel zu weit weg sind von dieser Person und dessen Tätigkeit. Diese in vielen Unternehmen tickende Zeitbombe wird irgendwann zünden. Nicht vereinfacht wird der Tatbestand durch die Tatsache, dass in vielen Firmen Tarifverträge gelten. Je nach Ausgestaltung der Selbstorganisation sind Tarifverträge nur begrenzt kompatibel zu den neuen Strukturen und der Art, Rollen und Tätigkeiten festzulegen. Tarifverträge gehen ja meist immer von den gleichen Tätigkeitsprofilen aus, die dann auch gleich bezahlt werden sollten.

Kriterium 6: Unterstützende Entscheidungsverfahren

Generell kann man sagen, dass in selbstorganisierten Unternehmen innerhalb definierter Rollen von Menschen eigenverantwortlich entschieden wird. Sobald andere Menschen involviert wird, braucht es ein Prozedere, wie eine Entscheidung getroffen wird. Dieses ist dann nicht autokratisch in dem Sinne, dass ein Chef ein Machtwort spricht. Es basiert in den meisten Fällen jedoch auch nicht auf Konsens. Dies würde bedeuten, dass so lange diskutiert wird, bis alle dafür sind. Das wäre extrem belastend und ermüdend.

Viele für dieses Buch recherchierte Organisationen arbeiten nach dem Konsent-Prinzip. Das bedeutet, dass eine Option dann als angenommen gilt, wenn keine gewichtigen Gründe dagegen sprechen. Das ist nicht das gleiche, als wenn alle dafür sind. Konsent fokussiert auf die Machbarkeit. Sowohl Sociocracy als auch Holacracy arbeiten mehr oder weniger formalisiert mit diesem Prinzip.

In *Reinventing Organizations* wird das Vorgehen des Beratungsprozesses beschrieben: Eine Person trifft eigenverantwortlich eine Entscheidung, muss jedoch vorher zwei Arten von Menschen um ihren Input bitten: Menschen, die von den Auswirkungen der Entscheidung betroffen sein werden, und Menschen, die bereits Erfahrung und Wissen in diesem Bereich haben.

Eine Organisation, die bereits jetzt eine solche Entscheidungskultur hat tut sich leichter mit einer Umstellung auf Selbstorganisation als patriarchalisch geführte Unternehmen.

Kriterium 7: Unterstützende Strukturen

Auch unter dieses Kriterium habe ich wieder mehrere Aspekte subsumiert.

Die Möglichkeit, Strukturen zu ändern
Selbstorganisation bedeutet, Veränderungen an den Strukturen des Unternehmens vorzunehmen, so dass eine dezentrale Organisation möglich wird. Dazu muss es eine Person oder Personengruppe im Unternehmen geben, die die Möglichkeit hat, diese Veränderungen einzuleiten und vorzunehmen. Diese Person oder Personengruppe muss sich dieser Möglichkeit außerdem bewusst sein. Es gibt viele Unternehmen, wo dies nicht eine Person entscheiden kann oder nur eine Konstellation aus Geschäftsführung und/oder Eigentümern. Oft sind die Personen, die gerne Änderungen an der Struktur vornehmen würden, nicht die, die es können, auch wenn es sich um hohe Führungskräfte oder sogar den CEO handelt.

Festlegung auf ein Organisationssystem
Selbstorganisation ist nicht gleich Selbstorganisation. Wie in Kapitel 2 gezeigt, gibt es eine Reihe kodifizierter Systeme wie Sociocracy und Holacracy und unendlich viele Möglichkeiten, selbst eine Form der Selbstorganisation zu entwickeln. Wir bei creaffective haben uns Ende 2015 für Holacracy entschieden, weil wir mit etwas starten wollten, das es bereits gibt und das in dieser Form schon in mehreren Organisationen getestet wurde. Damit wollten wir einige mögliche Stolpersteine gleich umgehen und von einer höheren Basis starten. Ob wir immer dabeibleiben werden, wissen wir nicht. Damals fühlte sich die Entscheidung richtig an.

Es gibt Unternehmen aus verschiedenen Branchen, die gleichzeitig mit verschiedenen Systemen der Selbstorganisation experimentieren um herauszufinden, welches am besten passt. Dabei sind diese Firmen offen dafür, in Zukunft verschiedene Systeme gleichzeitig zu nutzen.

Wie auch immer die Entscheidung ausfällt, ein Unternehmen sollte sich vorab Gedanken machen, mit welchem System es auf die Reise gehen möchte.

Kriterium 8: Vorhandener Unternehmenszweck

Ein Missverständnis zu selbstorganisierten Unternehmen ist, wie in Kapitel 2 beschrieben, der Glaube, dass dann jeder machen könne, was er wolle. Richtig ist, dass Menschen in selbstorganisierten Unternehmen sehr stark Einfluss darauf nehmen können, welche Tätigkeiten sie machen möchten und welche nicht, zum Beispiel indem jemand eine Rolle wieder abgibt. Auch der Einfluss auf die Art, wie eine Tätigkeit durchgeführt wird, ist vergleichsweise groß.

In diesem Kontext ist es daher wichtig, dass es einen Orientierungspunkt gibt, nach dem sich das Unternehmen und die einzelnen Menschen richten können. Dies kann in der Sprache von Holacracy und Frederic Laloux der Zweck eines Unternehmens sein. Dieser Zweck beantwortet die Frage, warum es die Organisation gibt. Für creaffective lautet dieser Zweck bis dato: »Kreativität in Organisationen, Team und Individuen ermöglichen und erhalten.« Je nach Lesart könnte man den Zweck eines Unternehmens auch mit einer Vision gleichsetzen, welche die Warum-Frage beantwortet[71].

Der Zweck sollte so klar sein, dass er Menschen in einem selbstorganisierten Unternehmen wirklich Orientierung und eine grobe Richtung bietet. Es handelt sich also nicht um nichtssagende Allgemeinplätze wie »Wir sind der beste Anbieter mit den günstigsten Preisen und der höchsten Qualität und präferierter Partner unserer Kunden«. Das ist weder klar noch inspirierend oder motivierend. Diese Formulierung gibt Menschen auch keinen Anhaltspunkt, ob sie in einer solchen Organisation arbeiten möchten und ob es sich mit ihren eigenen Interessen und Zielen deckt. Sociocracy 3.0 spricht nicht von Zweck, sondern von einem primären Treiber, der definiert »was ist und was passieren muss.« Der Abschnitt des »was passieren muss« ist dabei im Prinzip die Formulierung des Unternehmenszwecks. Es wird die Warum-Frage beantwortet.

Für selbstorganisierte Unternehmen ist die Auswahl neuer Mitarbeiter passend zum Zweck der Organisation ganz entscheidend. Es ist das erste Kriterium, das erfüllt sein muss, noch lange bevor es um Kenntnisse und Erfahrungen einer Person geht.

Vom Zweck unberührt bleibt die Frage, welche aktuellen Strategien ein Unternehmen im Moment verfolgt[72].

Im Rahmen meiner Interviews für dieses Buch hat lediglich Julian Wilson von Matt Black Systems dieser Aussage widersprochen (siehe Fallstudie). Er ist der Auffassung, dass Menschen sich regelmäßig ändernde Zwecke haben und eine Organisation es zulassen sollte, dass Menschen sich ändernde Zwecke mit den Mitteln der Organisation verfolgen und so Mehrwert für die Organisation schaffen.

Anhand dieser acht Hauptkriterien mit ihren Unteraspekten kann man ganz gut einschätzen, wie reif eine Organisation für eine Transformation in Richtung Selbstorganisation ist. Meiner Meinung nach bietet sich dieses Raster auch an, um die Gründung von neuen Unternehmen vorzubereiten und erste Schritte zu gehen.

Die Transformation initiieren

Am einfachsten ist es sicherlich, schon bei der Gründung neuer Unternehmen auf Selbstorganisation zu setzen. Manche Diskutanten in den Online-Communitys plädieren sogar dafür, gar nicht zu versuchen, etablierte Unternehmen zu transformieren, sondern gleich neue Organisationen zu gründen und von vorne anzufangen. Das ist jedoch für die meisten keine Option! Man könnte sagen, dass manche Konzerne es insofern versuchen, als sie neue Bereiche und Initiativen gründen, die nach neuen und anderen Regeln spielen.

Bei etablierten klassisch-hierarchischen Organisationen kommt es darauf an, von welcher Position die Initiative ausgeht – von unten oder von oben.

Von unten

In vielen Konzernen gibt es Gruppen, die selbstorganisiert arbeiten möchten. Hier geht die Initiative hierarchisch gesprochen von unten aus. Die Auswirkung einer Initiative von unten ist jedoch begrenzt und der Erfolg hängt sehr von der Unterstützung bzw. Duldung durch Machtpromotoren weiter oben in der Hierarchie ab. Selbstorganisation kommt immer genau bis zum ersten blockierenden Hierarchen. Die Fallstudie der Swisscom liefert ein Anschauungsbeispiel, wie eine räumlich begrenzte Transformation aussehen könnte.

Dabei ist es wichtig, die unmittelbar betroffenen Führungsebenen an Bord zu haben und von Anfang an deren Unterstützung zu bekommen.

Von oben

Eine Initiative von oben, d.h. von den Eigentümern oder dem Topmanagement ist die einzige Chance, eine Transformation über das gesamte Unternehmen zu erreichen. Die Menschen ganz oben in der Hierarchie haben hierbei die Funktion, eine selbstorganisierte Struktur zu schützen und zu erhalten. Diese Variante ist für Unternehmen grundsätzlich günstiger, für die meisten aber in absehbarer Zukunft nicht realistisch.

Schritte des Wandels

Auch wenn eine Initiative von oben ausgeht, heißt das nicht, dass man einen Wandel der Aufbauorganisation einfach verordnen kann. Hier gelten im Prinzip die gleichen Schritte wie bei einem Wandel von unten. Diese Schritte werden auch in den oben beschriebenen Kriterien reflektiert.

Erstens: Aufmerksamkeit schaffen
Für die überwiegende Mehrheit der Organisationen und der Menschen darin sind Selbstorganisation und das Konzept von dezentralen Strukturen mit verteilter Autorität nicht geläufig. Oft ist es mit vielen Vorurteilen und Mythen behaftet, wie in Kapitel 2 gezeigt wurde. Daher besteht der erste, wichtige Schritt überhaupt erst einmal darin, Aufmerksamkeit auf das Thema zu lenken und es in das Bewusstsein der Menschen zu rücken. Dieses Buch kann dazu einen Beitrag leisten, aber auch Vorträge, Trainings, Dokumentationen etc.

Zweitens: Konkrete Erlebnisse schaffen

Darüber zu reden und es theoretisch zu verstehen, ist ein erster Schritt, reicht jedoch nicht. Entscheidend ist es, den Menschen konkret zu vermitteln, was es bedeutet, in einem Paradigma der Selbstorganisation zu arbeiten. Dazu können Trainings und Simulationen hilfreich sein. Wir von creaffective lassen zum Beispiel Trainingsteilnehmer konkrete Besprechungs- und Entscheidungssituationen erleben oder die Gründung eines fiktiven Unternehmens mit Prinzipien der Selbstorganisation simulieren. Für etablierte Teams nutzen wir Besprechungsformate der Selbstorganisation, mit denen wir reale Themen des Teams bearbeiten. Eine andere Möglichkeit wäre es, in selbstorganisierten Unternehmen zu hospitieren. So haben wir im Rahmen eines Meetups in München eine reale Besprechung (in einem Holacracy-Format) durchgeführt und gelegentlich haben wir Hospitanten für unsere regelmäßigen internen Besprechungen.

Drittens: Ein System der Selbstorganisation wählen

Bevor eine reale Umstellung erfolgen kann, stellt sich die Frage, mit welchem System oder Prinzip der Selbstorganisation ein Bereich oder ein Unternehmen arbeiten möchte. Die in Kapitel 2 vorgestellten Vorgehensweisen sowie die Unternehmen in den Fallstudien zeigen entsprechende Möglichkeiten. Nun muss man überlegen, welche dieser Möglichkeiten in Betracht kommen könnte. Bei dieser Entscheidung kann der unten beschriebene Organisations-Canvas helfen.

Viertens: Piloten starten

Egal wie die Entscheidung in Schritt drei ausfällt: Man sollte nie sofort eine komplette Transformation versuchen, sondern immer erst mit Pilotprojekten auf Team-, Abteilungs- oder Bereichsebene arbeiten, es sei denn, ein Unternehmen ist so klein wie creaffective mit weniger als 10 Leuten.

Der für den Piloten ausgewählte Bereich sollte dabei sichtbar genug in der Organisation sein, so dass andere etwas davon mitbekommen und dass man daraus eine gewisse Repräsentativität für die Organisation ableiten kann. Gleichzeitig sollte der Bereich nicht so zentral sein, dass ein Pilot und die zwangsläufig damit verbundenen anfänglichen Reibungen die ganze Organisation in Mitleidenschaft ziehen.

In den Recherchen für dieses Buch habe ich größere Organisationen kennengelernt, die mit verschiedenen Teams/Bereichen parallel mehrere Systeme testen oder betreiben.

Ein Thema, das dafür geradezu prädestiniert ist, sind die Innovationsaktivitäten eines Unternehmens. Hier sind auch traditionelle Unternehmen relativ offen, neue Herangehensweisen auszuprobieren, weil hier die Grenzen hierarchischer Strukturen besonders auffällig sind. Agilität in den Strukturen begünstigt Innovation! Wir arbeiten mit Kunden, die für bestimmte Themenbereiche Innovationsteams gegründet und diese von Beginn an selbstorganisiert aufgesetzt haben. Die Selbstorganisation umfasst hier auch ausdrücklich, dass die Innovationsteams sich selbst verwalten und ihre Rollen und Strukturen verändern. Innovation hat es vielleicht auch deshalb am leichtesten, weil hier der mentale Schritt von innovativen Inhalten zu innovativen Strukturen kleiner ist.

Fünftens: Selbstorganisation ausweiten

Den größten positiven Effekt hat eine Veränderung der Aufbauorganisation dann, wenn das gesamte Unternehmen davon erfasst wird und es sich nicht lediglich um einzelne Inseln handelt. Nach meinen Recherchen für dieses Buch glaube ich, dass es in absehbarer Zukunft vor allem kleinere und mittelständische Unternehmen sein werden, die eine komplette Transformation durchführen. Dies betrifft vor allem relativ junge Unternehmen mit vielen Menschen, deren Werte und Weltbilder mit der Selbstorganisation kompatibel sind. Auch in mittelständischen Unternehmen, in denen ein Generationswechsel stattfindet oder ein neues Management übernimmt, sehe ich viele Chancen.

Sollten die ersten Piloten positiv verlaufen sein, könnte eine Organisation schrittweise immer weitere Bereiche umstellen oder wie in der Fallstudie von ARCA oder dem amerikanischen Unternehmen Zappos mit Holacracy komplett umstellen.

Falls ein Unternehmen das gesamte Unternehmen verändern möchte, sind noch einmal grundlegendere Überlegungen nötig, wie die neue Struktur und die Verteilung der Arbeit konkret aussehen sollen. Beschränkt sich der Pilot auf einzelne Abteilungen, stellt sich diese Frage nicht. Sobald das gesamte Unternehmen betroffen ist, ergeben sich viele verschiedene Möglichkeiten, wie die Arbeitsinhalte verteilt und die Kreise oder Bereiche zugeschnitten werden.

Dabei geht es um deutlich mehr als aus dem Bereich Finanzen und Logistik nun einen Kreis Finanzen und Logistik zu machen. Dies ist zwar nach wie vor eine Möglichkeit, aber nur eine von vielen. Hierbei ist es sinnvoll, verschiedene Optionen visuell als Prototypen darzustellen. Das weiter unten vorgestellte, von creaffective entwickelte Werkzeug kann vielleicht dabei helfen.

Organisations-Canvas

Im Rahmen von Sparrings-Gesprächen für dieses Buch kam meiner Kollegin Isabela Plambeck die Idee eines Canvas, um das System (der Selbstorganisation) eines Unternehmensähnlich dem bekannten Business Model Canvas[73] zu visualisieren. Aus dieser Grundidee hat sich der Organisations-Canvas entwickelt, der sowohl dazu dienen soll, den Status Quo einer Organisation zu visualisieren, als auch verschiedene Modelle der Selbstorganisation zu durchdenken. Die Abbildung zeigt den Canvas im Überblick.

Ähnlich wie mit Geschäftsmodellen gibt es auch für Organisationen theoretisch viele Modelle, wie diese strukturiert sein können. Die Modelle von creaffective und Matt Black Systems finden Sie am Ende des Kapitels ebenfalls mit dem Canvas visualisiert. Der Organisations-Canvas dient als Hilfestellung, um verschiedene Optionen zu skizzieren, bevor eine Entscheidung über die weitere Richtung getroffen wird. Wie jedes Modell stellt auch der Canvas nicht alle Aspekte einer Organisation dar und man kann begründet Bausteine hinzufügen oder weglassen.

Der Organisations-Canvas wird von mir unter der CC BY-SA Lizenz[74] zur Verfügung gestellt: »Diese Lizenz erlaubt es anderen, Ihr Werk zu verbreiten, zu remixen, zu verbessern und darauf aufzubauen, auch kommerziell, solange Sie als Urheber des Originals genannt werden und die auf Ihrem Werk basierenden neuen Werke unter denselben Bedingungen veröffentlicht werden.«

Transformation hin zu Selbstorganisation

Gehaltssystem

z.B.
- rollenabhängig
- erfahrungsabhängig
- fähigkeitenabhängig
- Gehaltsformel
- selbst festgelegt
- Festlegung in der Gruppe
- Tarifsystem
- erfolgsabhängig/Boni

Zugang zu Informationen

welche Daten sind von wem wie einsehbar?

System- reichweite

z.B.
- ganzes Unternehmen
- einzelne Abteilungen

Hüter der Struktur

z.B.
- Eigentümer
- Geschäftsführung / Vorstand
- hierarchische Führungskraft
- rechtlich verankert

Ressourcenverteilung im Unternehmen (Finanziell, Arbeitszeit, Tätigkeiten)

z.B.
- einzelne Personen geben frei (z.B. Lead Link)
- gemeinsamer Topf (first come, first serve)
- Gremienentscheidungen
- selbständig (eigene virtuelle Konten)
- Mehrheitsentscheidungen

Rechtlicher Rahmen Rechtsform

z.B.
- AG mit Aktien für alle
- GmbH
- Slicing the Pie
- Freelancer-Netzwerk

Verteilung der Autorität

z.B.
- klassisch hierarchisch (oben kann über unten entscheiden, abgeschlossene Einheiten)
- Matrixorganisation (disziplinarischer Vorgesetzter und Projektverantwortliche)
- verschachtelte Kreise mit verteilter Autorität (Sociocracy, Holacracy)
- parallele autonome Teams
- Cell of One
- anderes...

Entscheidungs- verfahren

z.B.
- konsultativer Einzelentscheid
- Konsent
- Konsens
- Mehrheitswahl
- Einzelentscheidungen
- Widerstandsabfrage
- Integrative Decision Making (Sociocracy, Holacracy)

Arbeitsmessung

z.B.
- zeitbasiert (kontrolliert/nicht kontrolliert)
- ergebnisbasiert
- Mischform

Einsatz von finanziellen Mitteln durch Einzelne

- frei
- feste Budgets
- Obergrenzen
- nach Freigaben
- eigene virtuelle Konten

Die Bausteine im Detail

Der Organisations-Canvas besteht aus zehn Bausteinen, die ich aus der Literaturrecherche und der Arbeit an den Fallstudien abgeleitet habe.

Verteilung der Autorität

Im Zentrum des Canvas steht die Verteilung der Autorität. Diese Frage beantwortet maßgeblich, um welche Art der Unternehmensstruktur es sich handelt. Hier gibt es eine Vielzahl an denkbaren Möglichkeiten. Einige Beispiele:

- **pyramidal-hierarchisch:** Der Großteil aller weltweiten Organisationen ist so strukturiert. Viele Menschen sind sich vermutlich gar nicht bewusst, dass es auch anders gehen könnte. Bei dieser Form der Struktur konzentriert sich die Autorität vor allem auf eine kleine Gruppe von Menschen im oberen Teil der Pyramide. Nach unten hin gibt es geschlossene Einheiten, die je nach Größe der Organisation Bereiche, Divisionen und Abteilungen genannt werden. Diese Einheiten sind meist nach Funktionen gegliedert: Beschaffung, Vertrieb und Marketing etc. Jeder Einheit steht eine Führungskraft vor, die für den Bereich verantwortlich ist. Eine in der Hierarchie weiter oben befindliche Einheit kann dabei über Einheiten weiter unten entscheiden und Strukturveränderungen vornehmen. Strukturveränderungen über mehrere Einheiten können dabei immer nur von der nächsthöheren Ebene vorgenommen werden.
- **Matrixorganisation:** Dieses seit einiger Zeit bekannte Organisationsprinzip gilt als Versuch besonders von Großunternehmen, ihre Wettbewerbsfähigkeit zu steigern. Die klassische, funktionsbezogene Hierarchie (Beschaffung, Marketing etc.) stellt dabei die vertikale Dimension dar und wird ergänzt durch eine horizontale Dimension, wie etwa bestimmte Produkte oder Märkte. Autorität ist dabei etwas stärker verteilt als in der klassischen Hierarchie, einerseits auf die Manager der vertikalen Dimension als auch auf die Manager der horizontalen Dimension, die vor allem mit der Koordination betraut sind. Die Matrix ist quasi eine »gepimpte« Hierarchie, die trotz aller Herausforderungen für die betreffenden

Organisationen eine gewisse Verbreitung gefunden hat. Herausforderungen treten zum Beispiel auf, weil es immer wieder Themenbereiche gibt, für die eine Zuständigkeit nicht eindeutig geklärt werden kann.

- **Verschachtelte Kreise mit verteilter Autorität:** Kodifizierte Systeme der Selbstorganisation (siehe Kapitel 2) wie die klassische Sociocracy und die Holacracy folgen diesem Muster. Die Organisation ist in ein Modell von hierarchisch verschachtelten Kreisen gegliedert. Jeder Kreis ist selbstverwaltet und kann damit eigenständig seine Struktur verändern und anpassen sowie Unterkreise ausbilden. Bei beiden Systemen gibt es ein System der doppelten Repräsentationen: So ist der Lead Link eines Kreises gleichzeitig Mitglied im übergeordneten Kreis. Zu dessen »Governance-Meetings« kommt jedoch auch ein sogenannter »Rep-Link«, der die Mitglieder des Unterkreises repräsentiert. Je nach System gibt es auch sogenannte »Cross-Links«, um Mitglieder von Kreisen mit inhaltlichen Berührungspunkten besser zu verzahnen.
  Hier lässt sich dann auch noch einmal unterscheiden, ob eine Person festes Mitglied eines Kreises ist (wie in der klassischen Sociocracy) oder ob Rollen Mitglied in einem Kreis sind (wie in der Holacracy). Dabei können Menschen mehrere Rollen innehaben und damit auch Mitglied in mehreren Kreisen sein.
- **Parallele autonome Teams**: Ein weiteres bekannteres Muster ist die Organisation in autonome Teams, zum Beispiel strukturiert nach Kunden. Jedes Team ist hierbei komplett selbstorganisiert und trifft alle Entscheidungen selbst. Dazu kann es zentrale Servicefunktionen geben, wie zum Beispiel IT-Infrastruktur, die allen parallelen Teams zuarbeiten. Im Unterschied zu klassisch-hierarchischen Unternehmen, die ebenfalls mit Kundenteams arbeiten, liegen Entscheidungen sowie die Autorität über Budgets etc. bei den Teams. Die zentralen Einheiten erfüllen in der Tat nur eine Servicefunktion und haben keinerlei Weisungsbefugnis gegenüber den Teams. In klassisch organisierten Unternehmen dagegen darf die Zentrale der Peripherie oft Vorgaben machen – zumindest offiziell.
  Auch hier sind wieder mehrere Spielarten denkbar: Menschen können Mitglied in nur einem Team oder aber in mehreren Teams gleichzeitig sein.

- »**Cell of one**«: Das Unternehmen Gore gliedert sich in sogenannte Zellen. Ab einer bestimmten Anzahl an Mitgliedern werden die Zellen wieder geteilt, um die Komplexität der einzelnen Zellen in Grenzen zu halten. Das in diesem Buch vorgestellte Unternehmen Matt Black Systems hat dieses Prinzip noch extremer gedacht und betrachtet jeden Mitarbeiter als individuelle Zelle. Dabei handelt es sich nicht lediglich um einen Alibinamen für Mitarbeiter. Jede Zelle hat eine eigene Bilanz und trifft eigenständig wichtige ökonomische Entscheidungen für alle ihre Projekte (siehe Fallstudie). Die Zusammenarbeit zwischen den Zellen wird über Einzelverträge geregelt, ähnlich wie bei der Firma Morning Star, die im Buch *Reinventing Organizations* ausführlicher vorgestellt wird.

Die genannten Punkte sind nur einige Beispiele, wie die Autorität verteilt sein könnte. Das ebenfalls in diesem Buch vorgestellte System von Sociocracy 3.0. kennt hier weitere flexible Muster, die bei Bedarf herangezogen werden können.

Wie die Verteilung der Autorität aussieht, wird in diesem Baustein des Canvas detailliert festgehalten. Bestimmte kodifizierte System der Selbstorganisation wie Sociocracy und Holacracy schreiben darüber hinaus auch Einzelheiten zu anderen Bausteinen des Canvas vor, wie etwa den Entscheidungsverfahren.

Wie dieser Baustein exakt ausgestaltet wird, hängt aus meiner Sicht noch von zwei weiteren Faktoren ab. Zum Einen spielt das Geschäftsmodell des Unternehmens eine Rolle. Bei einer bestimmten Art der Wertschöpfung ist es sinnvoll, parallele Teams zu schaffen. Ist die Wertschöpfungskette relativ kurz, lässt sich die gesamte Kette einigermaßen gut von einem Team steuern, das etwa für einen Kunden zuständig ist. Die Frage ist, ob dieses Modell zum Beispiel auch für ein Pharmaunternehmen sinnvoll wäre.

Zweitens ist die Unternehmensgröße entscheidend. Als Erkenntnis aus den Fallstudien zeigt sich, dass es bei größeren Unternehmen mehr Bedarf an koordinierender Struktur gibt (siehe die Fallstudien von ARCA, Gore, Financefox). Lunar Logic hat sich daher bewusst dazu entschlossen, nicht mehr zu wachsen, um eine sehr informelle Organisationsstruktur aufrechterhalten zu können.

Rechtlicher Rahmen

Besonders bei der Gründung von neuen Unternehmen, die von vornherein selbstorganisiert sein sollen, sollte man sich auch über den rechtlichen Rahmen Gedanken machen. Die Frage ist, ob eine bestimmte Rechtsform die Selbstorganisation erleichtern könnte. Das hängt sehr stark von den Rechtssystemen einzelner Länder ab. Im Allgemeinen muss man leider konstatieren, dass die nationalen Rechtssysteme noch wenig mit selbstorganisierten Unternehmen anfangen können und immer eine definierte Gruppe oder Einzelperson verlangen, die rechtlich verantwortlich ist. Zum Glück ist für den Großteil der täglichen Entscheidungen in einem Unternehmen die Frage der Rechtsform irrelevant.

Es gibt Beratungsunternehmen wie encode.org, die in Zusammenarbeit mit spezialisierten Anwälten Lösungen entwickeln, um selbstorganisierte Firmen auch rechtlich zu verankern. Der große Vorteil einer rechtlichen Verankerung der Selbstorganisation ist, dass es dann wirklich niemanden mehr gibt, der faktisch wieder eine zentral organisierte Hierarchie einführen könnte (siehe Baustein: Hüter der Struktur).

Ebenfalls vom rechtlichen Rahmen berührt wird die Frage, wie Eigentumsverhältnisse selbstorganisierter Unternehmen geregelt werden. In Deutschland zum Beispiel ist eine AG hier deutlich flexibler als eine GmbH, bei der jede prozentuale Veränderung der Unternehmensanteile einen Notarbesuch mit allen Formalien und Gebühren nach sich zieht. Auch hier gibt es innovative Modelle, die sich besonders für neugegründete Unternehmen eignen, wie etwa »Slicing the Pie« aus den USA. Slicing the Pie bietet auch Vertragsvorlagen für verschiedene Länder, um das Vorgehen rechtlich abzusichern[75].

Hüter der Struktur

Solange es keine eigene Rechtsform für selbstorganisierte Unternehmen gibt, gibt es rein juristisch betrachtet bei den meisten selbstorganisierten Unternehmen immer eine rechtlich verantwortliche Person, wie zum Beispiel den Geschäftsführer. Dieser kann juristisch für vieles haftbar gemacht werden und hat dabei auch festgelegte Pflichten. Faktisch ist diese Person oder Personengruppe auch diejenige, welche die selbstorganisierte Struktur wieder abschaffen und zu einer pyramidal-hierarchischen Struktur zurückkehren könnte, da diese rechtlich verankert ist.

In vielen Firmen ist diese Person nicht einmal der Geschäftsführer, sondern der Eigentümer (oder die Eigentümer oder Investoren). Ich nenne diese Gruppe den Hüter der selbstorganisierten Struktur. Dabei handelt es sich um die Person oder Personengruppe, die per Autorität dafür sorgt, dass ihre eigene Autorität verteilt wird und das selbstorganisierte System seine Gültigkeit hat.

Für Teams in Großunternehmen ist es interessant, über diese Frage nachzudenken, da meiner Meinung nach kein Großunternehmen in der nahen Zukunft auf eine selbstorganisierte Struktur umschwenken wird. Es wird in diesen Firmen wie im Beispiel der Swisscom immer nur einzelne begrenzte Bereiche geben, die eine selbstorganisierte Struktur haben werden. Diese selbstorganisierte Struktur muss von Machtpromotoren in der Hierarchie geschützt werden.

Solange Selbstorganisation nicht rechtlich verankert ist, gibt es immer die Möglichkeit, dass eine Person/Personengruppe an der Spitze der rechtlich verankerten Pyramide das Experiment wieder beendet. Das gilt für alle in diesem Buch vorgestellten Unternehmen. Speziell bei Verkauf oder Übernahme eines selbstorganisierten Unternehmens besteht diese Gefahr. Frederic Laloux schildert in *Reinventing Organizations* zwei Beispiele von Unternehmen, die über Jahrzehnte selbstorganisiert waren und durch einen Verkauf bzw. eine Übernahme wieder zum klassischen System übergehen mussten. In einem Großunternehmen wird im Gegensatz zu einem Mikrounternehmen wie creaffective ein solcher Wechsel nicht zwangsläufig dazu führen, dass die meisten Mitarbeiter das Unternehmen sofort verlassen. Für ein Unternehmen wie creaffective ist diese Gefahr allerdings sehr real.

Systemreichweite
Für etablierte Unternehmen ebenfalls interessant ist die Frage, wie weit die Struktur der Selbstorganisation reichen soll. Grundsätzlich lassen sich die meisten Vorteile von Selbstorganisation nutzen, wenn die gesamte Organisation selbstorganisiert ist. In vielen etablierten Unternehmen ist dies jedoch kein gangbarer Weg – zumindest nicht am Anfang. Dieser Baustein beschäftigt sich daher mit der Frage, wie weitreichend die Struktur der Selbstorganisation sein soll.

Diese Frage betrifft auch Unternehmen, die mit mehreren Systemen der Selbstorganisation gleichzeitig arbeiten, wie etwa das mit einer

Fallstudie vorgestellte Unternehmen Partake, das es jedem Team selbst überlässt, wie es sich organisiert. Auch für größere Unternehmen, die Pilotprojekte der Selbstorganisation starten, ist es denkbar, mehrere Systeme gleichzeitig zu testen, um zu sehen, welches sich am besten eignet.

Entscheidungsverfahren

In klassisch-hierarchischen Organisation gibt es in Gruppen meist zwei Vorgehensweisen, um eine Entscheidung zu treffen: eine Einzelentscheidung einer hierarchisch höhergestellten Person oder ein Konsens (alle stimmen der Lösung zu). Diese beiden Arten der Entscheidungsfindung können auch in selbstorganisierten Organisationen zum Einsatz kommen. Das Repertoire beschränkt sich jedoch nicht darauf und es hängt von der jeweiligen Situation ab, welche Art der Entscheidung zweckmäßig ist.

Es sind unter anderem folgende weitere Modi der Entscheidungsfindung denkbar:

- **Beratungsprozess:** Bei diesem Vorgehen kann eine Person grundsätzlich alleine eine Entscheidung treffen, muss jedoch vorher diejenigen Personen um ihre Meinung bitten, die von der Entscheidung betroffen sind. Darüber hinaus sollten Personen konsultiert werden, die bereits Erfahrung mit der Materie haben. Wenn beide gehört wurden, trifft die Person eine Entscheidung. Dabei geht es ausdrücklich nicht darum, dass alle Meinungen sich im Ergebnis wiederfinden. Sie sollten jedoch vorher angehört und bedacht worden sein.
- **Konsent:** Dieses Vorgehen kommt in soziokratischen Organisation hauptsächlich zum Einsatz. Konsent bedeutet, dass eine Entscheidung getroffen wird, weil es keine Gründe gibt, die dagegen sprechen. In der Holacracy wird sehr strikt definiert, wann ein Einwand valide und zu berücksichtigen ist und wann nicht. Im Modell von Sociocracy 3.0 ist ein Einwand valide, wenn ein Nichthandeln dem Treiber des Kreises, Teams oder gesamten Unternehmens Schaden zufügen würde oder wenn der Einwand eine Chance zur unmittelbaren Verbesserung eines Vorschlags darstellt. Nach dem Konsent-Verfahren kann ein Vorschlag so formuliert sein, dass

ich keinerlei Einwand habe und er mir gleichzeitig überhaupt nicht schmeckt. Dieses Vorgehen unterscheidet sich damit deutlich vom Konsens.

- **Konsens:** Hier wird meist so lange diskutiert, bis alle aktiv zustimmen können oder der Prozess zusammenbricht. Dies bedeutet oft, einen Kompromiss zu finden, mit dem sich alle wohlfühlen. Es geht also nicht lediglich um Widerstände wie beim Konsent.
- **Integrative Entscheidungsfindung**: Die Holacracy hat das Grundprinzip des Konsent-Verfahrens erweitert und ein vorgeschriebenes Vorgehen für die Governance-Meetings entwickelt, wie ein Einwand auf einen Vorschlag getestet wird und wie dieser, sollte er valide sein, in einen Vorschlag eingearbeitet werden muss. Dies erfolgt, bis es keinen Einwand mehr gibt. Die Holacracy bezeichnet dieses Vorgehen als »Integrative Decision Making« (IDM).
- **Mehrheitsentscheid:** In diesem demokratischen Verfahren wird geprüft, für welche Option es die meiste Zustimmung gibt. Diese wird dann gewählt.
- **Zustimmungsabfrage:** Hier wird der Grad der Zustimmung abgefragt. Dabei kann eine Skala zum Einsatz gekommen, die den Grad der Zustimmung ausdrückt, oder einfach nur gefragt werden, ob man zustimmt oder nicht.
- **Widerstandsabfrage:** Hier wird bei verschiedenen Optionen geprüft, wie hoch der Widerstand (auf einer Skala) einzelner Personen dazu ist. So kann hier die Option mit dem geringsten Widerstand gewählt werden. Die Widerstandsabfrage lässt sich mit einer Zustimmungsabfrage kombinieren. Dies ist insofern interessant, weil es Optionen geben kann, die bei einigen Personen sehr starke Zustimmung hervorrufen, gleichzeitig bei anderen Menschen aber auch sehr starken Widerstand. In diesem Fall könnte eine andere Option mit geringerem Widerstand sinnvoller sein.

In vielen selbstorganisierten Organisationen wird für bestimmte Situationen ein Entscheidungsverfahren definiert, für andere Situationen wiederum gibt es keine Vorgaben und ein Team muss sich selbst überlegen, was am sinnvollsten ist. Möglicherweise sollte in regelmäßigen Abständen geprüft werden, ob die Entscheidungsverfahren noch angemessen sind.

In den im Buch vorgestellten Fallstudien kommen dabei ganz unterschiedliche Vorgehensweisen zum Einsatz, es gibt hier also kein richtig oder falsch. Es gibt jedoch einige Kriterien, anhand derer man überlegen kann, welches Verfahren sich für eine bestimmte Situation anbietet:

1. Inhaltliche Qualität der Entscheidung: Ist das Verfahren geeignet, mit hoher Wahrscheinlichkeit inhaltlich gute und solide Entscheidungen zu treffen?
2. Unterstützung für die Umsetzung erhalten: Hilft das Verfahren, die Ausführung und Umsetzung der getroffenen Entscheidung zu erleichtern oder sicherzustellen?
3. Wirtschaftlichkeit des Entscheidungsprozesses: Wie lange braucht eine Gruppe mit einem bestimmten Verfahren, um eine Entscheidung herbeizuführen.

Das Konsent-Prinzip versucht zum Beispiel alle drei Kriterien zu befriedigen. In größeren Gruppen ist es dabei auch besonders wirtschaftlich und berücksichtigt die ersten beiden Kriterien.

Ein Mehrheitsentscheid ist extrem wirtschaftlich, weil fast nicht diskutiert werden muss, dafür ist die inhaltliche Qualität einer Entscheidung nicht zwingend gegeben, wenn zum Beispiel Experten eine Minderheitenmeinung vertreten.

Konsens kann für die ersten beiden Kriterien gut sein, scheitert in der Praxis jedoch meist an der Wirtschaftlichkeit. Durch das lange Diskutieren leiden dann irgendwann auch die anderen beiden Kriterien.

Als generelle Richtlinie kann man sagen: Je mehr Personen intern von einer Entscheidung betroffen sind, umso stärker sollte man diese in den Entscheidungsprozess mit einbeziehen. Das muss nicht heißen, dass am Ende alle mitentscheiden. So ist es denkbar, eine Entscheidung aus Effizienzgründen bewusst einer Person oder einer kleinen Gruppe zu überlassen, die jedoch vorab mit möglichst vielen Personen spricht. So wird vermieden, dass in einer größeren Gruppe zu viele Köche den Brei verderben und der Prozess zu langwierig wird. Das ist genau das Problem von Konsensentscheidungen. Aus diesem Grund kommt der Konsens eher selten zum Einsatz.

Arbeitsmessung
Hiermit ist gemeint, wie die Arbeitsdauer festgelegt wird. Dieser Punkt ist in einem nächsten Schritt auch mit dem Gehaltssystem verknüpft. Traditionell wurde und wird die Arbeitszeit gemessen. Für jeden Mitarbeiter wird üblicherweise eine Anzahl an Stunden pro Woche festgelegt. Anschließend wird gemessen, ob jemand diese Anzahl geleistet hat. Leistet jemand mehr Stunden, gibt es Überstunden. Der Vorteil der Messung ist ihre einfache Durchführbarkeit. Allerdings liefert die Stundenzahl keinen Aufschluss über die Produktivität einer Person. Produktivität wiederum ist in vielen Fällen nicht einfach zu messen, weshalb Firmen am Ende doch wieder bei der Zeit bleiben. Viele Unternehmen haben bei bestimmten Positionen oder Rollen eine »Flatrate« vereinbart. Es wird ein Gehalt bezahlt, das unabhängig davon ist, wie lange jemand für die Arbeit benötigt. Manche Unternehmen vereinbaren keine Flatrate, verlangen diese jedoch trotzdem. Oft handelt es sich bei diesen Positionen um Tätigkeiten, mit denen man tendenziell nie »fertig« sein kann.

Hier muss jedes Unternehmen den für sich besten Weg finden. Die Frage ist jedoch bei der Ausgestaltung der Selbstorganisation zu bedenken und hat aus meiner Erfahrung Einfluss auf die Gehaltsberechnung.

Bei creaffective arbeiten wir mit einem Mischsystem. So protokollieren alle Mitarbeiter eigenverantwortlich ihre Stunden, um zu wissen, wie viel sie in einer Woche bereits gearbeitet haben. Dabei können Über- oder Unterstunden gemacht werden, die zu einem späteren Zeitpunkt abgefeiert oder nachgearbeitet werden können. Unser Ziel ist es dabei, möglichst wenig Überstunden zu machen. Gleichzeitig gibt es einen variablen Gehaltsanteil für Tage vor Ort beim Kunden. Damit wird anerkannt, dass ein Tag von oftmals 10–12 Stunden im Einsatz beim Kunden anstrengender ist als ein Tag im Büro.

Was sich durch fast alle beobachteten Unternehmen zieht, ist die Tatsache, dass viele zwar in Zeit rechnen, es aber keine Anwesenheitspflicht in einem Büro gibt oder gar ein- und ausgestempelt werden muss um sicherzustellen, dass die Leute ihre Zeit wirklich richtig protokollieren. Hier gehen selbstorganisierte Firmen davon aus, dass es erwachsene Menschen angestellt hat, die selbst in der Lage sind, ihre Stunden zu protokollieren, und dass die überwiegende Mehrheit dies auch ehrlich tut.

Gehaltssystem

Nach dem Wandel hin zur Selbstorganisation wird früher oder später dieses Thema aufkommen.

Zunächst einmal: Im Paradigma der Selbstorganisation ist es selbstverständlich, dass Gehälter offengelegt werden und jeder weiß, was andere Kollegen verdienen. Dabei gilt das grundlegende Prinzip, dass Gehälter fair sein sollten, jedoch nicht gleich sein müssen oder gar sollten. Fair bedeutet also nicht gleich. Gleich kann sogar äußerst unfair sein. Wenn ein Unternehmen mit der Offenlegung seiner Gehälter ein Problem hat, dann gibt es dafür meist nur einen einzigen Grund: Die Gehälter sind unfair! Das kann bedeuten, dass die Art, wie sie festgelegt wurden, etwa vom Verhandlungsgeschick eines Mitarbeiters beim Einstieg abhingen oder sie mehr oder weniger willkürlich von Führungskräften bestimmt wurden, die eigentlich gar nicht in der Lage waren, die Leistung eines Menschen zu beurteilen. Sollte die Situation wie oben beschrieben sein, darf sich das Unternehmen auf ein paar unangenehme Momente und Diskussionen einstellen.

Die meisten klassischen Gehaltssysteme passen darüber hinaus nicht oder nur sehr begrenzt zur Selbstorganisation. In der traditionellen Hierarchie sind Gehälter oft an Positionen geknüpft. Mit einer neuen und höheren Stufe auf der Karriereleiter gibt es meistens auch mehr Gehalt. In vielen selbstorganisierten Systemen kann man nicht mehr von einer bestimmten Position in einer Hierarchie sprechen. Außerdem haben Menschen in rollenbasierten Systemen der Selbstorganisation womöglich unterschiedlichste Rollen inne. Möglicherweise gibt es eine Hauptrolle, für die eine Person ursprünglich eingestellt wurde. Zusätzlich gibt es meist noch eine Reihe weiterer Tätigkeiten, so dass eine Vergleichbarkeit wie bei einer klassischen Position weniger stark gegeben ist. In selbstorganisierten Strukturen versucht man, die Kopplung von bestimmten Rollen zum Gehalt möglichst gering zu halten, damit kein Wettbewerb um bestimmte Rollen ausbricht, wie dies in traditionellen Unternehmen oft der Fall ist. Außerdem gibt es das Konzept von »Aufsteigen« nicht mehr. Man kann sich natürlich weiterentwickeln und mehr Verantwortung übernehmen, das Konzept von oben und unten greift jedoch nicht mehr.

Dies macht es natürlich für Unternehmen, die aus einem Tarifsystem kommen, zugegebenermaßen komplizierter, da hier Gehälter oft vorgegeben werden und vom Prinzip der Gleichheit ausgegangen wird.

Ich habe auch zu diesem Baustein ein paar Hinweise auf existierende Praktiken, die als Inspiration dienen können:

- **Abzeichensystem**: Von der Firma HolacracyOne wird eine Art Punktesystem als Möglichkeit für holakratische Firmen propagiert. Für bestimmte Leistungen, Fähigkeiten und auch Weiterbildungen gibt es Punkte oder Abzeichen. Die Summe dieser Abzeichen bestimmt dann die Höhe des Gehalts. Das System wird als relativ aufwändig und kompliziert kritisiert, kann aber für größere Firmen eine Option sein.
- **Berechnungsformel**: Diesen Weg geht creaffective im Moment, inspiriert von Firmen wie Buffer[76] und August. Dabei wird ein Basisgehalt abhängig von der Hauptrolle einer Person festgelegt und dann mit verschiedenen Faktoren multipliziert. Diese sind bei uns zum Beispiel Fähigkeitenlevel im Hinblick auf die Hauptrolle, Akquise-Level aber auch Aspekte wie Zugehörigkeit zu creaffective und Berufserfahrung insgesamt. Das System ist sicher alles andere als optimal, gibt uns jedoch einen Anhaltspunkt und transparente Kriterien zur Berechnung. Die Einstufung des Fähigkeitenlevels wird dabei im Team besprochen.
- **Entscheidungsgremium**: Manche Firmen schaffen ein Gremium, das Gehälter in einem Kreis oder für das ganze Unternehmen festlegt. Das Gremium muss sich hierbei an bestimmten Kriterien orientieren.
- **Festlegung im Team**: Andere Unternehmen gehen den Weg, dass die Teams selbst einmal pro Jahr in einem konsent-artigen Partnerprozess die Höhe des Gehalts für die Teammitglieder festlegen. Der Prozess basiert auf einer gemeinsamen Rückschau über die Leistungen des vergangenen Jahres.
- **Mitarbeiter legen Gehälter selbst fest**: Diese Option klingt auf den ersten Blick vermutlich besonders ungewöhnlich. Praktiziert wird sie bei Matt Black Systems (siehe Fallstudie). Jeder Mitarbeiter wird dort als eine Zelle, bestehend aus einer Person, betrachtet

und hat seine eigene Bilanz. Wie ein Einzelunternehmer auch kann der Mitarbeiter basierend auf seinem Umsatz nach Abzug aller Kosten sein Gehalt selbst bestimmen. Auch hierbei geht es alles andere als willkürlich zu. Wie jeder Einzelunternehmer muss ein Mitarbeiter so wirtschaften und sein Gehalt festlegen, dass es für das Unternehmen tragfähig ist.

Wie bei den meisten der oben geschilderten Optionen bereits deutlich wird, bedarf es einer weiteren Voraussetzung, damit diese Vorgehensweisen funktionieren: Transparenz der Geschäftszahlen. Wenn Menschen Gehälter festlegen und sinnvolle Entscheidungen treffen sollen, brauchen sie Zugang zu den wirtschaftlichen Daten des Unternehmens.

Zugang zu Informationen
Grundsätzlich gilt für selbstorganisierte Unternehmen, dass alle Daten für alle zugänglich sein sollten, es sei denn, es gibt einen wichtigen Grund für die Geheimhaltung.

Selbstorganisation geht davon aus, dass Mitarbeiter Entscheidungen im Sinne des Unternehmens eigenverantwortlich treffen. Damit sie vernünftige Entscheidungen treffen können, benötigen sie Zugang zu Daten.

In diesem Baustein des Canvas gilt es also eher zu überlegen, welche Daten nicht offengelegt werden dürfen und ob es dafür wirklich einen zwingenden geschäftlichen Grund gibt. Es ist auch denkbar, grundsätzlich mit komplett transparenten Daten zu starten und die Menschen in den entsprechenden Kreisen selbst entscheiden zu lassen, ob Daten zugangsbeschränkt sein sollten.

Einsatz von finanziellen Mitteln durch Einzelne
Wie in jedem Unternehmen benötigen Mitarbeiter finanzielle Ressourcen, um ihre Aufgaben erledigen zu können. In den meisten Firmen gibt es dafür zu Beginn eines definierten Zeitraums festgelegte Budgets, die dann aufgebraucht werden können. In manchen Konzernen werden am Ende eines Jahres nicht aufgebrauchte Budgets im nächsten Jahr entsprechend gekürzt. Dies führt dann dazu, dass Bereiche gegen Ende des Zeitraums eilig noch begründbar Geld »verschleudern« müssen,

damit das Budget im nächsten Jahr nicht gekürzt wird oder verfällt. Dieser Wahnsinn ist auch in selbstorganisierten Unternehmen grundsätzlich denkbar. Hier kommt es auf die konkrete Ausgestaltung an. Der große Unterschied zu den meisten klassischen Unternehmen dürfte sein, dass in einem selbstorganisierten Unternehmen einzelne deutlich mehr Entscheidungsfreiheit haben, auch in finanzieller Hinsicht. Je nach Ausgestaltung des Systems gibt es auch keinen Vorgesetzten mehr, den man um Freigabe bitten könnte.

Einige Optionen:

- **Feste Budgets**: Ganz klassisch werden für einzelne Bereiche/Kreise oder sogar einzelne Personen Budgets festgelegt, die diese innerhalb eines definierten Zeitraums verbrauchen dürfen. Je nach Ausgestaltung des Systems könnte ein Kreis dann nach einem festgelegten Entscheidungsverfahren über die Verwendung der Mittel entscheiden. In der Holacracy fällt diese Aufgabe, falls nicht anders definiert, dem Lead Link zu: Er/Sie ist für die Zuteilung von finanziellen Ressourcen verantwortlich.
- **Obergrenzen**: Diesen Weg gehen wir bei creaffective für einzelne Rollen. Bis zu einem bestimmte Betrag, in unserem Fall 400 Euro, kann jeder ohne Rücksprache Geld ausgeben, sofern dies für eine Aufgabe seiner Rolle notwendig ist. Was notwendig ist, ist dabei auch interpretierbar und dem gesunden Menschenverstand überlassen. Beträge, die darüber hinaus gehen, werden im Konsent-Verfahren entschieden.
Der Einwand, der von vielen Gesprächspartnern sofort vorgebracht wird, lautet, dass man dann ja 100-mal hintereinander 400 Euro ausgeben und ein kleines Unternehmen wie unseres damit schnell in Schwierigkeiten bringen könne. Ja, das ist möglich. Selbstorganisation vertraut darauf, dass jeder sich wie ein Erwachsener verhält und seinen gesunden Menschenverstand einsetzt. Daher sind das Recruiting und die Eignung eines neuen Mitarbeiters für die Kultur so elementar.
- **Eigene virtuelle Konten**: Auch diesen Weg haben wir bei creaffective nun eingeschlagen, inspiriert durch die Fallstudie von Matt Black Systems. So gibt es für jeden Mitarbeiter ein virtuelles Kon-

to für die Weiterbildung. Fünf Prozent des Umsatzes von Kundenprojekten eines jeden Beraters werden auf dieses virtuelle Konto eingezahlt. Der Kontoinhaber darf frei darüber verfügen und sich Weiterbildungen seiner Wahl damit finanzieren, ohne Rücksprache mit anderen halten zu müssen. Es gibt auch keine zeitliche Befristung, wie lange das Geld auf dem Konto gültig ist. Man kann es also auch über mehrere Jahre ansparen.

- **Keine Regelungen**: Diesen radikaleren Ansatz fahren Firmen wie zum Beispiel Semco aus Brasilien. Es gibt keinerlei Regelungen, wer wann wie viel Geld für was auch immer ausgeben darf. Jeder ist frei, was auch immer zum Wohle des Unternehmens anzuschaffen. Die Menschen sollen sich dabei ähnlich einem Beratungsprozess (siehe Baustein Entscheidungsfindung) Meinungen einholen und sind dann frei in ihrer Entscheidung.

Es gibt sicherlich noch viele weitere Spielarten und Möglichkeiten, diesen Punkt zu regeln.

Bei der Festlegung dieser Regelungen sollte der Grundsatz gelten, eine Lösung zu finden, die man ausprobieren kann, ohne das Unternehmen zu gefährden. Es geht nicht darum, präskriptiv alle Eventualitäten im Vorhinein zu definieren und möglichen Missbrauch unmöglich machen zu wollen. Diese verbreitete Unsitte nennt man »managing the three percent.« Es gibt immer eine sehr kleine Anzahl an Menschen, die ein System ausnutzen will. Diese Menschen finden mit ihrer negativen Energie fast immer einen Weg, jedes noch so durchdachte System auszutricksen. Die 97% ehrlichen Kollegen leiden dann unter den vielen Regeln und Vorschriften.

Ressourcenallokation im Unternehmen

Verknüpft mit dem Baustein »Einsatz von finanziellen Mitteln durch Einzelne« ist die Frage, wie Ressourcen im Unternehmen generell verteilt und zugewiesen werden. Wie wird über den Einsatz von Zeit, Tätigkeiten und finanziellen Mitteln überhaupt entschieden? Ein »Grundproblem« aller Organisationen ist ja, dass Ressourcen begrenzt sind und es meist mehr Optionen gibt, als durch Ressourcen gedeckt werden. So gibt es mehr Ideen, als ein Unternehmen umsetzen kann, es gibt mehr Dinge, die angeschafft werden könnten, als finanzielle Mittel vorhanden sind, und es gibt mehr Aufgaben, die Menschen tun »sollten«, als sie realistisch erledigen können.

Besonders für die Innovation ist dieses Thema relevant, wie auch die Fallstudien zeigen. Ideen für Neues können oft außerhalb definierter Rollen liegen. Damit ist prinzipiell erst einmal keine Zeit dafür vorgesehen. Ein weiterer Fall, der besonders häufig auftreten dürfte, ist eine geplante Ausgabe für etwas, das alle betrifft oder zumindest die eigenen Rollen übersteigt.

Auch hier gibt es verschiedene Möglichkeiten, die miteinander kombiniert werden können, um eine für die jeweilige Organisation sinnvolle Lösung zu finden. Einige Beispiele:

- **Einzelne Personen geben frei**: In holakratischen Organisationen ist für so einen Fall der Lead Link vorgesehen, der im Zweifelsfall Ressourcen freigeben oder beschaffen muss. Auch die Priorisierung bestimmter Projekte könnte er laut holakratischer Verfassung entscheiden. Damit ähnelt das Vorgehen sehr dem klassisch-hierarchischer Unternehmen. Hier entscheidet der jeweilige Hierarch bis zu einer bestimmten Höhe. Danach muss die nächsthöhere Ebene eingebunden werden.
- **Gremienentscheidungen**: Eine andere Option wäre es, hierfür ein Gremium zu haben, das über solche Themen berät und dann eine Entscheidung trifft.
- **Gemeinsamer Topf**: Denkbar wäre auch die Variante eines gemeinsamen Topfes, aus dem so lange Ressourcen entnommen werden können, bis er aufgebraucht ist. Julian von Matt Black Systems argumentiert hier mit der Gefahr der Tragik der Allmende: Bei gemeinsam genutzten Ressourcen zeigt sich leider die Tendenz, dass diese zu schnell aufgebraucht werden, weil jeder sicherstellen möchte, dass er noch etwas bekommt. Das klassische Beispiel aus der Politikwissenschaft ist die Überfischung der internationalen Gewässer. Dieses Problem könnte durch einen vorgeschalteten Beratungsprozess gelindert werden. Diesen Weg geht creaffective im Moment.
- **Mehrheitsentscheidungen**: Die Ressourcenverteilung könnte innerhalb eines Kreises oder eines kleinen Unternehmens auch über Mehrheitsentscheidungen geregelt werden. Somit würden nur Res-

sourcen verbraucht, wenn es eine gewisse Zustimmung der Betroffenen dafür gibt.
- **Eigene virtuelle Konten**: Sehr elegant gelöst wurde dieses Problem auch wieder bei Matt Black Systems. So wie es ein virtuelles Konto für Weiterbildungen gibt, gibt es ein virtuelles Konto für gemeinschaftliche Anschaffungen. Allerdings hat jeder einzelne Mitarbeiter ein eigenes Konto, auf das ein gewisser Prozentsatz des Umsatzes eingezahlt wird. Dieses Konto darf nur für Investitionen für die Gruppe genutzt werden. Sobald es um gemeinschaftliche Anschaffungen geht, kann jeder entscheiden, ob er bereit ist, dafür Geld aus seinem persönlichen Konto aufzuwenden und mit anderen zusammenzulegen. In der Praxis führt dies dann meist dazu, dass so lange diskutiert wird, bis es einen Konsens der Betroffenen gibt oder bis genügend Mittel von einzelnen Personen locker gemacht wurden, um die Anschaffung tätigen zu können.

Unten stehend finden sich zwei ausgefüllte Beispiele für den Organisations-Canvas, einmal für creaffective (Seite 250) und einmal für Matt Black Systems (Seite 251).

Ich hoffe, dass der Organisations-Canvas ähnlich wie der Business Model Canvas Praktikern helfen kann, verschiedene Konfigurationen zu durchdenken. Wir nutzen ihn in unseren Beratungsprojekten und haben damit zusammen mit den acht Kriterien ein ganz gutes Instrumentarium, um Organisationen bei den ersten Überlegungen hin zu Strukturen der Selbstorganisation zu unterstützen.

Bevor Sie den Organisations-Canvas ausfüllen, empfehle ich zuerst den viel zitierten Business Model Canvas für ihr Unternehmen zu erstellen, um das jetzige Geschäftsmodell zu visualisieren. Das Geschäftsmodell eines Unternehmens hat ebenfalls Einfluss darauf, wie ein System der Selbstorganisation sinnvollerweise gestaltet wird.

Innovationskultur der Zukunft

Entscheidungsverfahren

z.B.
- konsultativer Einzelentscheid
- Konsent
- Konsens
- Mehrheitswahl
- Einzelentscheidungen
- Widerstandsabfrage
- Integrative Decision Making (Sociocracy, Holacracy)

- Integrative Decision Making
- Konsent
- Einzelentscheidungen
- Konsens
- Konsultative Einzelentscheid

Rechtlicher Rahmen Rechtsform §

z.B.
- AG mit Aktien für alle
- GmbH
- Slicing the Pie
- Freelancer-Netzwerk

GmbH

 Hüter der Struktur

z.B.
- Eigentümer
- Geschäftsführung/Vorstand
- hierarchische Führungskraft
- rechtlich verankert

Eigentümer

Systemreichweite

z.B.
- ganzes Unternehmen
- einzelne Abteilungen

Gesamte Organisation

Gehaltssystem €

z.B.
- rollenabhängig
- erfahrungsabhängig
- fähigkeitenabhängig
- Gehaltsformel
- selbst festgelegt
- Festlegung in der Gruppe
- Tarifsystem
- erfolgsabhängig/Boni

- Gehaltsformel (Erfahrung, Fähigkeiten, Firmenzugehörigkeit)
- Boni

Zugang zu Informationen

- welche Daten sind von wem wie einsehbar?
- alle Daten sind für alle zugänglich und einsehbar

 Verteilung der Autorität

z.B.
- klassisch hierarchisch (oben kann über unten entscheiden, abgeschlossene Einheiten)
- Matrixorganisation (disziplinarischer Vorgesetzter und Projektverantwortliche)
- verschachtelte Kreise mit verteilter Autorität (Sociocracy, Holacracy)
- parallele autonome Teams
- Cell of One
- anderes…

holakratisch: verschachtelte Kreise und Rollen

Arbeitsmessung

z.B.
- zeitbasiert (kontrolliert/nicht kontrolliert)
- ergebnisbasiert
- Mischform

zeitbasiert

Einsatz von finanziellen Mitteln durch Einzelne

- Obergrenzen bei Ausgaben bis 400 €
- Konsent bei Ausgaben über 400 €
- virtuelle Konten bei Weiterbildung

- frei
- feste Budgets
- Obergrenzen
- nach Freigaben
- eigene virtuelle Konten

Ressourcenverteilung im Unternehmen (Finanziell, Arbeitszeit, Tätigkeiten)

z.B.
- einzelne Personen geben frei (z.B. Lead Link)
- gemeinsamer Topf (first come, first serve)
- Gremienentscheidungen
- selbständig (eigene virtuelle Konten)
- Mehrheitsentscheidungen

- Gemeinsamer Topf,
  Verteilung im Konsent
  Lead Link für zusätzliche Ressourcen

Organisations Canvas craftesting

Transformation hin zu Selbstorganisation 251

Entscheidungsverfahren

z.B.
- konsultativer Einzelentscheid
- Konsent
- Konsens
- Mehrheitswahl
- Einzelentscheidungen
- Widerstandsabfrage
- Integrative Decision Making (Sociocracy, Holacracy)

- Konsenz für gemeinsame Ausgaben
- Einzelentscheidungen für virtuelle Konten

Rechtlicher Rahmen Rechtsform

z.B.
- AG mit Aktien für alle
- GmbH
- Slicing the Pie
- Freelancer-Netzwerk

Hüter der Struktur

z.B.
- Eigentümer
- Geschäftsführung/Vorstand
- hierarchische Führungskraft
- rechtlich verankert

Eigentümer

Systemreichweite

z.B.
- ganzes Unternehmen
- einzelne Abteilungen

gesamte Organisation

Gehaltssystem

z.B.
- rollenabhängig
- erfahrungsabhängig
- fähigkeitenabhängig
- Gehaltsformel
- selbst festgelegt
- Festlegung in der Gruppe
- Tarifsystem
- erfolgsabhängig/Boni

selbst festgelegt abhängig von Einnahmen

Verteilung der Autorität

z.B.
- klassisch hierarchisch (oben kann über unten entscheiden, abgeschlossene Einheiten)
- Matrixorganisation (disziplinarischer Vorgesetzter und Projektverantwortliche)
- verschachtelte Kreise mit verteilter Autorität (Sociocracy, Holacracy)
- parallele autonome Teams
- Cell of One
- anderes....

Cell of One
jeder Mitarbeiter ist eine eigene Zelle es werden dann Verträge zwischen den Zellen geschlossen

Zugang zu Informationen

welche Daten sind von wem wie einsehbar?

alle Daten sind für alle zugänglich

Arbeitsmessung

z.B.
- zeitbasiert (kontrolliert/nicht kontrolliert)
- ergebnisbasiert
- Mischform

- ergebnisorientiert
- zeitbasierte Berechnungen für Verträge zwischen den Zellen

Einsatz von finanziellen Mitteln durch Einzelne

- frei
- feste Budgets
- Obergrenzen
- nach Freigaben
- eigene virtuelle Konten

- eigene virtuelle Konten abhängig von erwirtschafteten Umsätzen

Ressourcenverteilung im Unternehmen (Finanziell, Arbeitszeit, Tätigkeiten)

z.B.
- einzelne Personen geben frei (z.B. Lead Link)
- gemeinsamer Topf (first come, first serve)
- Gremienentscheidungen
- selbständig (eigene virtuelle Konten)
- Mehrheitsentscheidungen

- selbständig (eigene virtuelle Konten)

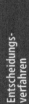

Organisations-Canvas: Matt Black Systems

7 Werkzeuge selbstorganisierter Unternehmen

In den bisherigen Kapiteln stellte ich einige selbstorganisierte Unternehmen vor und erwähnte dabei immer wieder Praktiken dieser Organisationen.

Einige ausgewählte Vorgehensweisen möchte ich in diesem Kapitel vorstellen. Eine dezentrale Aufbauorganisation ist dabei nicht zwingend Voraussetzung für den Einsatz dieser Praktiken. Auch traditionelle Unternehmen können davon profitieren.

Folgende Werkzeuge möchte ich vorstellen:

- OKR-Prozess
- Ideensupermarkt
- Vorschläge erarbeiten und entscheiden
- Rollendefinition

Die vorgestellten Muster sind sowohl für die Selbstorganisation allgemein als auch für den Innovationskontext relevant. Wer sich speziell für Werkzeuge der Kreativität und Innovation interessiert, den verweise ich auf mein vorheriges Buch *Denkwerkzeuge der Kreativität und Innovation*. In diesem illustrierten Handbuch stelle ich knapp 60 Denkwerkzeuge für Innovationsprozesse vor, geeignet für alle Fragestellungen, sowohl für Einzelpersonen als auch Teams.

Die Abschnitte zu den einzelnen Werkzeugen in diesem Kapitel können unabhängig voneinander gelesen werden. Gut möglich, dass manche Leser einiges bereits kennen. Für diesen Fall konzentrieren Sie sich auf die für Sie neuen Aspekte. Die Inhalte sind nicht von mir oder creaffective entwickelt worden, jedoch haben wir in den letzten Jahren persönlich Erfahrungen darin sammeln können und für uns sinnvolle Anpassungen vorgenommen. Vor diesen Hintergrund möchte ich die Werkzeuge hier vorstellen.

OKR-Prozess

OKR steht für Objectives and Key Results und beschreibt ein aus dem Silicon Valley kommendes Vorgehen, um kurzfristige Ziele und messbare Ergebnisse zu definieren. Diese sollen den Fokus einer Gruppe steuern und so helfen, gemeinsam wichtige Ziele tatsächlich zu erreichen und sich nicht zu verzetteln.

Im Detail beschrieben wird das Vorgehen im Buch *Radical Focus* von Christina Wodtke.

Ursprünglich wurden OKRs vor allem in Teams von Softwareentwicklern eingesetzt, die gemeinsam an Projekten arbeiten und meist fünf Tage pro Woche zusammen sind – oft sogar in einem Raum. creaffective zum Beispiel besteht vor allem aus Beratern, welche die meiste Zeit vor Ort beim Kunden sind und nicht täglich in einem Büro zusammensitzen. Wir sehen uns oft nur alle drei Wochen und stehen ansonsten über digitale Tools miteinander in Kontakt. Das Vorgehen lässt sich jedoch auch in unserer Situation anwenden.

OKRs gehen davon aus, dass es längerfristige Orientierungspunkte in einer Organisation gibt, wie einen gemeinsamen Zweck oder möglicherweise auch eine langfristige Strategie. Der Fokus von OKRs liegt darauf, diese allgemeinen und langfristigen Orientierungsgeber auf einen kürzeren Zeitraum (meist ein Quartal) herunterzubrechen und einzelnen Teams und Personen konkrete Anhaltspunkte zu geben, worauf sie ihre Energie lenken sollen. Die Annahme, dass es eine langfristige gemeinsame Vision gibt, ist für das Funktionieren von OKRs wichtig.

OKRs – was wird definiert?

Das Vorgehen unterscheidet mehrere Aspekte, die definiert werden.

Objectives/Ziele: Hierbei handelt es sich um kurze, inspirierende und sinnstiftende Aussagen, welche die generelle Richtung beschreiben. Zum Beispiel: »Geniale Marketingmaterialien entwickeln«. Das Ziel muss dabei nicht messbar sein, sondern soll kurz und prägnant die Stoßrichtung zusammenfassen und motivierend wirken.

Key Results/Schlüsselergebnisse: Die Schlüsselergebnisse hingegen sollen ganz konkret in Zahlen messbar sein. Als Beispiel für das obige Ziel könnte ein Schlüsselergebnis lauten: »Acht Fallstudien in unserem Folienlayout werden für Akquise-Gespräche erstellt«. Am Ende des Quartals kann jeder nachzählen, wie viele Fallstudien es genau geworden sind.

Jedes Ziel sollte dabei mehr als ein messbares Schlüsselergebnis haben. Wodtke empfiehlt drei Stück. Der Silicon-Valley-Haltung folgend, sollten diese quantifizierbaren Ergebnisse natürlich eine echte Herausforderung darstellen, damit das Team sich wirklich anstrengen muss, um sie zu erreichen. Gleichzeitig dürfen sie aber nicht unmöglich sein, um Frust zu vermeiden. Es geht darum, einen Zustand zu schaffen, in dem sich die Menschen weder unter- noch überfordert fühlen, gleichzeitig jedoch eine Handlungsnotwendigkeit erkennen.

Health Metrics: Neben den OKRs können auch einige wenige sogenannter Health Metrics definiert werden. Hierbei handelt es sich um Aspekte, die ein Team oder ein Unternehmen unbedingt beibehalten und schützen möchte. OKRs zu definieren, heißt nicht, automatisch alles andere links liegen zu lassen. Diese Health Metrics sollen dabei helfen, besonders wichtige zu bewahrende Aspekte nicht aus den Augen zu verlieren.

Das wöchentliche Ritual

Für Teams, die jeden Tag zusammenarbeiten, wie es bei Entwicklerteams ja oft der Fall ist, gibt es ein wöchentliches Ritual zum Umgang mit den OKRs.

Jeden Montag gibt es ein sogenanntes Check-in, in dem jeder kurz nennt, ob er seinen Schlüsselergebnissen näher gekommen ist oder sich weiter davon entfernt hat. Dazu nennt jeder auf einer Skala von 1 bis 10 sein Level der Zuversichtlichkeit, das Ergebnis zu erreichen. Dann verkündet jeder maximal fünf Prioritäten für die Woche in Bezug auf die Schlüsselergebnisse. Die Kollegen haben dann die Möglichkeit, diese zu kommentieren.

Am Freitag zeigen die Teammitglieder, was sie in der Woche erreicht haben. Dieses Zeigen soll den aktuellen Stand des Arbeitsergebnisses verdeutlichen. Es kann sich also um ein Stück Software handeln, Folien oder Texte. Dann wird zusammen gefeiert und die Woche beendet.

Visualisiert wird dies alles auf einem Status-Board (digital oder physisch), das wöchentlich aktualisiert wird und immer für alle sichtbar ist. Auf diesem Board finden sich die OKRs mit einer Einschätzung durch das Team, die Health Metrics und die Wochenprioritäten der Kollegen.

Ganz wichtig ist, dass OKRs nicht gehaltsrelevant sein sollten! Sie dienen dazu, Fokus in die Arbeit zu bringen. Sobald sie mit dem Gehalt der Kollegen verknüpft werden, treten »Dysfunktionalitäten« auf, wie Julian von Matt Black Systems es nennen würde. Das bedeutet, dass die Menschen einen sehr starken Anreiz hätten, die Messung der Zielerreichung so zu drehen und zu »bearbeiten«, dass sie ihre Gehaltsziele erreichen. Damit würde sich das Team auch der Lernerfahrungen berauben, die die OKRs unterstützen sollen.

OKRs – ein Beispiel

Das folgende Beispiel zeigt die OKRs des sechsköpfigen Münchner Teams von creaffective für ein Quartal im Jahr 2016

Objective 1: Innovationsprojekte voranbringen
Key Result 1: Zu fünf Innovationsprojekten können klare Go/No-Go-Entscheidungen getroffen werden

Objective 2: Verschiedene Marketingmaterialien produzieren
Key Result 1: Acht Fallstudien im Folienlayout für Trainings und Akquise
Key Result 2: 15 Stock-Artikel für Journalisten außerhalb der Blogrota
Key Result 3: 5 Stunden professionell gefilmtes Videomaterial
Key Result 4: 50 formatierte Fotos/Bilder zur Verwendung

Objective 3: Trainingsformate, Methoden und Unterlagen standardisieren und formalisieren
Key Result 1: Neues Design-Thinking-Foliendeck synchronisiert und final
Key Result 2: SCT-Foliendeck steht final
Key Result 3: Es gibt Trainingsposter, die jeder iCoach mitnehmen kann
Key Result 4: Englischsprachige Unterlagen zu DT und SCT sind auf dem neuesten Stand

Health Metrics:
- Zwei Trainings-Synchronisierungstreffen zu SCT/CPS und DT. Gemeinsam durch die Folien gehen und besprechen, was wer wie macht.
- Raum zwei bis drei Tage im Monat mit Kunden ausgelastet
- Drei Stunden Teachback pro Monat
- Holacracy-Meetings geplant

OKRs festlegen – Das Vorgehen

OKRs sollen eigentlich für das ganze Unternehmen gelten und können gegebenenfalls auf die Ebene einzelner Teams und einzelner Personen heruntergebrochen werden.

Je nach Unternehmensgröße und jetziger Struktur des Unternehmens kann es zweckmäßiger und praktikabler sein, OKRs auf Abteilungs- oder Bereichsebene festzulegen. Alle im Buch vorgestellten Unternehmen, die mit OKRs arbeiten, haben diese für das gesamte Unternehmen definiert. Die entsprechenden Firmen haben allerdings auch weniger als 100 Mitarbeiter.

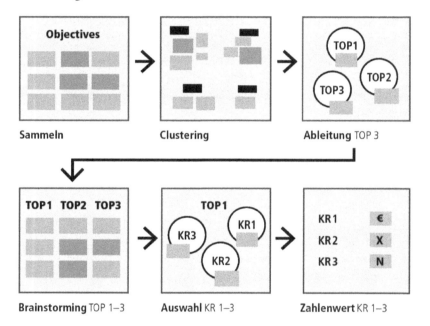

So funktioniert es:
1. Sammeln der Einzelmeinungen auf die Frage: »Worauf sollte sich das Unternehmen im nächsten Quartal konzentrieren?«
   Dabei kann jeder individuell erst einmal sammeln und dann zwei bis drei Objectives nennen.

2. Clustering der eingereichten/genannten Objectives
   Meist wird hierzu ein Team gebildet, das sich um die Sortierung und Kategorisierung kümmert und das Ergebnis dann in die Organisation zurückspiegelt.

3. Ableitung der Top-3-Objectives
   Es gibt verschiedene Möglichkeiten, diese Top-3-Punkte zu finden. Ein Anhaltspunkt ist sicherlich, wie häufig ein Punkt genannt wurde. Darüber hinaus können Experten befragt werden. Es kann mit einer Widerstandsabfrage oder mit Konsent-Entscheidungen gearbeitet werden.

4. Zu jedem Objective: Brainstorming von messbaren Key Results
   Je nachdem, wie groß das Unternehmen ist, kann dieser Prozess in einem speziellen Team mit ausgewählten Vertretern stattfinden oder wieder in eine größere Gruppe gegeben werden.

5. Auswahl von drei Schlüsselergebnissen zu jedem Ziel.
   Auch hier wird aus der großen Menge an Möglichkeiten ausgewählt, so dass am Ende circa drei messbare Schlüsselergebnisse definiert sind. Diese sollten aus unterschiedlichen Perspektiven auf das Ziel schauen, so dass sie nicht voneinander abhängig sind. Sonst wäre die Konsequenz bei Verfehlen eines Ergebnisses, dass alle anderen auch nicht erreicht würden.

6. Festlegen von Zahlenwerten zu jedem Schlüsselergebnis
   Ganz am Ende wird zu jedem Schlüsselergebnis ein quantifizierbarer Wert definiert, der herausfordernd, aber nicht unmöglich ist.

Mit dem obigen Vorgehen stehen nun OKRs für die gesamte Gruppe oder das Unternehmen. Es wäre nun denkbar, basierend auf diesen Ergebnissen noch einmal in einzelne Teams zu schauen und hier zumindest noch einmal Schlüsselergebnisse und Zahlenwerte für das Team abzuleiten. Der Aufwand dafür ist jedoch relativ hoch und ist nur bei sehr großen Teams sinnvoll, damit für kleinere Einheiten klarer wird, wie die OKRs sie konkret betreffen.

Ideensupermarkt

Die meisten in diesem Buch vorgestellten Unternehmen arbeiten mit dem Prinzip der Freiwilligkeit und Eigenmotivation. Das bedeutet, dass die Menschen im Unternehmen große Freiheit und Entscheidungsmöglichkeiten bezüglich der Inhalte ihrer Arbeit haben. Besonders für Kreativität und Innovation sind eine hohe Eigenmotivation und Interesse an einem Thema besonders wichtig. Wer wenig motiviert ist, bringt meist nicht die Energie und das Durchhaltevermögen auf, an einer Idee zu arbeiten und diese auch gegen Rückschläge und Widerstände auf die Straße zu bringen.

Der Ideensupermarkt kombiniert das Prinzip der Eigenmotivation mit einem koordinierten und expliziten Prozess, Ideen zu sammeln, zu bewerten und deren Status visuell zu dokumentieren.

Es handelt sich dabei um einen grundlegenden Innovationsprozess, meist in Form eines Stage-Gate-Prozesses, wie er zum Beispiel auch bei den Fallstudien Partake (siehe Visualisierung auf Seite 156) und Gore zum Einsatz kommt.

Die allgemeinen Schritte beschreiben mit leichten Nuancen alle Innovationsprozesse.

Im Falle von creaffective lauten diese Schritte:

1. Ideen sammeln
2. Ideen bewerten
3. Ideen konkretisieren
4. Prototypen erstellen
5. Ideen umsetzen

Im Sinne einer Innovationsstrategie (siehe Kapitel 3) können diesem Prozess einige definierte Suchfelder vorgeschaltet sein, um die Richtung der Ideensuche zu fokussieren. Auch diese Suchfelder gibt es bei creaffective. Obwohl wir weniger als zehn Mitarbeiter haben, empfinden wir Suchfelder als hilfreich, um unsere begrenzten Ressourcen zu kanalisieren.

Der Prozess ist iterativ, das bedeutet, es ist möglich, einen Schritt mehrmals zu durchlaufen oder wieder einen Schritt zurückzuspringen, wenn man auf dem Weg merkt, dass sich Annahmen als falsch herausstellen. So ist es denkbar, dass sich beim Konkretisieren einer Idee herausstellt, dass die ursprünglich angedachte Richtung nicht funktionieren wird. Daraus kann sich dann eine neue Idee ergeben, die dann erneut bewertet wird. Oder bei der Umsetzung eines als vielversprechend erachteten Prototypen stellt sich heraus, dass Veränderungen notwendig werden. Unter Umständen sollten wir dann einen weiteren Prototypen erstellen.

Ideenportfolio visualisieren

Es ist dabei hilfreich zu visualisieren, welche Ideen sich dabei in welchem Prozessschritt befinden. Die meisten Unternehmen und unsere Kunden, die mit einem Innovationsprozess als Steuerungsinstrument arbeiten, nutzen dazu eine Softwarelösung. Diese bietet den Vorteil, dass viele Menschen gleichzeitig ortsunabhängig auf den Innovationsprozess zugreifen können und sich jede Idee, deren Bewertung und Details ansehen können. Bis vor kurzem haben wir dazu bei creaffective eine professionelle Innovationsmanagement-Software genutzt. Für größere Firmen mit vielen Mitarbeitern kann diese sicherlich sehr hilfreich sein. Diese Lösungen sind speziell darauf ausgelegt, unterschiedliche Zugriffsrechte genau festzulegen, so dass zum Beispiel nur bestimmte Nutzer Ideen bewerten und entscheiden können, ob diese einen Prozessschritt weiter gelangen.

Vor einigen Monaten haben wir uns entschlossen, unseren Ideenprozess in unserer bestehenden Online-Kollaborationsplattform abzubilden, die wir für sämtliche Diskussionen, Aufgabenplanungen und Logbücher nutzen. Für uns fiel damit ein zusätzliches Tool mit weiterem Login weg und wir haben nun alles in einer Plattform.

Wir nutzen nun die Kanban-ähnliche Darstellung der Aufgabenplanung, um unseren Ideenprozess zu visualisieren und zu steuern (siehe nachfolgende Abbildung).

Ideensammlung (10) ▶	Erstbewertung (7) ▶	Ideensupermarkt (44) ▶	Prototyping (4) ▶	Umsetzung (2) ▶	Abgelehnt (4) ▶	Umgesetzt (10) ▶
Idee	Idee	Idee	Idee	Idee	Idee	Idee
Idee	Idee	Idee	Idee	Idee	Idee	Idee
Idee	Idee	Idee	Idee	Neue Idee	Idee	Idee
Idee	Idee	Idee	Idee		Idee	Idee
Idee	Idee	Idee	Neue Idee		Neue Idee	Idee
Idee	Idee	Idee				Idee
Idee	Idee	Idee				Idee
Idee	Neue Idee	Idee				Idee
Idee		Idee				Idee
Idee		Idee				Neue Idee
Neue Idee		Idee				

Hier sieht man auf einen Blick, in welchem Schritt unseres Prozesses es wie viele Ideen gibt, und wer diese erstellt hat. Bei einem Klick auf eines der Kärtchen öffnet sich dann ein Fenster mit weiteren Details zur Idee und der Möglichkeit für alle Nutzer, Kommentare abzugeben und zu diskutieren.

Zentral ist bei uns die dritte Spalte »Ideensupermarkt«. Hier befinden sich alle Ideen, die wir für interessant befunden haben. Sie werden wie in einem Regal zur Auswahl angeboten. Jeder, der Zeit und Interesse hat, kann sich einer der Ideen aus dem Supermarkt annehmen und diese vorantreiben.

So ist für alle sichtbar, wer (oder welches Team) an welcher Idee arbeitet und wie der Stand ist.

Wir nutzen außerdem nach bestimmten Schritten für uns definierte Bewertungskriterien, um zu entscheiden, ob eine Idee weitergehen, abgelehnt oder abgebrochen werden sollte.

Die konkrete Steuerung dieses Prozesses kann sehr unterschiedlich ausfallen. Klassischerweise gibt es in hierarchischen Unternehmen ein Gremium aus Entscheidern/Führungskräften, die in regelmäßigen Abständen über Ideen entscheiden und sie dann Abteilungen oder Personen zuweisen.

Das zentrale Prinzip des Ideensupermarkts besteht darin, dass im Schritt »Erstbewertung« eine Gruppe von Menschen gemeinsam darüber spricht, welche Qualität eine Idee hat und ob sie es wert ist, in den Supermarkt gelegt zu werden. Sobald eine Idee diese erste Qualitätsstufe erreicht hat, entscheiden allein das Interesse und die Motivation der Menschen im Unternehmen, welche Ideen vorangetrieben werden – nicht ein Gremium oder »Entscheider«.

Das Vorgehen

Wie erwähnt, gibt es hier nicht die richtige oder falsche Art, diesen Prozess zu organisieren. Wie er gestaltet wird, hängt neben der Frage, wer welche Entscheidungen treffen darf, auch von der Größe des Unternehmens ab. In unseren Beratungsprojekten mit Kunden haben wir unterschiedlichste Varianten entwickelt.

Ich schildere den Prozess, wie er bei creaffective praktiziert wird:

1. **Ideen sammeln**:
   Für einen Zeitraum von sechs Wochen werden alle neuen Ideen in die Spalte »Ideensammlung« eingefüllt. Dabei gibt es neben dem Titel der Idee eine Beschreibung der Idee mit relevanten Details.

2. **Erstbewertung – Diskussionsphase**:
   Die Person, die bei uns die Rolle des »Kreativzeit-Enablers« innehat, schiebt zu einem bestimmten Zeitpunkt alle bis dahin gesammelten Ideen in die Spalte »Erstbewertung«.
   Innerhalb der nun folgenden Woche sind alle angehalten, sich alle Ideen anzusehen und online darüber zu diskutieren und Fragen zu stellen, um so ein besseres Verständnis zu schaffen.

3. **Erstbewertung – Ideen »liken«**:
   Nach der Diskussionsphase gibt es drei Tage Zeit, um interessante Ideen zu »liken«. Jede Idee, die mindestens von einer Person markiert wurde, wird dann in der darauffolgenden Besprechung durchgesprochen. Bei uns ist das Mindestquorum nur eine Person, die eine Idee gut findet, da wir insgesamt ein kleines Unternehmen sind. Gleichzeitig kommt es jedoch fast jedes Mal vor, dass manche Ideen von niemandem markiert werden, also auch nicht vom Ideengeber. Mit etwas Abstand sind manche Ideen dann doch nicht mehr so spannend.

4. **Erstbewertung – Review-Termin**
   Nach der Like-Phase werden alle markierten Ideen mit in den Review-Termin genommen. Jede Idee, die keinen einzigen Like bekommen hat, wird in die Spalte »abgelehnt« geschoben. Bei diesem Review-Termin sind zwei bis sechs Personen anwesend. Jede markierte Idee wird noch einmal vorgestellt, kurz besprochen und dann anhand der von uns definierten Kriterien abgeglichen. Im Konsens-Verfahren wird dann lediglich entschieden, ob die Idee so interessant ist, dass sie in unseren Ideensupermarkt gelegt werden kann. Das schafft erfahrungsgemäß circa die Hälfte aller

Ideen. Am Ende des Termins ist die Spalte »Erstbewertung« leergeräumt. Alle Ideen sind entweder abgelehnt oder in den Supermarkt verschoben worden.

Sobald eine Idee von einer Person oder einem Team aufgegriffen wird, wird sie eigenständig weitergetrieben. Spätestens nach dem ersten Prototypen gibt es einen weiteren Review-Termin, um die dann detaillierte Idee noch einmal anhand der Kriterien abzugleichen und dann zu entscheiden, ob sie wirklich in die Umsetzung geht.

Vorschläge erarbeiten und entscheiden

In der Holacracy wird sehr strikt zwischen einem sogenannten Tactical-Meeting und einem Goverance-Meeting unterschieden. In einem Tactical-Meeting geht es darum, operative Themen nach einem vorgegebenen Format zu verarbeiten, um zum Beispiel Information zu teilen, Information einzuholen oder nächste Schritte festzulegen.

In einem Governance-Meeting werden Spannungen in Bezug auf die Organisation und die Struktur der Organisation nach einem streng vordefinierten Format bearbeitet. In dieser Besprechung geht es ausschließlich um Themen der organisatorischen Verfasstheit und Struktur. Andere Themen sind nicht zugelassen.

Nach Sociocracy 3.0 wird ein Governance-Meeting deutlich breiter gefasst: »*Teams benefit from collaborative input in forming and evolving significant decisions affecting the course of their organization*« (Priest, David, Bockelbrink, 2016, S. 14). Jede Entscheidung, die von einer Gruppe vorbereitet und getroffen werden sollte, kann (muss jedoch nicht) in einem Governance-Meeting besprochen und getroffen werden.

Teil einer Governance-Besprechung nach diesem Muster ist es, gemeinsam Vorschläge zu erarbeiten (Co-Creation), um dann im Konsent-Verfahren eine Entscheidung zu treffen. In der Holacracy wird dagegen oft ein Vorschlag von einer Person vorbereitet, welcher dann mit Hilfe des vorgeschriebenen Vorgehens bearbeitet wird. Sociocracy 3.0 geht davon aus, dass mit der Intelligenz einer Gruppe in einem strukturierten Vorgehen Ergebnisse erzielt werden, die vermutlich besser sind als die von nur einer Person und die dann von der Gruppe auch wirklich getragen werden. Wer sich in den Prozess einbringen konnte, ist meist motivierter, dem Ergebnis zum Erfolg zu verhelfen. Die Holacracy würde nun entgegnen, dass es zuerst einmal darauf ankomme, die Spannung des Themengebers zu lösen.

Angelehnt an die Muster[77] »Proposal Forming[78]« und »Consent Decision Making« aus der Sociocracy 3.0 möchte ich das Vorgehen, angereichert mit Elementen der von creaffective verwendeten Kreativprozesse, hier beschreiben[79]. Obwohl creaffective selbst holakratisch organisiert ist, entscheide ich mich hier bewusst für ein breiteres Muster, weil dies meiner Meinung nach für jedes selbstorganisierte Unternehmen relevant ist, nicht nur für holakratische. Dieses Muster könnte in dieser Form sogar in hierarchischen Organisationen zum Einsatz kommen.

Wie bei allen strukturierten Gruppenprozessen wichtig, geht dieses Muster davon aus, dass es einen Prozessmoderator/Facilitator gibt, der durch den Prozess führt. Diese Person kann auch inhaltlich teilnehmen, macht dabei jedoch immer ausdrücklich klar, wenn er gerade aus der Facilitator-Rolle in die Teilnehmerrolle wechselt.

Hilfreich ist es auch, wenn es einen Timer und eine Maximalzeit für den Gesamtprozess gibt, um die Effizienz des Prozesses nie aus den Augen zu verlieren.

Die Anzahl der Personen, die an einer Governance-Besprechung teilnehmen, sollte dabei zehn Personen nicht überschreiten.

Der Prozess

1. **Die Notwendigkeit einer Entscheidung vorstellen**
   Der Initiator des Prozesses erklärt, warum eine Entscheidung in Bezug auf ein Thema notwendig ist. Dazu beschreibt er kurz, was konkret passiert/vorliegt und was damit gebraucht wird (= Grund eine Entscheidung zu treffen).

   Zum Beispiel:
   »Was passiert: *Es erreichen uns regelmäßig Anfragen über die Website mit der Bitte, detaillierte Informationen zu verschiedenen Trainingsformaten zu schicken, obwohl sich alle Infos auf der Website befinden.* Was gebraucht wird: *Wir benötigen einen Weg, Besuchern der Website gewünschte Informationen zu Trainings auf einen Blick gesammelt zur Verfügung zu stellen.*«
   Dieser Input über die Notwendigkeit sollte schriftlich für alle vorliegen.

2. **Relevanz des Themas feststellen**
   Die Gruppe stimmt nun erst einmal der Relevanz des Themas an sich zu und bestätigt damit, dass die Frage so wichtig ist, dass eine gemeinsame Lösung und Entscheidung gefunden werden müssen. Es ist denkbar, dass die Gruppe das Thema als nicht wichtig genug erachtet und beschließt, dass kein Handeln notwendig ist.

3. **Verständnisfragen klären**
   Die Gruppe hat nun Gelegenheit, Verständnisfragen zum Thema zu klären, um dieses besser zu verstehen und von möglichst vielen Seiten zu betrachten. Die Fragen werden dabei ebenfalls schriftlich festgehalten und wenn möglich gleich schriftlich beantwortet. Der Fokus der Fragestellungen sind Recherchefragen, die darauf abzielen, Daten und Fakten zu liefern.
   Zum Beispiel: »*Wie viele solcher Anfragen über die Website erreichen uns pro Monat?*«
   Damit der Prozess schlank und schnell bleibt, können die Teilnehmer in mehreren Runden reihum aufgerufen werden.

4. **Herausforderungen formulieren**
   Basierend auf den bisherigen Schritten, formuliert die Gruppe nun offene Fragen, die als Grundlage für den nächsten Schritt der Ideenentwicklung dienen. Diese Fragen sollten dabei
   a. so formuliert sein, dass viele Antworten möglich sind. Zum Beispiel: »*Wie könnten wir Informationen für Besucher der Website flexibel konfigurierbar machen?*«
   b. keine Lösungsvorschläge beinhalten, die lediglich als Frage getarnt wurden. Zum Beispiel: »*Wie könnten wir alle Infos einfach untereinander auf eine Seite packen?*«

Nachdem ein gewisse Menge an offenen Fragen gesammelt wurde, fragt der Facilitator, ob die Liste »gut genug für den Moment« ist. Sollten keine weiteren Fragen mehr auftreten, geht es weiter in den nächsten Schritt.
Aufgrund der Zeitbeschränkung für das gesamte Thema gilt es, eine Balance zu finden zwischen »gut genug für den Moment« und dem Wunsch mancher Teilnehmer, sehr gründlich zu arbeiten und in jedes Detail einzutauchen.

5. **Ideen entwickeln**
   Nun werden basierend auf den in Schritt 4 gesammelten offenen Fragen Lösungsideen entwickelt. Im Gegensatz zu den meisten Kreativprozessen werden hier vor der Ideenentwicklung nicht einfach einige zentrale Kernfragestellungen ausgewählt, auf die dann fokussiert wird. Stattdessen wird auf die Gesamtheit der in Schritt 4 gesammelten Fragen geantwortet. Die so entwickelten Ideen können also auf unterschiedliche Fragen antworten, die jedoch alle mit dem übergeordneten Thema in Verbindung stehen.

   Die Ideen werden wie in einem richtig durchgeführten Brainstorming gesammelt, ohne sie zu bewerten, und sofort schriftlich festgehalten. Ich empfehle, die Ideen unstrukturiert zu sammeln und nicht einzelnen Fragen aus Schritt 4 zuzuordnen.
   Vor dem Hintergrund des zeitlichen Rahmens gilt es auch, wieder die richtige Balance zwischen zeitlicher Effizienz und dem Wunsch, eine möglichst große Anzahl an Ideen zu generieren, zu finden. In unseren Kreativworkshops wenden wir allein für diesen Schritt mindestens 40 Minuten auf und setzen viele Techniken ein, um möglichst viele und originelle Ideen zu generieren. Im Rahmen eines Governance-Meetings für eher kleinere Themen müssen hier 5–10 Minuten reichen.

6. **Vorschlagersteller festlegen**
   Sobald die Gruppe eine Größe von drei Personen überschreitet, bietet es sich an, eine Untergruppe von zwei bis drei Personen zu bilden, die nun mithilfe der generierten Ideen einen Vorschlag erstellt, der dann der Gesamtgruppe präsentiert wird[80].
   In den meisten Fällen wird der Prozess hier unterbrochen. Der Vorschlag wird dann zum Beispiel im nächsten Governance-Meeting eingebracht und diskutiert. Sollte das Thema so überschaubar sein, dass die Vorschlagersteller in ein paar Minuten fertig sind, können sie auch sofort an die Arbeit gehen.

Der ausformulierte Vorschlag sollte dabei folgende Kategorien abdecken:
a. Ausgangsfrage (Was gebraucht wird)
b. Vorschlagstext
c. Wer ist verantwortlich für die Umsetzung?
d. Bewertungskriterien
e. Bewertungsdatum/Review-Datum
Dieser Punkt ist sehr wichtig, da das Ziel des Prozesses lautet, »gut genug für den Moment«-Lösungen zu finden. Dabei ist es wichtig, dass regelmäßig geprüft wird, ob Anpassungen notwendig werden, um die Lösungen zu verbessern.

Zum Beispiel:

Was wird gebraucht: Wir benötigen einen Weg, Besuchern der Website gewünschte Informationen zu Trainings auf einen Blick gesammelt zur Verfügung zu stellen.

Vorschlagstext: Auf jeder Unterseite zu den einzelnen Trainings sowie auf der allgemeinen Landing Page für Trainingsformate bieten wir den Besuchern der Website ein PDF-Trainingsportfolio zum Download an. Dazu gibt es ein Symbol am Anfang jeder Seite. Diese PDF-Datei fasst alle Trainings und Trainingsdetails in einem Dokument zusammen. Das Portfolio beginnt mit einem Deckblatt, einem Inhaltsverzeichnis, und listet dann auf maximal zwei Seiten pro Training alle Details auf. Bei jeder Trainingsbeschreibung findet sich noch einmal ein Link auf die entsprechende Unterseite unserer Website. Am Ende des Dokuments stehen unsere allgemeinen Kontaktdaten.

Wer ist verantwortlich: Die Rolle des Online-Technikers, die Rolle des Pixel-Schubsers

Bewertungskriterien:
- Portfolio ist bis zum (Datum) online gestellt
- Anzahl der Anfragen nach Übersichtsinfos geht zurück

Bewertungsdatum:
- (Datum, in drei Wochen): Portfolio online
- (Datum, in drei Monaten): Anzahl der Anfragen

7. **Vorschlag vorstellen**
   Nun wird nach dem Muster der Konsent-Entscheidung weiterverfahren[81]: Der oben entwickelte Vorschlag wird mit allen Details der Gruppe vorgestellt.
   Es wäre auch möglich, in einer Governance-Besprechung direkt mit diesem Schritt zu beginnen, wenn bereits etwas vorbereitet oder der Prozess hier beim letzten Mal unterbrochen wurde.

8. **Verständnisfragen klären**
   Reihum werden inhaltliche Verständnisfragen gestellt und beantwortet. Diese weisen möglicherweise darauf hin, dass der Vorschlag nicht klar genug ist und ergänzt werden sollte.

9. **Reaktionsrunde**
   Reihum haben alle Teilnehmer nun die Möglichkeit, kurz auf den Vorschlag zu reagieren. Die Form der Reaktion ist offen. Sie kann emotional oder sachlich sein. Ziel dieser Runde ist es, einen Eindruck von der Stimmung der Gruppe zu bekommen.

10. **Einwände identifizieren**
    Nun prüft der Facilitator, ob es Einwände gibt.
    Ein Einwand ist dabei als ein Grund definiert, warum der Vorschlag der Organisation a) schaden würde oder b) eine effektive und schnell integrierbare Verbesserungsmöglichkeit übersieht. Ein Einwand muss für alle verständlich begründbar[82] sein.
    Nachdem festgestellt wurde, ob und falls ja, wie viele Einwände[83] es gibt, werden diese im nächsten Schritt bearbeitet.

11. **Einwände integrieren**
    Nun werden die Einwände reihum vorgestellt und es wird versucht, sie zu integrieren. Integrieren bedeutet eine Erweiterung/Veränderung des Vorschlags, bis der Einwand ausgeräumt ist.
    Es gibt verschiedene Möglichkeiten für diese Integration des Einwands.

Zum Beispiel:
a) Der Facilitator fragt die Person, die den Einwand vorgebracht hat, wie sie ihn auflösen würde.
b) Der Facilitator fragt in die Runde, ob es Vorschläge zur Lösung gibt.
c) Die Gruppe der Vorschlagersteller wird gebeten, eine Lösung zu suchen.

Wenn es keine Einwände gegen die Lösungsformulierung gibt, wird der Vorschlag entsprechend angepasst.

Dieses Vorgehen wird solange wiederholt, bis alle Einwände behandelt wurden.

12. **Die Entscheidung feiern**

Am Ende des Prozesses verkündet der Facilitator, dass eine Vereinbarung getroffen wurde.

Die Gruppe sollte sich jetzt einen Moment nehmen, um diesen Erfolg anzuerkennen und zu »feiern«.

Werkzeuge selbstorganisierter Unternehmen

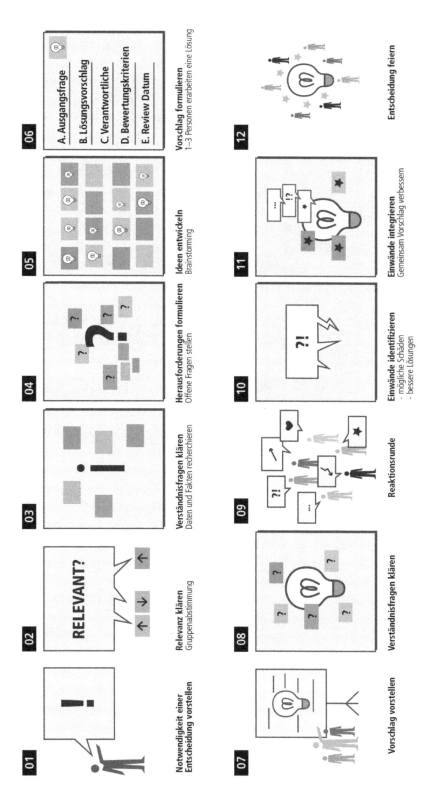

Prozess Vorschläge erarbeiten und entscheiden

Beim Niederschreiben des Prozesses sah ich vor meinem geistigen Auge die sorgenvollen Gesichter einiger Leser, die in der Vergangenheit viel Luft in unproduktiven Besprechungen weggeatmet haben und dementsprechend leidgeplagt sind. Der obige Prozess wird immer von einem Facilitator begleitet, um eine hohe Produktivität sicherzustellen. Gleichzeitig hängt die Effizienz besonders bei Punkt 11 von Personen ab, die ein Gespür dafür haben, wann es im Sinne der Gruppe und des Themas besser ist, nichts zu sagen und womöglich ihr Ego hintenanzustellen. »Dampfplauderer« und »Mauler« können diesen Prozess in die Länge ziehen. Hier ist dann in der Tat der holakratische Prozess der Einwandbehandlung interessant. Dieser hat ganz genaue und streng überprüfbare Kriterien, wann ein Einwand valide ist. Sollte er es nicht sein, beendet der Facilitator die Diskussion sofort. Das löst allerdings nicht das emotionale Problem, das die unterbrochene Person nun vielleicht bekommt, weil ihr die Bühne genommen wurde. Andererseits sind echte Kritiker sehr wertvoll, weil sie ein aufrichtiges Interesse an einer hohen Qualität haben und den Vorschlag wirklich verbessern möchten.

Mit Menschen, die eine gewisse Übung bei diesen Vorgehensweisen haben, werden solche Besprechungen jedoch sogar Spaß machen, weil schnell, produktiv und gleichzeitig wertschätzend Ergebnisse erarbeitet werden.

Rollendefinition

Viele selbstorganisierte Organisationen nutzen das Konzept von Rollen. Eine Rolle beschreibt ein klar definiertes Set von Verantwortlichkeiten, die bewusst von einem oder mehreren Rolleninhabern übernommen werden. Die Verantwortlichkeiten beschreiben dabei, was andere von einer Rolle erwarten können. Zum Beispiel: »*Aktualisiert wöchentlich Veranstaltungstermine auf der Firmenwebsite*«.

Anstelle von Person Max Mustermann mit dem Aufgabenfeld XY gibt es verschiedene Rollen. Jede Rolle fasst bestimmte Aufgabenpakete zusammen. Personen können dann Rollen füllen/annehmen. Nach diesem Konzept können Menschen auch mehrere Rollen gleichzeitig besetzen, je nachdem, wie viel Zeit eine Rolle in Anspruch nimmt. Auch das Wechseln oder Zurückgeben von Rollen ist dann einfacher. Die Rolle ist klar definiert und eine andere Person kann sie übernehmen – vorausgesetzt, dass die Person über die notwendigen Qualifikationen verfügt.

Elemente einer Rolle

Welche Elemente eine Rolle genau enthält, ist von System zu System ein wenig unterschiedlich.

Eine Rolle hat dabei immer einen **Zweck** (Holacracy) oder antwortet auf einen **Treiber** (Sociocracy 3.0). Teil der Rollenbeschreibung ist es, diesen Zweck/Treiber explizit aufzulisten. Bei creaffective gibt es zum Beispiel die Rolle des Technikpapstes. Der Zweck dieser Rolle ist definiert als: »*Ermöglicht reibungsloses Arbeiten mit der technischen Infrastruktur und den technischen Geräten innerhalb des Büros.*«

Dann gibt es **Verantwortlichkeiten**, also Dinge, die andere von einer Rolle erwarten können. Der Technikpapst bei creaffective hat folgende Verantwortlichkeiten:

- Sicherstellen, dass das WLAN verfügbar ist
- Sicherstellen, dass gemeinsam genutzte technische Geräte einsatzbereit sind

In der Holacracy bedeutet Verantwortlichkeit ganz konkret, dass andere Menschen diese vom Rollenfüller erwarten können. Das heißt jedoch nicht, dass ich es nicht auch selbst tun kann. Wenn im Büro von creaffective der Toner für den Drucker leer ist, dann kann man den Technikpapst bitten, für neuen Toner zu sorgen und darf erwarten, dass der Rollenfüller sich darum kümmert. Ich kann die Kartusche jedoch auch selbst wechseln.

Darüber hinaus gibt es in der Holacracy das Konzept einer »Domain«, einer exklusiven **Autorität** einer Rolle. Diese kann für eine Rolle festgelegt worden sein, muss es jedoch nicht. Sobald diese Autorität berührt wird, muss ich den Rollenfüller fragen und kann nicht einfach loslegen, ohne mich vorher mit ihm abzustimmen.

Der Technikpapst hat zum Beispiel eine Autorität über das Verwalten der Routerpasswörter in unserem Büro. Ich kann also nicht eigenständig die Passwörter ändern, ohne mich mit dem Technikpapst abzustimmen.

Außerdem kann es sinnvoll sein, zu einer Rollenbeschreibung auch anzugeben, welche **Erfahrungen** und **Qualifikationen** notwendig sind und wie viel **Zeit** die Rolle ungefähr in Anspruch nehmen wird.

Aus meinen eigenen Erfahrungen heraus und aus Gesprächen mit Kunden und Bekannten weiß ich, dass die Rollenbeschreibungen und die Detailliertheit dieser Beschreibungen einen anderen Charakter haben als die Stellen- oder Positionsbeschreibungen, die es in den meisten klassisch organisierten Unternehmen gibt. Die Rollensteckbriefe sind für alle sichtbar an einem zentralen Ort gesammelt. Bei creaffective ist das unsere Online-Kollaborationsplattform. Wir schauen während der täglichen Arbeit regelmäßig in diese Beschreibungen, sobald es Unklarheiten über Aufgaben und Zuständigkeiten gibt.

Warum Rollen?

Die meisten klassisch organisierten Unternehmen denken in Positionen und Positionsbeschreibungen. Diese sind dann meist an eine Person geknüpft, welche 100% ihrer Zeit der Position widmet.

Die beschriebenen Rollen bieten die Möglichkeit, sie einfach zu erschaffen, zu verändern oder aufzulösen, ohne direkt die Person zu beeinflussen, welche die Rolle füllt. Es erfolgt also eine Trennung zwischen einer Rolle und der Person, die sie ausfüllt. Damit können die explizite Struktur und die Aufgabenverteilung der Organisation sich einfacher und schneller an sich verändernde Umstände anpassen und sie in der offiziellen Struktur abbilden.

Ein weiterer Aspekt ist die Klarheit, die mit dieser expliziten Rollenbeschreibung einhergeht und die auch in den Fallstudien immer wieder als sehr hilfreich hervorgehoben wurde. Dadurch wird die tägliche Zusammenarbeit erleichtert und die Koordinationskosten sinken. Sollte es trotz dieser expliziten Beschreibungen Unklarheiten oder Aufgaben geben, die sich nicht in den Beschreibungen finden, dann ist dies Ausdruck einer »Spannung«, wie es in der Holacracy heißt. Diese Spannung kann bestehen, weil die Rolle nicht klar definiert wurde, oder aber, weil sich in und um die Organisation etwas verändert hat, das nun eine Anpassung erfordert. Diese Spannung kann dann in einem der nächsten Governance-Meetings gelöst werden, indem Rollen angepasst oder neue geschaffen werden.

Der Prozess der Rollendefinition

Ein Frage, die sich Teams, Abteilungen oder ganze Unternehmen zu Beginn einer Transformation hin zu einer selbstorganisierten Aufbauorganisation stellt, lautet, wie Rollen festgelegt und verteilt werden. Ich gehe in meiner Prozessbeschreibung nun davon aus, dass das Unternehmen oder die Abteilung bereits besteht. Bei der Neugründung eines Unternehmens oder der Schaffung einer neuen Abteilung/Bereichs oder Teams sieht der Prozess etwas anders aus.

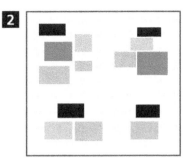

1

Bestehende Aufgaben listen
Verb+Nomen

2

Inhaltlich clustern
Ähnliche Aufgaben zusammenbringen

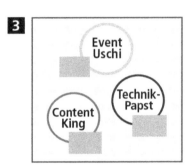

3

(witzige) Rollennamen
für Cluster vergeben

4

Größe/Umfang Aufgaben
überprüfen, ggf. neue Rolle finden

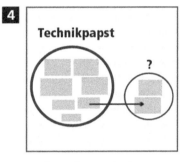

5

Rollen spezifizieren
Zweck/Treiber formulieren

Rollendefinition

Ich stelle ein Vorgehen vor, das für uns in der Praxis mit Kunden und uns selbst funktioniert. Es gibt sicherlich noch andere Möglichkeiten. Der Einfachheit halber beschreibe ich den Prozess nun für ein Team/eine Abteilung und nicht für das ganze Unternehmen.

1. **Bestehende Aufgaben auflisten**
   Wichtig für die Definition der Rollen ist es, vom Status Quo der Aufgaben auszugehen und nicht von einem Wunschzustand. Das bedeutet, dass nur Aufgaben und Tätigkeiten betrachtet werden, die im Moment tatsächlich erledigt werden. Rollen sollten immer ausdrücklich die tatsächliche Praxis des Unternehmens abbilden und nicht irgendein Ziel oder Ideal.
   Dazu listen alle Mitglieder eines Teams sämtliche (noch so kleine) Tätigkeiten auf, die sie im Moment erledigen. Diese werden unstrukturiert gesammelt. Ich empfehle dazu Post-its und Stellwände zu nutzen, um auf einen Blick alle Informationen zu sehen und flexibel verändern zu können.
   Die Formulierung erfolgt dabei immer in Form einer Wortgruppe aus Verb und Substantiv. Zum Beispiel: »Schreiben von Artikeln für unser Blog« oder »Prüfen des Zahlungseingangs auf dem Konto«.

2. **Anordnen der Aufgaben nach inhaltlichen Gesichtspunkten**
   Nun werden alle Aufgaben nach inhaltlichen Gesichtspunkten geclustert. Dabei sollte nicht relevant sein, welche Person bisher welche Tätigkeit ausgeführt hat. Inhaltlich ähnliche Aufgaben werden zusammengebracht.

3. **Beschriften der Cluster**
   Wenn alle mit den Clustern zufrieden sind, werden diese mit einer Überschrift versehen, die auch als Rollenname dienen könnte. Dabei dürfen Sie ruhig humorvoll sein und müssen sich nicht an klassischen Positionsbeschreibungen orientieren. Statt »HR-Business Partner« gibt es bei uns einen »HR Hansel«. Statt eines »Junior-Veranstaltungsmanagers« gibt es bei uns die »Event-Uschi«. Es darf Spaß machen und zum Schmunzeln anregen!

4. **Größe/Umfang der Rollen prüfen**
   Als Richtlinie gilt, dass die Rollen eher kleiner geschnitten sein sollten als zu groß und allumfassend. Die Menge der Aufgaben einer Rolle sollte so bemessen sein, dass eine Person diese erledigen kann. Klappt das nicht, dann sind vermutlich mehrere Rollen nötig. Sollte es sehr viele Rollen zum gleichen Oberthema geben, zum Beispiel Marketing, dann muss möglicherweise ein eigener Kreis gebildet werden. Erfahrungsgemäß wird die Bildung von einzelnen Kreisen erst ab einer Personenzahl von zehn wirklich relevant, da sich die Komplexität ansonsten unnötig erhöht, weil ein eigener Kreis ja eigene Besprechungen etc. nach sich zieht.

5. **Rollen spezifizieren**
   Wenn die groben Rollen nun stehen, werden die Details der Rollen spezifiziert. Das beginnt mit dem Zweck/Treiber einer jeden Rolle. Warum gibt es/braucht es die Rolle? Gut möglich, dass sich nach der Definition des Zwecks noch einmal Veränderungen bei der Zuteilung von Verantwortlichkeiten ergeben. Dann werden die Verantwortlichkeiten und andere Rollendetails wie oben beschrieben detailliert festgehalten. Denken Sie daran, sich hierbei immer vom Prinzip »gut genug für den Moment« leiten zu lassen. Im Gegensatz zu den meisten klassisch organisierten Firmen können die Rollenbeschreibungen wöchentlich geändert und nachjustiert werden. Die Beschreibungen sollten immer aufgrund einer konkret vorliegenden Datenlage/eines Grundes festgelegt werden. Es geht also nicht darum zu überlegen, was alles wichtig und schön wäre, sondern was real erledigt werden muss.

Wenn die Rollen dann festgelegt wurden, kann das Team überlegen, wer welche Rolle übernimmt. Dabei orientiert sich vermutlich das meiste an der bisherigen Arbeitsteilung. Das bedeutet, dass diejenigen, die eine bestimmte Aufgabe bisher erledigt haben, nun eine ähnliche Rolle füllen. Gleichzeitig bietet der Prozess der Rollendefinition auch immer die Chance, noch einmal zu überlegen, ob Aufgaben anders verteilt werden könnten, etwa, weil jemand an einer bestimmten Rolle besondere Freude hätte oder diese besonders zu den Stärken der jeweiligen Person passt. Je nach System der Selbstorganisation werden die Rolleninhaber gewählt und nicht einfach vergeben.

Anhang

Über den Autor

Florian Rustler ist international tätiger Berater und Gründer der creaffective GmbH. creaffective besteht aus sieben Beratern, Coaches und Trainern und unterstützt Organisationen weltweit auf Deutsch, Englisch, Spanisch und Mandarin-Chinesisch dabei, Innovation und Agilität zu stärken und eine Kultur der Innovation zu entwickeln.

Er berät zu den Themen Innovationskultur, Innovationsmanagement und agile Aufbauorganisation. Außerdem leitet er Innovationsprojekte zur Entwicklung neuer Produkte, Dienstleistungen und Geschäftsmodellen.

2016 initiierte er den Wandel von creaffective hin zu einem selbstorganisierten Unternehmen.

Er ist Autor des Bestsellers *Denkwerkzeuge der Kreativität und Innovation* mit über 15.000 verkauften Exemplaren im ersten Jahr. Darüber hinaus schreibt er regelmäßig Kolumnen für verschiedene Zeitschriften weltweit und ist Vortragsredner zu den Themen Kreativität, Innovation und Selbstorganisation auf Konferenzen und Unternehmensveranstaltungen.

Vortragsmöglichkeiten

Florian Rustler kommt in Ihr Unternehmen oder auf Ihre Konferenz mit einem Vortrag rund um die Inhalte des Buches.

Bei Interesse melden Sie sich unter *info@creaffective.de*

Weitere Vortragsthemen finden Sie auf der creaffective-Website unter *www.creaffective.de*

Literaturverzeichnis

Allen, D. (2015) Getting Things Done. Penguin, Australia

Amabile, T. (2011) The Progress Principle. Harvard Business School Publishing, Boston

Beck, D. (2006) Spiral Dynamics Integral. Sounds True, Louisville

Binswanger, M. (2012) Sinnlose Wettbewerbe. Herder spektrum, München

Buck, J., Villines, S. (2007) We the people. Consenting to a Deeper Democracy. Sociocracy.info, Washington

Carney, B.M., Getz, I. (2009) Freedom, Inc. International Creative Management, New York

Davila, T., Epstein, M., Shelton, R. (2005) Making Innovation Work. Pearson, New Jersey

Eckert, B. (2014) Demystifying Innovation Culture Efforts. www.newandimproved.com, New York

Ekvall, G. (1996) Organizational Climate for Creativity and Innovation. European Journal of Work and Organizational Psychology. 1996, 5(1), 105–123

Groth, A. (2017) Zappos is struggling with Holacracy because humans aren't designed to operate like software. *https://qz.com/849980/zappos-is-struggling-with-holacracy-because-humans-arent-designed-to-operate-like-software/* (Stand April 2017)

Hawkins, D.R. (2012) Power vs. Force. Hay House, New York

Laloux, F. (2015) Reinventing Organziations. Vahlen, München

Lessenich, S. (2016) Neben uns die Sintflut. Carl Hanser, München

Lohmann, D. (2012) Und mittags geh ich heim. Linde, Wien

Priest, J., David, L., Bockelbrink, B. (2016) Sociocracy 3.0, www.sociocracy30.org

Oestereich, B., Schröder, C. (2017) Das kollegial geführte Unternehmen. Vahlen, München

Osterwalder, A., Pigneur, Y. (2010) Business Model Generation. Eigenverlag

Robertson, B.J. (2015) Holacracy. Henry Holt, New York

Rustler, F. (2016) Denkwerkzeuge. Midas, Zürich

Semler, R. (2001) Maverick. Random House Business, New York

Seuhs-Schoeller, C., Frischat, S., Berg, S., Pierucci, S. (2016) Holacracy vs Scrum : Presidential Debate. *https://medium.com/responsiveorg-ch/holacracy-vs-scrum-presidential-debate-d4bef6277aca* (Stand 2.4.2017)

Staab, P. (2016) Falsche Versprechen. Hamburger Edition, Hamburg

Sutherland, J. (2014) The Key Agile Principles Behind Holacracy. *http://labs.openviewpartners.com/agile-principles-behind-holacracy/#.WO1wyrvyjBL* (Stand 13.3.2017)

Taleb, N.N. (2012) Antifragile. Random House Business, New York

Whitehurst, J. (2015) The open organization. Harvard Business School Publishing, Boston

Wodtke, C.R. (2016) Radical Focus. Boxes & Arrows

Zeuch, A. (2015) Alle Macht für Niemand. Murmann, Hamburg

Anmerkungen

1. Philipp Staab: »Falsche Versprechen« (Pos. 141.9/231, 61%)
2. Matthias Horx: »Wo bitte bleibt die Zukunft« (*https://www.zukunftsinstitut.de/artikel/wo-bitte-bleibt-die-zukunft/*, Stand 9.1.2017)
3. Self-Management Institut: *http://www.self-managementinstitute.org/about/what-is-self-management*, Stand 20.12.2016
4. creaffective GmbH, *http://www.creaffective.de/de/*, Stand 9.1.2017)
5. Weitere Informationen zum streitbaren Ken Wilber: *https://de.wikipedia.org/wiki/Ken_Wilber* (Stand 9.1.2017)
6. Siehe dazu auch den Artikel von Ekvall (1996)
7. Michael von Brück, in einem Meditations-Retreat im Jahr 2007 in Weyarn bei München
8. Über die Achtsamkeitstrainings bei SAP gibt es eine Dokumentation, die in Ausschnitten im Rahmen eines Interviews mit Matthieu Ricard in der Sendung »Sternstunde Philosophie« gezeigt wurde. (*http://www.srf.ch/sendungen/sternstunde-philosophie/matthieu-ricard-vom-wissenschaftler-zum-buddhistischen-moench*, Stand: Juli 2015)
9. Sehr zu empfehlen ist in diesem Zusammenhang das Buch *Sinnlose Wettbewerbe* von Mathias Binswanger (2012)
10. Video: »Lean and Agile Adoption with the Laloux Culture Model«, *https://vimeo.com/121517508* (Stand 15.2.2017)
11. *http://www.ted.com/talks/simon_sinek_how_great_leaders_inspire_action* (Stand 9.2.2017)
12. *https://www.ecogood.org/de/gemeinwohl-bilanz/* (Stand 9.2.2017)
13. Laloux im Rahmen einer Konferenz mit dem Dalai Lama: *https://www.youtube.com/watch?v=JMzhkPMrRA4* (Stand 6.12.2016)
14. »Killing the Dinosaur Business Model (Part 2) with Basecamp's Jason Fried & DHH« *http://podcast.leadwise.co/s1e02-killing-the-dinosaur-business-model-part-2-with-basecamps-jason-fried-dhh* (Stand 15.2.2017)
15. Siehe dazu *http://podcast.leadwise.co/s1e03-reinventing-organizations-with-frederic-laloux* (Stand 16.2.2017)
16. In der deutschen Übersetzung von Laloux Buch werden hier die Begriffe »Selbstführung«, »die Suche nach Ganzheit« und »evolutionärer Sinn« benutzt.
17. Siehe *https://de.wikipedia.org/wiki/Aufbauorganisation* (Stand 16.2.2017)
18. Siehe *https://de.wikipedia.org/wiki/Scrum* (Stand 16.2.2017)
19. Siehe *https://en.wikipedia.org/wiki/The_Toyota_Way* (Stand 16.2.2017)
20. Siehe *https://vimeo.com/121517508* ab Minute 6:40 (Stand Dezember 2016)
21. Ebd.
22. Siehe *http://www.self-managementinstitute.org/about/what-is-self-management* (Stand Dezember 2016)
23. Siehe Oestereich und Schröder (2017) Seite 26f.
24. Siehe: *http://podcast.leadwise.co/s1e08-corporate-liberation-with-isaac-getz* (Stand 15.3.2017)
25. Siehe: *http://www.gallup.de/183104/engagement-index-deutschland.aspx* (Stand Februar 2017)
26. Siehe Amabile (2011)
27. Siehe *http://www.soziokratie.at/ueber-soziokratie/grundlagen/* (Stand 9.3.2017)
28. Ebd.
29. Siehe *http://www.soziokratie.at/ueber-soziokratie/grundlagen/kreisstruktur/* (Stand 9.3.2017)
30. Siehe *http://www.soziokratie.at/ueber-soziokratie/grundlagen/* (Stand 9.3.2017)
31. Getting Things Done ist eine von David Allen entwickelte Methode des »personal workflow management«. Die klar strukturierte Methode verhilft – richtig und konsequent eingesetzt – Menschen zu »stressfreier Produktivität«. Das Vorgehen nutzt eine Reihe von Gewohnheitsveränderungen und ein zuverlässiges System des Organisierens von »Dingen«/ Aufgaben. Damit sollen Menschen Klarheit darüber bekommen, was sie als nächstes tun

müssen. Darüber hinaus stellt das Vorgehen sicher, dass Menschen zur richtigen Zeit in das System eingegebene Dinge wiederfinden und dann erledigen können. Ein Anwender der Methode kann so die Dinge aus dem Kopf bringen, diese schriftlich festhalten und so den Kopf frei haben, um produktiv und kreativ zu sein. Brian Robertson bezeichnet das Beherrschen und Leben von Getting Things Done als eine wichtige Voraussetzung für das Funktionieren von Holacracy. Andernfalls besteht in der Tat die Gefahr, dass Menschen schlecht organisiert sind und sich dann ohne klare Ansagen einer Führungskraft im täglichen Tun verzetteln.

Die Methode ist im gleichnamigen Buch von David Allen ausführlich beschrieben. Ich empfehle, unbedingt das englische Original und nicht die deutsche Übersetzung zu lesen.

32 Siehe *https://de.wikipedia.org/wiki/Gewaltfreie_Kommunikation* (Stand 9.3.2017)
33 *https://www.infoq.com/news/2017/01/sociocracy-patterns-agile* (Stand 14.5.17)
34 Ebd.
35 Siehe *http://sociocracy30.org/the-details/history/* (Stand 9.3.2017)
36 Ähnlich Spotify: An verschiedenen Standorten gibt es Kreise mit den gleichen Funktionen. Diese treffen sich mit Abgesandten in regional übergreifenden Kreisen, um sich auszutauschen. Überregional wird die gleiche Struktur abgebildet wie im Kleinen, wie bei einem Fraktal.
37 Siehe *https://www.infoq.com/news/2017/01/sociocracy-patterns-agile* (Stand 14.5.17)
38 Vgl. Osterwalder A, Pigneur Y, 2010
39 Für Leser, die mehr dazu erfahren möchten, gibt es mein Buch *Denkwerkzeuge der Kreativität und Innovation*, ebenfalls im Midas-Verlag erschienen.
40 Interessenten können das Ebook kostenlos bei creaffective anfordern: *http://www.creaffective.de/de/veroeffentlichungen/*
41 Siehe *https://enterprise.microsoft.com/de-de/articles/digital-transformation/smart-workspace-in-munchen-schwabing/* (Stand 15.3.2017)
42 Stand Mai 2017
43 OKRs ist ein aus dem Silicon Valley kommendes Verfahren, um kurzfristige Strategien und konkrete messbare Ziele für das kommende Quartal festzulegen. Diese helfen Teams und Unternehmen dabei, ihre begrenzten Ressourcen zu fokussieren und richtig einzusetzen. Empfehlenswert ist in diesem Zusammenhang das Buch *Radical Focus* von Christina Wodtke.
44 In Holacracy wird eine Strategie immer als eine bewusste Entscheidung verstanden, X wichtiger als Y zu betrachten. Zum Beispiel könnte eine Strategie lauten »Abläufe standardisieren ist wichtiger, als neue Angebote zu entwickeln.« Diese Strategie soll den Kollegen in ihrer Rolle helfen, besser zu priorisieren.
45 Siehe: Davila, T., Epstein, M., Shelton, R. (2005) Making Innovation Work.
46 Teresa Amabile (2011) hat in ihren Forschungen herausgefunden, dass es der größte Motivator für Menschen in westlichen Kulturen ist, bei einer als sinnvoll empfundenen Tätigkeit Fortschritte zu machen. Genau diese Fortschritte an eigenen Themen ermöglicht Gore.
Auch Julian Wilson von Matt Black Systems (siehe Fallstudie) sieht ein Unternehmen so, dass es Menschen ermöglichen sollte, mit den Ressourcen des Unternehmens ihre eigenen Ziele zu verfolgen und dabei Mehrwert für die Organisation zu schaffen.
47 Lean Startup wurde von Eric Ries (2011) in seinem gleichnamigen Buch beschrieben. Es setzt methodisch am Ende eines Design-Thinking-Prozesses an, wenn es darum geht, die Eignung und Akzeptanz einer Idee mit dem Markt und Nutzern zu testen und zu messen.
48 Siehe: *http://corporate-rebels.com/matt-black-systems/* (April 2017)
49 Nassim Taleb ist Autor der bekannten Bücher *Black Swan* und *Antifragile*.

50 Julians Perspektive gründet auf der Theorie von Ashby: Ashbys Gesetz der »erforderlichen Vielfalt« (englisch: Ashby's Law of requisite variety) besagt, dass die Vielfalt jedes Systems die Vielfalt der Input-Größen übersteigen muss, um ein gleichbleibendes Ergebnis zu erhalten.
51 Siehe: *https://www.southcustomreels.com/*
52 Der Begriff bezeichnet einen Tag, der »Leerlauf« zulässt und der nicht zu 100% mit Tagesgeschäft verplant ist.
53 Siehe *https://mayflower.de/open-device-lab* (Stand 04.05.17).
54 »Chasm« übersetzt mit Kluft beschreibt ein Konzept von Geoffrey Moore. Es bezieht sich auf die Herausforderungen des Marketings von neuen Technologien in einer frühen Phase. Die Kluft muss überwunden werden, um von den euphorischen Erstnutzern zu einer größeren Gruppe im Massenmarkt zu kommen, die sich in ihren Eigenschaften voneinander unterscheiden. Siehe *https://en.wikipedia.org/wiki/Crossing_the_Chasm* (Stand 14.04.17).
55 Siehe: *https://www.impulse.de/management/unternehmensfuehrung/slacktime/2178126.html* (Stand 04.05.17).
56 Weitere Informationen dazu finden sich auf der Partake-Website: *http://www.partake.de/gruenden/* (Stand April 2017).
57 Siehe: *https://wearespindle.com/articles/diving-into-the-world-of-supernerds* (Stand: März 2017)
58 Damit ist ein Einwand in der Holacracy ungültig.
59 Siehe: *https://en.wikipedia.org/wiki/MoSCoW_method* (März 2017)
60 Siehe: *http://devblog.springest.com/springest-june-hack-day-recap*
61 Es gibt zwei interessante Videos von Spotify Training & Development, welche die Entwicklerkultur bei Spotify erklären und vorstellen: *https://vimeo.com/85490944* und *https://vimeo.com/94950270*
62 Siehe dazu einen etwas älteren Blogartikel: *https://www.creaffective.de/de/2010/06/mit-einem-internen-aktienmarkt-fuer-ideen-die-innovationskultur-foerdern/* (Stand 1.6.17).
63 Einen interessanten Artikel über die Unterschiede zwischen Vision, Mission und einem Zweck gibt es unter *https://hbr.org/2014/09/your-companys-purpose-is-not-its-vision-mission-or-values* (Stand 1.6.17).
64 Siehe dazu *https://en.wikipedia.org/wiki/The_No_Asshole_Rule* (Stand 1.6.17).
65 Weitere Informationen und Download-Möglichkeiten unter *https://kickbox.adobe.com/* (Stand 1.6.17).
66 Gehört im Rahmen eines Vortrags von Lufthansa Systems während der ISPIM-Konferenz 2016.
67 In der Tat auch spannend und noch wenig erforscht ist die Frage der Kausalbeziehung von Selbstorganisation: Sind Unternehmen erfolgreicher, weil sie mit einem System der Selbstorganisation arbeiten, oder sind Unternehmen, die bereits ein entsprechendes Umfeld geschaffen haben, besonders erfolgreich im Einsatz der Prinzipien von Selbstorganisation?
68 Die Firma encode.org arbeitet momentan mit Juristen zusammen, um ein rechtliches Konstrukt zu schaffen, bei dem es keine einzelnen Personen mehr als Eigentümer und Geschäftsführer gibt. Damit wären auch die rechtlichen Rahmenbedingungen geschaffen und man bräuchte den Hüter des Rahmens nicht mehr. Für 99,9% aller Unternehmen ist dieser aber hoch relevant. Er ist der Garant oder Schutzwall dafür, dass die Aufbauorganisation selbstorganisiert gehalten wird. Das weltweite Rechtssystem sieht diesen Fall momentan noch nicht vor.
69 Siehe: *http://www.pacificintegral.com/new/homepages/stages/* (Stand: 12.4.2017) und *http://www.beyondteal.com/teal-organizational-readiness-assessment* (Stand April 2017) und *http://www.tealforteal.com/assessment-tools.html* (Stand April 2017).
70 Vgl. Beck (2006) Audiobook

71 Ich schreibe bewusst je nach Lesart, weil es in der Diskussion um Vision und Mission unterschiedliche Auffassungen gibt, was eine Vision und was eine Mission ist und ob nun die Vision oder die Mission die Warum?- oder die Wie?-Frage eines Unternehmens beantwortet. Für creaffective würde ich persönlich die Vision mit dem jetzigen Zweck gleichsetzen. Unsere Mission (Wie-Frage) wäre es dann, Beratung, Workshops und Trainings anzubieten. Dadurch würden wir uns von einem anderen Unternehmen unterscheiden, das möglicherweise die gleiche Vision hat, aber als Mission Onlinetools und Publikationen erstellt.
72 Eine gute Definition, was eine Strategie ist und wie diese formuliert sein sollte, liefert ein Blogpost auf intrinsify me: *https://intrinsify.me/was-ist-eine-gute-strategie/* (Stand 12.4.2017).
73 Vgl. Osterwalder, A., Pigneur, Y. (2010) Business Model Generation, John Wiley & Sons.
74 Details siehe unter: https://creativecommons.org/licenses/?lang=de
75 Siehe: *http://slicingpie.com/slicing-pie-lawyers/* (Stand 22.5.2017).
76 Siehe *https://open.buffer.com/introducing-open-salaries-at-buffer-including-our-transparent-formula-and-all-individual-salaries/* (Stand 10.12.2016).
77 Ich verwende hier bewusst nicht die spezielle Sprache von Sociocracy 3.0, um den Prozess allgemeiner zugänglich zu machen.
78 Das Originalmuster ohne die creaffective-Elemente findet sich auf der Website von Sociocracy 3.0
79 Diese weniger eng ausgelegte Definition eines Governance-Meetings und der zugelassenen Themen und der dazugehörige Prozess, Lösungsvorschläge zu erarbeiten, verschwimmen nun etwas mit den von creaffective sonst verwendeten Kreativprozessen wie Systematic Creative Thinking. Diese Kreativprozesse kommen jedoch meist in Workshops für deutlich größere und umfangreichere Fragestellungen zum Einsatz. Die dort behandelten Themen benötigen meist ein bis zwei Tage Zeit, um sie sinnvoll zu bearbeiten. Die hier für eine Governance-Besprechung vorgesehenen Themen sind vom Umfang her so überschaubar, dass sie in maximal 45 Minuten komplett bearbeitet werden können. Für umfangreichere Fragestellungen kann eine Gruppe einen eigenen Workshop ansetzen.
80 Als Variation kann man vor diesem Schritt alle Gruppenmitglieder bitten, aus den generierten Ideen einige Top-Ideen auszuwählen, die aus ihrer Sicht Teil der Lösung sein sollten.
81 Holakratische Governance-Besprechungen laufen meist so ab, dass der Urheber der »Spannung« bereits einen Vorschlag vorbereitet, um seine Spannung zu lösen und diesen dann gleich vorstellt.
82 Die Holacracy hat hier zusätzlich noch einmal explizite Prüfkriterien eingeführt, um die Validität eines Einwands zu prüfen.
83 Es gibt neben einem Einwand, der klar definiert ist, noch sogenannte Bedenken. Aus Sicht des Bedenkenträgers ist der Vorschlag nicht wirklich rund, gleichzeitig würde der Vorschlag der Organisation jedoch keinen Schaden zufügen. Wenn es in einer Runde einige Einwände gibt, dann werden die Bedenken meist bewusst nicht behandelt, um den Prozess nicht weiter in die Länge zu ziehen.